献给中国共产党成立一百周年

郎溪歷史文化叢書

郎川星火

中国人民政治协商会议郎溪县委员会　编

安徽师范大学出版社
ANHUI NORMAL UNIVERSITY PRESS
·芜湖·

图书在版编目(CIP)数据

郎川星火 / 中国人民政治协商会议郎溪县委员会编 . — 芜湖 : 安徽师范大学出版社, 2021.12

(郎溪历史文化丛书)

ISBN 978-7-5676-5161-6

Ⅰ. ①郎… Ⅱ. ①中… Ⅲ. ①中国共产党—地方组织—党史—郎溪县 Ⅳ. ①D235.544

中国版本图书馆CIP数据核字(2021)第263317号

郎溪历史文化丛书　郎川星火　　中国人民政治协商会议郎溪县委员会◎编

LANGXI LISHI WENHUA CONGSHU LANGCHUAN XINGHUO

责任编辑: 刘　翠　　　责任校对: 马飞飞

装帧设计: 张　玲　　　责任印制: 桑国磊

出版发行: 安徽师范大学出版社

安徽省芜湖市北京东路1号安徽师范大学赭山校区

网　　址: http://www.ahnupress.com/

发 行 部: 0553-3883578　5910327　5910310(传真)

印　　刷: 安徽芜湖新华印务有限责任公司

版　　次: 2021年12月第1版

印　　次: 2021年12月第1次印刷

规　　格: 700 mm × 1000 mm　1/16

印　　张: 15.25

字　　数: 191千字

书　　号: ISBN 978-7-5676-5161-6

定　　价: 58.00元

《郎溪历史文化丛书》编委会

走进红色郎溪

郎溪古称建平，北宋端拱元年(公元988年)置县，1914年始改现名。古处吴头楚尾，今邻苏浙，四周大中城市环抱，区域交通位置得天独厚。境内景色秀美，物产富足，素有“江南鱼米之乡”“中国绿茶之乡”之美称，又有“江南水韵之城”的盛誉。全县面积1105平方公里，辖9个镇，1个省级开发区，人口36万。是皖南的革命老区之一，具有光荣的革命斗争传统，有着丰富的红色资源和源远流长的红色历史。

中华人民共和国成立前，郎溪屡遭战火兵祸，自然灾害频繁，经济衰落，政治腐败，文化落后，民生凋敝。战争与贫困促使人民觉醒与反抗。清末十字欧村湾爆发的“建平教案”，震惊清廷，打击了帝国主义的嚣张气焰，揭开了郎溪人民反帝反封建的序幕。1919年，北京爆发五四爱国运动，郎溪爱国青年群起响应，纷纷罢课、集会、游行示威，反对巴黎和约，抵制日货，声援北京学生的反帝爱国斗争。通过五四运动的洗礼，郎溪人民有了新的觉醒，新文化、新思想开始在郎溪传播。

1920年至1921年，革命先驱恽代英、萧楚女先后来到宣城省立第四师范任教，传播马克思主义，他们为宣城地区建立中共地方组织准备了思想和干部条件。郎溪旅宣学生，特别是在四师读书的学生，受其革命思想影响，思想敏锐，情绪高昂，始终站在新文化运动的前列，每年利用寒暑假，在家乡进行新文化运动的宣传，反对贪官污吏，反对封建礼教，主张男女平等、女子放足等，推进了郎溪新文化运动的进程。

大革命时期，郎溪虽然没有建立中国共产党的组织，但在党的影响下，郎溪人民积极参加了反帝国主义反军阀的革命运动。

1925年5月30日，帝国主义巡捕在上海枪杀示威群众，制造了震惊中外的五卅惨案，激起全国人民的极大愤慨。6月9日，郎溪14个社会公团联合组成五卅惨案后援会，通电宣言。在后援会的号召和组织下，郎溪各界纷纷罢课、罢市，集会游行，查抄和焚烧英、日货，声讨帝国主义的暴行，并慷慨解囊，捐款援助上海罢工工人。

1926年7月9日，在中国共产党的推动下，国民革命军在广州誓师北伐。1927年3月10日，国民革命军第二军在向南京进军途中，由浙江经广德进驻郎溪。二军进驻郎溪后，立即接管了国民党县署，任命军政治部干部冯素民为县长。二军政治部根据李富春的指示，组建了国民党郎溪县(左派)临时党部，成立了工会、农会、商会和妇救会等民众团体。郎溪人民在北伐军的支持下，狠狠打击了帝国主义和封建势力，工农革命运动蓬勃发展。

第二军离开郎溪不久，蒋介石阴谋发动了四一二反革命政变，国民党顽固派疯狂地向革命人民进行反扑，地方势力卷土重来，县长冯素民被迫出走，临时县党部停止活动，郎溪革命运动处于低潮。

1926年春，在北京中国大学读书的中共党员夏雨初，奉命返回家乡开展农运工作。1927年9月，在中共安徽省临委的指导帮助下正式成立中共郎溪特支，夏雨初任书记。

为响应党的八七会议号召，在中共安徽省临委的指导下，中共郎溪特支于1928年5月9日领导发动了著名的郎溪农民暴动。农暴队伍一度占领县城，极大地震惊了国民党首府南京。于是，国民党当局火速派重兵前来郎溪“围剿”。农暴队伍占领县城10天后，终因寡不敌众，被迫撤出。郎溪农民暴动虽然失败，却沉重地打击了郎溪地区的反动势力，动摇了国民党在农村的统治，教育和鼓舞了人民。其斗争规模之大，在当时的皖南地区都是空前的。

"野火烧不尽，春风吹又生。"1930年1月，广德地区在党的领导下，爆发了一起以农民为主体的武装暴动，武装斗争的浪潮迅速波及郎溪。同年夏天，郎溪姚村造纸工人和农民奋起响应，以造纸工人陈建富为首组建了一支拥有570余人枪的农民赤卫队（后改为赤卫团），公开树起"抗租、抗捐、抗债"的"三抗"旗帜。9月，赤卫团在夏桥路途村成立姚村苏维埃政府，整个姚村地区形成一派苏区火红的革命景象。随着皖南红军独立团武装斗争的节节胜利，革命形势迅猛发展，赤色区域面积达600多平方公里，人口有5万余。郎广农民暴动和红军独立团的建立，震撼了近在咫尺的南京国民党当局，他们派出重兵，对郎广红色区域进行三次残酷的"清剿"。红军独立团和农民赤卫团被打垮，陈建富等姚村苏维埃政府领导人相继被捕牺牲，整个姚村地区的革命陷入低潮。

1937年7月7日，卢沟桥事变发生，全面抗战开始。11月12日，上海沦陷，日军兵分三路会攻国民党首都南京，其中一路经长兴、广德直趋芜湖，以切断国民党军队的退路。国民党第二十三集团军（一一一军）所属5个师2个旅5万余人奉命坚守广德、泗安一线，终因装备较差，伤亡惨重而溃败。30日，日军占领广德县城。12月3日，占领郎溪县城。此后，日军5次攻陷郎溪县城，7次"扫荡"郎溪县境。日军第一次侵占郎溪期间，实行杀光、烧光、抢光的"三光"政策，给郎溪人民带来无穷的灾难。日寇铁蹄所至之处，庐舍为墟，尸骸枕藉，数万平民流离失所，财产损失难以计数。全县被炸、烧、杀死的贫民高达1.2万余人，是皖南遭受日军摧残最为严重的地区之一。

全面抗战爆发后，国共两党实行第二次合作，新四军进驻皖南。郎溪地区是新四军东进抗日的主要基地，也是新四军在苏南的一个重要战略支点。郎溪人民有幸较早地受到新四军铁军精神的耳濡目染,激起了抗日救国热情,他们怀着国恨家仇,团结御侮,救亡图存。

1938年12月,在中共广德县工委的帮助指导下,郎溪与广德交界的涛城地区正式成立了中共涛城区委。这是郎溪中共组织在全面抗战时期第一次重建。

1939年冬至1940年春,国民党掀起第一次反共高潮。为了加强对郎(溪)广(德)两县抗日、反摩擦斗争的领导,1940年3月,苏皖区党委决定在国民党统治的郎溪、广德成立中共广郎中心县委(张思齐、刘烈仁先后任书记)。中心县委下设郎溪、广德两个县委。郎溪县委把宣传群众、动员群众作为党的工作的重中之重,广泛团结一切可以团结的力量,采取一切行之有效的措施,大力开展抗日宣传活动。

皖南事变发生后不久,郎溪县委委员孙瑾公开叛变投敌,致使全县党组织除长乐区委因由中心县委单线领导幸免外,其余被破坏殆尽[①]。

为了在险恶的环境中坚持斗争,根据苏皖区党委的指示,广郎中心县委于1941年5月组建了郎广地区第一支抗日武装——郎广游击队,在郎广地区重新点燃了武装斗争的星星之火。

1943年7月,国民党第三战区派叛徒、特务徐世梁任广德调查专员,成立"剿共行动大队",大肆逮捕共产党员,广德苏村等地的党组织几乎全遭破坏,郎溪幸存的党组织也再次遭到重创。

1943年9月底,日军集中2万余兵力,以苏南、皖南、浙西3路向苏浙皖边区大举进犯,国民党军队不战而逃,日军长驱直入,三日内占领了广德、郎溪、溧阳、宣城四座县城。为了打击敌人、收复失地,同年11月,新四军十六旅旅长王必成率四十八团尾随日军挺进郎广,开辟敌后抗日根据地。1944年1月,郎溪县抗日民主政府在涛城王山岗成立(周嘉琳、王治平先后任县长)。地方武装也有了很大发展,郎广游击队与新

① 中共郎溪县委党史办公室编:《郎溪党史资料》第一辑,内部发行,1984,第40页。

四军会合后扩编为郎广游击大队，1944年5月发展到200余人。各区、乡建立了区大队和乡中队，郎溪全县共有民兵1000余人。随着抗日民主政权的建立，农抗会、青抗会、妇抗会等群团组织普遍建立。至1945年春，郎溪拥有农抗会会员达6万人以上。

十六旅在郎广期间，除主动协助地方工作外，还积极开展敌后游击战争，打击日伪军，反击国民党顽军的进攻，先后取得杭村战斗、长兴战役、周城战斗、清岘岭战斗、泗安战役等一系列攻势作战的胜利。这些战斗的胜利，有力地巩固扩大了郎广抗日根据地，使郎广地区与苏南茅山地区连接在一起，把苏南地区由过去分散坚持的小游击区转化为拥有300万人口的大块根据地。

1945年2月，苏浙军区奉命向浙西进军，为打通与浙东抗日根据地的联系，在天目山地区先后发起了三次反顽战役，郎溪人民积极支前，有1286人为常备民工随军服务。此役，郎溪籍20余名年轻战士壮烈牺牲。郎溪人民为战役的胜利作出了可贵的贡献。

1945年8月初，郎溪抗日民主政府在全县开展"抢花"扩军运动，在原县警卫连的基础上组建了郎溪县独立团，下辖6个连队，计800余人。1945年8月15日，日本宣布无条件投降。8月24日，郎溪地方武装配合苏浙军区主力部队光复郎溪县城。

抗日战争胜利后，为了避免内战，争取经过和平的道路建设一个新中国，1945年8月28日，毛泽东偕周恩来、王若飞亲赴重庆，同国民党当局谈判，签署了"双十协定"。在谈判中，共产党作出必要的让步，决定将包括苏南、皖南在内的八个省区的人民军队撤往苏北、皖北及陇海路以北地区。根据中共中央的决定，新四军苏浙军区部队于9月底开始北撤。郎溪、广德两县党政机关及独立团随军北移。

新四军北撤后，国民党军一四六师、一四五师等部队先后进入郎广地区，宣布新四军为"匪"，一面"清剿"，一面向前推进。地方反动势力卷土重来，反攻倒算，大肆逮捕新四军家属和留守人员。由于敌人疯狂的“清剿”和反革命宣传，工委警卫连和各县武工队都不稳定，擅自离队的时有发生。边区司令部武装在南进途中，多次遭敌包围、袭击，电台丢失，损失惨重。长兴、宣城两县武工队均被敌人打垮。12月，郎广工委机关只剩下张思齐、许道珍等8人，郎溪武工队只剩丁浩等5人，两处合计为13人。孤悬敌后，在血雨腥风中坚持游击斗争。

1945年12月，国民党正规部队争先恐后地到大城市接收，发国难财，暂时停止了对郎广地区的“清剿”。郎广工委抓紧时机，积极活动，在苏村一带建立了立足点，发展了一批党员，逐步扩大了活动范围，并经受住了国民党军新七师对郎广地区的第二次“清剿”。

1946年7月1日，华中局给熊兆仁、倪南山发出指示信，即七一指示，提出苏南和皖南党和游击队的总任务，放手发动群众，壮大人民力量，积极开展游击战争，并决定建立苏皖边区军委会，集中领导统一指挥两地的斗争。10月初，熊兆仁到达泾县樵山与皖南地委书记胡明会师。11月，皖南地委在泾县濂坑召开扩大会议，决定成立苏皖军政委员会，胡明任主席，熊兆仁任军事部长。

根据七一指示和皖南地委会议精神，郎广工委加强了老区工作，先后派彭海涛、史纪昌率武工队，分别以郎溪鸦山和花鼓五龙山一带为依托，开辟宣宁地区和广南地区。

1946年12月，为加强苏皖边区斗争领导，华中分局决定撤销苏浙皖边区特委，成立苏浙皖边区工委（钱敏任书记），受华中分局和皖南地委领导。1947年2月，边工委正式成立，下辖郎广、太滆两个分工委（郎广分工委书记为张思齐，许道珍任副书记）。

3月8日，华东局发出给皖南地委的指示，即三八指示，指出：全面反攻即将到来，要求大胆放手开展游击战争，开辟第二战场，配合正面战场作战，集中主力创建根据地。

在七一指示和三八指示精神的指引下，郎广地区武装广泛主动出击。组织群众开展分粮斗争，发展农会、民兵等群众组织，根据地迅速扩大。先后在郎溪、宣宁和广南建立了民主政权，丁浩、彭海涛、许道珍分别任县长。

9月，根据皖南地委南进的指示，边工委派彭海涛率部开辟以白马庙为中心的广宁孝地区，负责向南发展。10月，边工委进入宁国东部活动，为使郎广地区不存在双重领导机构，边工委决定撤销郎广分工委，宣宁县和郎溪县合并，成立3个直属县工委。

郎广地区游击战争的发展，引起了国民党军队的极大恐慌。1947年10月，国民党六十三师等部向皖南地区发动第三次“清剿”。敌人采取“驻剿”“搜剿”“追剿”“堵剿”“兜剿“等阴狠手段，并大筑碉堡，封锁要道，成立联防区，砍山拆棚，移民并村，妄图割断游击队与人民群众的联系。1948年2月，六十三师等部被调回原防区，边工委和广宁孝武装抓住战机，连续几次出击获胜，形势逐渐好转。

反“清剿”斗争结束后，边工委及各县分工委全力进行恢复工作，积极进行反并村斗争和锄奸斗争，镇压了一批反动分子，打击了敌人的气焰，消除了群众的顾虑，被迫并村的群众陆续返回原来的住地。此间，边工委主力和地方武装取得了一系列战斗的胜利，游击根据地在斗争中得到巩固和发展。

7月，为抽调干部支援南进，边工委决定撤销广南县，所辖地区分别划给郎溪县和广宁孝县管辖。8月，边工委主力进一步向南发展，成立了天西分工委（书记张思齐）。

1948年底，边工委对所属机构进行了调整，重新进行划分，撤销郎溪、广宁孝工委，成立路南（宣长公路以南）、天西、太滆分工委，统一领导郎广地区的斗争，成为边工委开辟天西地区的后方基地。至此，苏浙皖边区共建立了宣郎广、广宁孝、天西、宜南与广北（包括长兴一部分）4

块公开的游击区，宜北、武南、锡西、太湖4块隐蔽的游击区。全边区约有人口30万，中心地区10万，能够征收公粮的田亩10余万亩，武装力量有3个主力连及各地武工队共624人。

到1949年春，辽沈、淮海、平津三大战役相继取得伟大胜利。路南分工委和在广北活动的太滆分工委，根据皖南地委和苏浙皖边区工委的指示，采取各种有力措施，积极准备迎接大军渡江。訾节中心区委（郎溪县归其领导）通过各种渠道对国民党地方武装进行策反，取得重大进展。

1949年4月20日晚8时，人民解放军发起渡江作战，胜利渡过长江，开始了向国民党统治区的大进军。苏浙皖边工委收到大军渡江的消息后，随即对迎接解放军和接管工作作了部署，4月27日，配合三野第九兵团二十五军七十五师二二四团解放郎溪。

1949年5月中旬，中共郎溪县委和县人民政府成立，丁浩任县委书记，胡彭年任县长。随着人民民主政权的建立，郎溪进入一个新的历史时期。

红色的历史留下了红色的遗迹，独特的地理环境构成了独特的风景名胜。县境内拥有土地革命战争时期的“姚村苏维埃政府”旧址、“广郎宣苏维埃代表大会”旧址，还有全面抗战时期为共产党控制的“安徽省郎溪县进出口货物检查处”旧址、“中共广郎中心县委机关驻地”旧址、新四军十六旅挺进郎广“上、下白塔大捷”遗址等。一大批红色遗迹分布在横穿县境的郎川河南北，构成了一条红色旅游精品线路。

郎溪的红色资源更与境内的青山绿水相依相伴。境内东南部山区，丘陵与盆地交错；西北部，河湖与港汊密布，清波荡漾，渔歌唱晚，秀色可餐；南部山区青山绿水，鸟语花香，风景诱人。东有“楚尾吴头第一山，亭亭直上翠微间”“伍牙飞翠”的伍牙山；南有一石一绝、灵秀神奇的石佛山，有峰岭高耸、重峦叠嶂、林木葱茏的鸦山和山连湖、湖连山、湖光潋滟的天子湖；西有烟波浩渺、风姿绰约的南漪湖。

在这青山绿水之中，新四军英勇抗日，奏响了“东进序曲”，而众多的红色踪迹，遍布在秀美的乡村。回忆“老区和新四军”的历史，既可以感怀中国共产党人牢记初心、不忘使命的坚定信念，在困难中奋进的精神，又可以尽情品味享受大自然的风光，更可以了解以至研究水韵郎川的特色，可谓多得。如此，何不走进红色郎溪！

目 录

第一章　党的创立和大革命时期……001

一、辛亥革命前后的郎溪……001
二、马克思主义在郎溪的传播……007
三、在大革命的洪流中……015

第二章　土地革命战争时期……027

一、中共郎溪地方组织的建立……027
二、中共郎溪特支领导的斗争……029
三、郎溪农民暴动……033
四、姚村暴动和苏维埃政权的建立……039
五、涛城地区党组织的建立……044
六、上浙皖特委领导的游击斗争……047

第三章　全面抗战时期……050

一、新四军进驻皖南……050
二、新四军东征初抵郎溪……057
三、苏皖边区中共组织的建立……067
四、郎广地区团结抗战局面逆转……079
五、战胜困难，坚持斗争……083

六、新四军挺进郎广 ……114
七、十六旅在郎广地区的攻势作战 ……142
八、郎广军民转入反攻 ……150

第四章　解放战争时期……167

一、抗战胜利后郎溪的形势 ……167
二、新四军对留守郎广党和武装的布置 ……168
三、郎广地区的反“清剿”斗争 ……172
四、创建郎广游击根据地 ……182
五、巩固老区，发展新区 ……206
六、策应大军渡江 ……212
七、郎溪人民政权的建立 ……221

后　记……227

第一章　党的创立和大革命时期

（1921年7月—1927年7月）

一、辛亥革命前后的郎溪

（一）地理环境和社会经济概况

郎溪位于安徽省东南，东南连广德，西邻宣州，北与江苏高淳毗连，东北与江苏省溧阳市接壤。是苏皖两省四县交界处，芜杭线要冲，近代有“三省通衢”之称，地理位置十分重要，在经济文化方面亦有着重要地位。县境地处长江冲积平原与皖南低山丘陵的交接地带，东南高西北低，低山丘陵占总面积的一半以上，平原圩区占三分之一，郎川河自东而西横贯县境。气候温和，四季分明，属亚热带季风气候区。土地肥沃，物产丰富，盛产水稻、油菜、瓜果、鱼虾蟹鳖，以出产大米为大宗，是江南的“鱼米之乡”。在经济作物方面，有棉花、油菜、烟叶、茶叶等。矿产有萤石、黄沙、花岗石、石英石、叶蜡石、铁矿石等。在文化方面，古为“文献之地”，“士敏而好学”，人文荟萃；近现代人才辈出，诞生了协助孙中山先生起草《建国方略》的民主革命者岑述彭等名家。辛亥革命前后，郎溪社会自给自足的自然经济占主导地位，物产主要从郎川河经南漪湖、水阳江运往宣城、芜湖等地，商品经济不够发达。

郎溪物产虽然丰富，但大多掌握在地主官僚手中，即便丰收之年，广大农民也是过着“半年糠菜半年粮”的生活，一遇到自然灾害，境况苦不堪言。流经境内的郎川河，由于得不到治理，一到雨季，河水漫溢，水患频繁。1901年6月，大雨连旬，山洪暴发，圩堤被冲毁，房屋、人、畜漂没。1903年，夏季大水，圩堤全溃，为数十年所未见。1909年，春季大旱，入夏以来，大雨兼旬，洪水泛滥，圩田一片汪洋，尽成泽国。1911年，大水成灾①。天灾之外，官府又横征暴敛。1914年，由建平改称郎溪的当年，全县即开始征田赋，计征熟田363606.5亩，征银圆77801.88元。其中，地丁银圆52032.79元。加上地主豪绅高利贷盘剥，兵匪肆意抢劫，郎溪人民生活在水深火热之中。

（二）半殖民地半封建社会下的郎溪

自1840年鸦片战争后，中国近代社会发生了巨大变化，在帝国主义和封建势力的压迫下，中国逐步演变成半殖民地半封建社会。1876年，中英签订《烟台条约》，芜湖正式被辟为通商口岸。帝国主义开始对皖东南进行经济侵略，倾销商品，掠夺矿产资源、农副产品。英、美、法、日等国，通过开办“洋行”，一方面大量倾销棉纱、棉布、洋油、鸦片等“洋货”，另一方面廉价收购大米、菜籽、黄豆、棉花、茶叶、桐油、生丝、大麻、禽蛋等土特产品。外商还利用雄厚的资本，操纵茶叶、烟叶、中药材的价格，压迫民族工业。郎溪植茶历史悠久，其瑞草魁早在唐代就享有盛名，曾为贡品。民国时期全县有规模性的茶园0.3万亩，年产干茶10万公斤，茶叶远销苏、浙、鲁、豫省的大城市。1905年开始，县知事徐振

① 郎溪县地方志编纂委员会编：《郎溪县志》，方志出版社，1998，第17—18页。

清照谕四乡，购领桑苗培植，饲蚕缫丝，并刊发《蚕桑浅说》，教民蚕桑。1906年，县知事令饬各乡植桑养蚕。鼎盛期全县开设蚕行多达20余家，年收茧1000石左右。然而，由于帝国主义的操纵压价，蚕农和茶农受尽剥削之苦，致使植桑种茶业日趋凋敝。列强为进一步剥夺宣城地区的矿产资源，纷纷与清政府签订合同，夺取矿山投资权和开采权。1901年，日本商人与盛宣怀订立开采合同，合资兴办宣城煤矿。1902年，英国商人出资12万元兴办伦华公司，在宁国、广德、郎溪开采煤、铁矿。列强还欲修筑通过皖南地区的宁湘铁路，以控制皖南的经济命脉。帝国主义通过大量倾销“洋货”，掠夺农副产品和矿产资源，破坏了自给自足的自然经济，阻碍了宣城地区民族商业的发展，致使商业逐渐萧条，手工业纷纷倒闭，农业日趋破产。

帝国主义对宣城地区的文化侵略，主要通过设教堂、办学校、开医院等方式进行，其中尤以传教活动为主要手段。从19世纪70年代开始，传教活动在郎溪逐渐猖獗起来。1862年3月6日，法国神父邱维持在郎溪毕桥镇建立教堂，初建时为小圣堂，1890年创办大圣堂，并于次年兴办“懿德学校”，授经书、国文、算术等，学生都是教友或子弟，修女任教师，以后复由法国人相继为神父。1937年起先后2名西班牙人相继为神父，时教堂房屋34间，占地约百亩，并建立小型诊所，主治外科疾病。1873年，由法国神父刘干贞在郎溪县城北门建立教堂。至1908年，郎溪境内共有东乡张保石槽村、南乡毕桥镇、南乡盛村保姚家塔、南乡东塘保欧村湾、南乡十字保徐村、南乡永平保南阳村、北乡管村保花树庙计7个分教堂，拥有教徒855人①。

① 中共郎溪县委党史办公室:《中国共产党郎溪地方史(1919—1949)》第一卷,内部发行,2010,第4—5页。

帝国主义分子披着宗教外衣，用宗教迷信和神权观念愚弄中国人民，企图借此软化并模糊中国人民的爱国精神和革命意志。还打着“慈善”旗号，在郎溪开办学校，以教会的名义在县城北门开办了“育英”学校。教会学校规定《圣经》为必修的德育课，凡圣经课不及格者，不准升级、升学。学生不论是不是教徒，每天早晚都要做祷告，每星期日要做礼拜，以宗教教义、蒙昧主义麻痹学生思想。

传教士和教徒凭借帝国主义政治、军事的势力及教会特权，欺压人民，并以“外籍教士为护符，每多借端滋事，鱼肉乡里”，终于激起人民的反抗。1875年，皖南一带有人强行剪掉别人象征清朝顺民的大辫子。次年蔓延至郎溪，而被剪的却不是教民，因此，多数人认为系天主教徒所为，因为他们要以此来胁迫别人入教。1876年，欧村湾教堂的天主教徒强行剪去民众的发辫，民众抗议，同教徒发生口角。天主教堂传教士带人捉拿了阮光福、安定山二人，将他们绑入教堂。当晚，阮、安二人即被拷打致死，并被毁尸灭迹。次日，民众前去教堂要人，法国神父金缄三矢口否认。阮、安二人突然失踪，激起乡民极大义愤。当日数百名乡民持械冲入欧村湾教堂，捉住教徒黄、杨二人，并烧毁了教堂。反教怒火迅速蔓延到宣城、广德、宁国三县，宣城县监生胡秀山带领几百名群众，捣毁了当时皖南最大的传教点——水东镇宁国府总教堂。清政府派兵镇压，为首者胡秀山、陈士柯被以“土匪”罪名斩首，史称“皖南教案”[①]。

郎溪人民一方面遭受帝国主义的欺辱，同时还受封建主义的残酷压榨和剥削。在广大农村，随着越来越多的农民破产，地主阶级

① 中共宣城市委党史研究室:《中共宣城地方史(1919—1949)》,内部发行,2001,第5页。

内部的兼并，土地越来越集中于少数大地主手中，无田少地的农民只好佃田耕种。西乡花赛圩（今飞鲤镇境内）有良田万亩，原为清兵垦殖，军阀卢永祥手下的一个团长吴南陔用3万元的低价从别人手中购得。吴得到花赛圩后，采取暴力欺压手段，强征民工，修筑圩堤，赶走圩内52户张、陈姓氏住户，霸占田产306亩和村宅地基。张、陈两姓涉讼四五年，耗资无数，濒于破产。

地主霸占着大量田地，采取“收取高额地租、索取押金”等方式对农民进行残酷的剥削。此外，地主还对农民进行高利贷盘剥，趁春夏青黄不接之际，向饥饿的农民放高利贷，春借秋还，加利三到五成。在北乡，有的地主还靠出租耕畜剥削农民，佃农没有购买耕牛的资金时，往往由地主购入耕牛供农户使用，每年每头纳牛租一石至一石五斗。地主光靠耕牛出租，就可以过着富有的生活。贫苦农民租种土地，一无耕牛农具，二无种田成本，广种薄收，粮食产量年年下降。一年收入的40%—50%交了地租，生产成本占10%—15%，剩下40%左右，还要交纳数不清的苛捐杂税，“镰刀上了墙，家中断了粮。正常年景只占三分之一，其余三分之二非涝即旱，只不过程度不同而已”。加之，郎溪水旱灾害频发，三年一小灾，五年一大灾，灾后瘟疫流行，旱灾并夹以虫害，再加上人祸兵患，农民流离失所，痛不欲生。

半殖民地半封建社会下的郎溪县内，有一些开设匠铺作坊的手工业者，有的自产自销，有的受雇于人，年工资仅12—16石（斗石）米。1919年安徽全省经济调查显示，郎溪油坊、槽坊、蜡烛坊工人每年工资只有71.42元，黄烟店工人每人每年80元左右，窨坊工人年工资16—20石米。就这点工资还得负担苛捐杂税。

1911年10月10日，革命党人在武昌首举义旗，起义成功，推翻了帝国主义势力所支持的清王朝，建立了中华民国。这是近代中国比较完全意义上的一次资产阶级民主革命。这次革命结束了延续两千多年的封建君主专制制度，在中国大地上树起了民主共和国的旗帜，有力地促进了中国人民的觉醒和民主要求。但是辛亥革命没有也不可能使中国实现真正的民主政治和民族独立，更没有改变中国半殖民地半封建的社会性质，国家统一的局面很快被军阀混战所代替。尽管如此，民主共和的思想仍从此流传广远，人们对革命的继续追求也绵延不绝。

同盟会的创立及革命党人首举的武昌起义的成功，在当时的郎溪也得到了积极响应，促使郎溪人民觉醒，并孕育出一批早期民主主义激进分子。时年，正在安庆优级师范学堂读书的郎溪籍学生岑述彭[①]，因受革命的耳濡目染，毅然加入了同盟会，不久就成为同盟会江淮别部的骨干之一。

1907年夏，岑述彭于安庆师范毕业。是年冬，在安徽发生了震惊全国的“徐锡麟刺杀恩铭”事件和熊成基领导的安庆马炮营起义，但都失败了，安徽的革命转入低潮。岑述彭便前往广州，追随孙中山先生。1909年奉命回到皖南，任同盟会皖支部广德、建平（郎溪）特派员，策应革命。

20世纪初叶，具有资产阶级觉悟的知识分子，提出了自己的政治主张。1903年安徽留日同乡会向本省“绅商”所呈的一份“公启”中指出：要把落后的安徽改变为资本主义的安徽，惟有从“教育”与“生济”（即经济）两方面着手。在教育方面又分开办学堂、劝游留（即留学）和设阅书报社等3种方式。1910年以前，安徽地区资产阶级的活动，基本上是遵循了这条道路，并且以芜湖为活动的中心。当时的资产阶级知识分子把兴办学堂当作改良“风俗政教”的切入点，并且由于皖南地区的近代工商业比较发达还主张

① 岑述彭（1882—1931年），号云台，1920年曾任民国政府顾问，见1920年9月孙文签署的《郎溪岑氏先德录》。

多办“实业教育”。

岑述彭回到家乡后，除了积极宣传同盟会的政治纲领，发展会员之外，还致力于“实业教育”。先在县城凤凰墩创办建平高等小学堂，自任学监，继而又倡办了梅渚萃英、毕桥碧溪两所初等小学堂。这些学堂的学生，已不同于科举时代，他们开始认识到封建统治的腐败和外来侵略所造成的民族危机。因此，这些新兴的学堂，就成为传播革命思想的摇篮。1912年8月，中国同盟会改组为中国国民党，组织公开后，岑述彭被任命为国民党建平县评议会评议长①。

这时，芜湖已创办起《安徽俗话报》《鸠江日报》《中江日报》等报刊，宣传资产阶级的政治主张和启蒙思想。这些主张和思想不断传到郎溪，一些有文化知识的进步分子深受影响。启蒙思想的逐步渗透，唤醒了郎溪民众，激起了郎溪人民反帝反封建的革命热情。

二、马克思主义在郎溪的传播

（一）新文化运动的开展

辛亥革命后，新文化运动逐步兴起，1915年9月，陈独秀在上海创办《青年杂志》（从第二卷起改称《新青年》）。《新青年》的周围聚集了一批新文化人，他们高举民主和科学的大旗，向传统的思想、道德和文化宣战，掀起了新文化运动的狂飙。

郎溪一批有志青年，如夏雨初、陈文、李鹤、张正道、黄中道等在激进民主主义思想影响下，纷纷离开家乡，到上海、杭州、南京、芜湖、宣城等地求学，有的还出国留学。这些在外地求学的学

① 郎溪县地方志编纂委员会编:《郎溪县志》,方志出版社,1998,第1064页。

子，不断受到新文化、新思想的熏陶，并利用寒假返乡或与亲友书信来往之机，将新潮思想介绍到当时还比较闭塞的郎溪。辛亥革命以后，郎溪风气渐开，新式学校受到人们的欢迎。在地方进步士绅的筹备下，1912年8月，建平两等小学堂改为建平高等小学校，其他初等小学堂一律改为初等小学校。1917年，建平高等小学校改为县立第一高等小学，梅渚萃英、开志两校合并为县立第二高等小学，定埠胥溪小学改为县立第三高等小学。

1918年，邑绅江东元于城内腊梅巷创办女子初级小学，招生28名，是全县女子学校之始，1921年改为县立女子高等小学。这些学校聘用了一些进步的教师。他们批判旧的教育制度，宣传新文化。当时，皖南山区受落后的封建思想影响较深，信神拜佛的人也很多，毕桥镇一带就有许多供求神拜佛的庙宇。1920年，毕业于宣城师范的陈文，自筹经费，在镇上办起了“懿贞女校”和“毕桥初小”。他提倡女学生一律剪辫子留短头发。这个无神论者的青年领着学生带头砸毁了镇东供奉观音菩萨的庙宇，给闭塞的乡村不小的震动。对郎溪新文化运动发生重大影响的人物，除夏雨初、张正道、陈文、黄中道、李鹤外，还有爱国诗人吕惜桢。

以上这些活动，对比较封建落后的郎溪产生了极大的冲击，科学与民主的观念逐渐深入人心，为马克思主义在郎溪的传播创造了极为有利的条件。

（二）郎溪各地热烈响应五四运动

1919年上半年，第一次世界大战的战胜国在巴黎召开和平会议，和会实际上由美、英、法、日等国把持，作为战胜国的中国代表在会上提出废除外国在中国的势力范围，撤走外国在中国的军队和取消“二十一条”等要求，均遭拒绝。中国在巴黎和会上外交失败的消息传到国内，激起中国人民，首先是知识分子和青年学生的强烈愤慨。5月4日，北京十几所学校学生3000余人聚集天安门举行示威，喊出“外争主权，内除国贼”“废除二十一条”等口号。

由学生运动而起的五四运动迅速向外地扩展，消息传到郎溪后，全县青年学生群起响应。郎溪第一高等和第二高等小学，联合全县各国民小学教员30余人，于5月9日成立“郎溪县声援五四运动委员会”，会址在第一高等小学内，学生罢课3天。10日，在县城大操场举行有800余人参加的声援大会，声援北京学生的爱国斗争，会后举行了声势浩大的示威游行。暑假期间，郎溪旅外学生相继返乡，组织成立了“郎溪旅外学生联合会”，分赴全县各乡镇，采取街头演讲、演“文明戏”（话剧）等形式，广泛宣传五四运动的民主与科学思想。学生们街头演讲、慷慨陈词，声泪俱下。

随着运动的发展，郎溪掀起了轰轰烈烈的抵制日货活动。学联一面发动各校学生将自己所用的日货销毁，一面派代表向国民党郎溪县知事倪焕奎请愿，提出在郎溪抵制日货，倪被迫应允。随后，组织城关百余名学生，举行以抵制日货为内容的示威游行。当游行队伍到达十字街口时，自愿参加者达200余人，群情激愤，一举捣毁了“中西大药房”的全部日药。同时，组织国货调查小组，深入城关各商店查封日货。学生的爱国行动，还得到广大工农群众的支持。城关原有的店员公会、运输公会等，成立郎溪各界抗日联合会积极配合学生的行动，他们主动将日货的招牌商标、包装式样向学生介绍，并协助学生登记封存日货。风声所播，全县一致。

（三）恽代英、萧楚女在宣城的活动与马克思主义的传播

五四运动后的一两年，是中国先进知识分子思想发生急剧变化的时期，也是马克思主义在中国大地得到广泛传播的时期。经过学

习、宣传马克思主义，有更多的人从激进民主主义者转变为马克思主义者，前期新文化运动的代表人物陈独秀在五四运动的推动下，逐步否定了过去信仰的资产阶级民主主义，开始转向社会主义，恽代英也开始了向马克思主义者的转变。1920年至1921年，恽代英、萧楚女应聘到宣城四师任教。在宣期间，他们积极宣传新思想、新文化和马克思主义，促进了马克思主义在宣城地区的传播。

1920年秋，恽代英应宣城四师校长章伯钧的邀请代教务主任，兼授国文和修身课。任教期间，他主要通过授课、组织社团、开展社会活动等形式来宣传新文化、新思想。在课堂上，恽代英给同学们讲解第一次世界大战和五四运动等问题。他的讲话深入浅出，很受同学们欢迎。当时在宣城储才中学就读的夏雨初，经常和在四师读书的同乡陈文挤在一张课桌上，聆听恽代英的讲课。恽代英非常重视学生的品德教育，无论是上课、讲课或课余和学生谈心，他都教育学生要树立新的人生观，做一个有益于社会的人。他特别重视用爱国主义思想教育学生，要学生记住顾炎武“天下兴亡，匹夫有责”的名言，鼓励青年学生关心政治，希望青年负起救国救民的责任。

在恽代英的指导下，宣城四师教职工和学生中组织了许多进步团体，如“新知社”“共存社”“觉社”“爱智社”“我社”“互治学会”“醒群社”“新少年社”“新文化促进会”等①。在四师就读的郎溪籍学生纷纷加入这些进步社团。1921年6月，恽代英离开宣城四师。

1921年9月，萧楚女应聘到宣城四师任国文教员。在宣城任教期间，他倡导白话文，反对文言文，提倡新文学，反对旧文学。在

① 中共宣城市委党史研究室:《中共宣城地方史(1919—1949)》,内部发行,2001,第14页。

教学中，大力向学生灌输新思想，批判旧的伦理和迂腐观念。每逢有意义的纪念活动，他都组织学生参加。通过参加这些活动，认清帝国主义和封建军阀在皖南的罪行，以事实教育广大青年向帝国主义和封建军阀展开斗争。他向学生呼吁："中国只有革命才能富强起来，要革命就全靠你们一班青年奋勇忘身，不怕艰苦牺牲，作不断的斗争。只有这样，革命才能成功。"此间，萧楚女还为"郎溪旅宣同乡会"写了赠言，在赠言里恳切地希望这个组织"少做场面的事，多做骨子里的事。少做空架子的事，多做切实的事。少做与人捣蛋的事，多做改进自己改进团体的事"，并勉励郎溪旅宣同乡会为改造社会而努力①。

1922年暑假，萧楚女也离开宣城四师，踏上新的革命征程。尽管恽代英、萧楚女在宣城期间，还没有加入中国共产党（离宣不久，他俩先后加入中国共产党），但已是具有初步共产主义思想的先进知识分子，他们在宣城的革命活动在广大人民群众中产生了深刻的影响，使广大青年学生的思想发生了深刻变化。在他们的影响和教育下，一大批爱国青年投身革命，像李求实、梅大栋及郎溪的陈文、夏雨初等，都先后走上了革命的道路，为中华民族的独立而献身②。

五四运动促进了马克思主义在中国的传播，而马克思主义在郎溪的传播，首先是通过传入各种进步书刊开始的。这时，从上海、安庆、芜湖传入的进步书刊有《新青年》《湘江评论》《每周评论》和《新潮》等数种。当时十字街有一家书店，是上海《申报》和《新闻报》在郎溪的分销处。一些青年学生和进步知识分子，经常

① 郎溪革命斗争史办公室编:《郎溪旅宣学生回忆资料》,1960。

② 中共宣城市委党史研究室:《中共宣城地方史(1919—1949)》,内部发行,2001,第17—18页。

进入这家书店，争相传阅这些进步书刊，开始接受马克思主义的启蒙教育。

为了进一步团结青年，推动新文化、新思想在全县的传播，1922年夏，郎溪旅外学生联合会在城内的开法寺组建了“三五俱乐部”和“青年体育会”两个进步青年社团。“三五俱乐部”即每月逢三、逢五，俱乐部会员集聚在这里传阅进步书刊，抨击时事，传播新文化、新思想。“青年体育会”主要是通过定期举办篮球赛、乒乓球赛等体育活动，以球会友，增强沟通，加强青年人之间的思想交流。开法寺是郎溪古老的寺庙，坐落在县城西北部，占地面积达100余亩，昔日有“小小建平镇，大大开法寺”之誉。庙宇四周有围墙，朝东有四牌楼，朝南为寺巷，有青石大道直通寺庙大院内。大院内植有高大松柏及梧桐，花坛内遍植奇花异草，环境幽雅，正是青年学子聚会的好去处。除“三五俱乐部”“青年体育会”成员常聚于此之外，还有一些进步师生在这里传阅进步书刊，定期举办时政讲座。这些对提高广大青年学生的思想觉悟起了启蒙的作用，进而促进了思想观念上的解放，为马克思主义在郎溪的传播奠定了思想基础。“三五俱乐部”“青年体育会”这两个进步青年社团的成立，不但使寂静的小县城有了一股朝气，而且促使各种宣传新文化、新思想的社会活动应运而生。更为重要的是，这为后来北伐军进驻郎溪时筹建国共合作的临时县党部奠定了干部基础。

五四运动的爆发，把以青年知识分子为主体的留法勤工俭学运动推向空前的高潮。一批批有志青年纷纷远渡重洋，前往法国留学，以实现他们实业救国、科学救国、工读救国的理想。1920年2月，在安庆省立一中读书的郎溪籍学生张正道，由于受到新思想的启迪，为了寻求一条“非教育不足以启迪民智，非革命不能改革政治”的救国良策，便应试考取了留法预备科。8月，安徽省教育厅致函上海“华法教育会”，推荐朱自清、张正道（张暑初）、汪同祖、叶效舒等20人赴法留学。不久张便加入旅欧中国共产主义青年团。为寻求改革中国之良策，他经常利用假期，深入巴黎社会各阶层，进行广泛的社会调查，写下了数万字的《赴法勤工俭学报告书》。他在报告书的序言中写道：“其法兰西之科学、政治、教育乃当今世界之冠，吾帮人士谅皆闻悉，自履法地已逾一载，今于假期之暇，将吾所经遇、所目睹之况，予以记之，以兴吾邦……”字里行间显示着拳拳报国之心。他将报告书和其他考察材料，寄给在县立第一高小的同窗好友。这些从大洋彼岸“输西方文明于国内的”信函，开阔了郎溪一批有识之士的视野，进一步促进了社会主义思潮在郎溪的传播[①]。

（四）反帝反封建爱国运动的继起

1921年至1922年，郎溪反封建教育制度、提倡新学的新文化运动达到了高潮。城内私塾纷纷停办，国民小学得到发展，新式教科书代替了四书五经。各校学生都推行语文体，不再做旧式文章。县城原设在腊梅巷的郎溪初级女子小学校，改为县立女子高等小学校，有6个年级，学生129人，免费入学并供应课本。涛城4所私塾合并为涛城初等小学，学生72人。

五四运动后，郎溪社会各界纷纷组建起各种社会团体，其中最进步、最有凝聚力的当数“郎溪自治研究会”这个社会团体。

1922年5月11日，因郎溪勤业所加捐加税，徒增人民之负担，年收入达万元之巨，人民怨声载道。为此，郎溪自治研究会主持了由全县14个团体参加的联席会议。会议推吕佑周、章向荣等3人为代表，前往县政府请愿。500余人的与会者及旁听者群情振奋，坚

① 中共郎溪县委党史办公室：《郎川星火》，内部发行，1991，第275页。

决反对勤业所加捐加税。会后，自治研究会、旅外学生联合会、青年学生体育会等社团组织示威游行，迫使县政府撤销了县勤业所，查办了该所董事长，全县人民拍手称快[①]。

1921年，倪道烺、马联甲所御用的安徽省第二届省议会期满解散，即将选举第三届议员组织议会的时候，倪、马企图继续把持"公益维持会"，使之为其效命。他们拿出百万元交给这个集团，其主要分子马仲武、赵继椿等赴全省30个县进行"竞选"活动。各县县长大都是公益维持会出身，他们伙同豪绅地主包办选举，企图在各县选举中成为"初选议员"，为第二步复选时当选"省议员"做准备。为了使108名省议员都成为清一色的倪氏党羽，公益维持会分子就从伪造选册入手，不问年龄大小与选举法相符与否，只要以为"可靠"的，就把名字列上，甚至死了多年的"人"也写在名册上，以便多占一张选票。他们指定何人，何人就有机会当选，并且每人享受津贴3万—4万元，作为公开买票的费用。倪氏亲信的做法，引起学生和各界人士的强烈不满。

1923年10月5日，曹锟贿选为大总统，并准备在10月10日就职的消息一经传开，全国哗然。芜湖学生联合会集结各校学生数千人，示威游行，并一举捣毁了"猪籽议员"彭昌福、吕祖冀的住宅。

芜湖青年学生反对曹锟贿选总统的斗争浪潮，很快波及郎溪。经过五四运动洗礼的郎溪青年学生奋起响应。时任郎溪女子高等小学校长的张文海，则是郎溪人民深恶痛绝的公益维持会会长，又曾担任过安徽省参议员。他极力追随曹锟搞议会选举制，深得曹氏青睐。为此，张文海动用郎溪公益维持会这个御用工具恫吓学生，还通电全省"拥护曹锟当选大总统"。

① 中共郎溪县委党史办公室:《郎川风雷》,内部发行,1996,第11页。

议会摧残教育，军阀践踏人权，引起全县教育界的公愤，近百名女小学生宣布罢课并捣毁了县公益维持会，还结队到县政府门前静坐请愿。女小的斗争，很快在全县各学校引起了强烈的反响，爆发了一场规模空前的“反对议会贿选”的学潮，持续了3个月之久①。国民党郎溪县当局被迫撤销了“县公益维持会”，罢免了张文海的校长之职。

是年暑假，国民党郎溪县当局为了报复学生，不顾高温，指令全县完小进行会试。已经平静的学潮再次轰然而起，终于迫使县教育局局长邓学书引咎辞职。学生的革命行动激起了全县人民反帝反封建斗争的高潮。

三、在大革命的洪流中

1924年至1927年，在中国大地上爆发了一场席卷全国的革命运动。这场革命声势之浩大，发动群众之广泛，在中国近代历史上是前所未有的，人们通常把它称为中国的“大革命”。这场革命的宗旨为“打倒列强，打倒军阀”。打倒列强，就是打倒帝国主义。这个口号的含义实际上是反对帝国主义侵略中国，使中国从帝国主义统治下解放出来，获得独立。帝国主义是通过中国的封建军阀来间接统治中国的。中国的军阀，当时以北洋军阀为主。因此，以推翻帝国主义和北洋军阀在中国的统治为目标的大革命，是一场民族民主革命。

帝国主义的掠夺和地主阶级、反动军阀的剥削、压迫，使郎溪人民陷入苦难的深渊，群众的反帝反封建革命激情一触即发。所

① 中共郎溪县委党史办公室:《中国共产党郎溪地方史(1919—1949)》第一卷,内部发行,2010,第16页。

以，这场大革命一到来，郎溪的一些有识之士便义无反顾地投身于这一滚滚洪流中。

（一）郎溪早期的中共党员

1919年五四运动后，马克思主义在中国广泛传播，郎溪进步知识分子纷纷到外地求学，一些先进分子在斗争中接受了马克思主义，经过大革命的洗礼，光荣加入了中国共产党，为中国共产党郎溪地方组织的建立奠定了思想基础和干部基础。其代表人物如下。

夏雨初（1903—1930年），原名夏家科，曾用名张建华、李兴国，郎溪县毕桥镇蒋顾村人。1919年在宣州储才初中读书；1923年入芜湖萃文中学高中读书；1924年赴北京中国大学读书，参加党的秘密工作；1925年12月加入中国共产党；1926年春回家乡从事革命活动；1927年9月建立中共郎溪特别支部，并任特支书记；次年领导郎溪农民暴动，暴动失败后去了上海；1929年任上海沪西区委工运负责人；1930年任中央特派员、中共南京市委委员；同年7月29日被捕，8月18日在雨花台英勇就义。1950年被华东军政委员会追认为烈士。

邱宏毅（1904—1931年），原名黄中道，郎溪县建平镇尖刀山人。兄弟5人，长兄黄中礼早年留学日本，曾任郎溪第一高等小学校长。这位学贯中西、满腹经纶的学者，以自己的学识和激进民主思想影响着天资聪颖的三弟，使邱宏毅从小就具有愤世嫉俗的正义感。

1923年邱先后赴芜湖、上海读书。在新文化、新思想的影响下，开始接受马克思主义，自发参加学生运动，1926年底加入中国共产党。1927年进入中共沪宁路区特委机关工作。1928年2月，受特委派遣随刘格非到皖南广德工作。同月，中共广德直属小组

（直属沪宁路区特委）成立，邱任组长。1929年冬，中共广德县委（书记邓国安）正式成立，邱任县委委员。1930年10月，邱任广郎宣苏维埃准备委员会委员。11月，在门头村战斗中，邱身负重伤离开独立团前往上海医治。

1930年10月，中共江苏省委改称中共江南省委（机关驻上海），陈绍禹（王明）任书记，刘晓任秘书长。年底，邱伤愈接任刘晓任省委秘书长。此间，邱成功地救护了被敌通缉的赵君陶（赵世炎的妹妹）等同志，为革命保存了一批人才。

1931年春，邱以省委巡视员的身份在芜湖巡视工作期间，被叛徒出卖，被捕牺牲，时年27岁。1980年，被安徽省革命委员会追认为烈士。

董萌（1906—1959年），原名董小松，郎溪县建平镇人。1925年入省立芜湖第二甲种工业学校读书。由于受其姐夫夏雨初的长期影响，入校后一面勤奋读书，一面积极参加社会活动，成为该校学生运动的骨干。1926年底加入中国共产党。1927年9月中共郎溪特支建立，董任特支副书记。1928年郎溪五九农民暴动失败后，受国民党安徽省当局通缉，出走宜兴，由中共宜兴地委安排掩护。1929年被叛徒高翔出卖被捕，关押在苏州反省院，直至1932年底，经“中国民权保障同盟”营救出狱。1933年经人介绍到铁道部汉口粤汉铁路局工作。在粤汉铁路局工作期间，曾营救过中共党员曾幽章，并参加“留杜拒袁”（杜铁路专家，袁反动官僚）的罢工斗争。1949年调至滇越铁路局任职。1953年3月在昆明去世。

李鹤（1904—1930年），原名李鸿寿、李小疾，郎溪县建平镇人，是五四运动时期的郎溪学运骨干。1927年3月由夏雨初介绍加入中国共产党。1928年秋，入上海浦江中学就读（该校由地下党组织创办）。不久，在建平公学加入中国共产主义青年团的吕文学、张国汉、高翔等也先后来到该校。高翔在浦江中学混入党内后不久即叛变，由于高的出卖，李鹤等一批共产党员被捕，1930年冬，在上海龙华监狱就义。

（二）郎溪人民声援五卅运动

1925年5月15日，上海日本内外棉第七厂工人，为抗议资本家开除工人，举行了罢工。日本资本家故意将厂关闭，并停发工人的工资。工人顾正红（共产党员）遂带领群众冲进厂内，要求资本家照发工资。日本资本家不仅不允许，反而唆使英国巡捕开枪射击，当场伤10多人，顾正红身中4弹牺牲。

日本资本家的血腥屠杀，激起了上海内外棉11个工厂2万多工人的极大愤怒，他们联合举行了抗议罢工，并由工会发表宣言，控诉帝国主义的暴行，要求各界给予支援。5月30日上午，上海工人、学生2000多人分头出发，到租界内马路上演讲和散发传单，宣传顾正红被杀和学生被捕的事实真相，响亮地提出了“打倒帝国主义”“收回租界”等口号。大批英国巡捕用棍棒驱赶和殴打群众，并开枪扫射，酿成了震惊中外的五卅惨案。

五卅惨案发生后，在外地工作和读书的郎溪学生，通过快件邮寄书信、报刊，很快将这次惨案的发生经过及全国声援活动情况告知了郎溪的部分青年学生。帝国主义的暴行点燃了全国人民心中的怒火，郎溪人民和全国人民一起，将支援上海工人的正义斗争，发展成为一场全国性的反帝爱国运动，即五卅运动。

6月9日，郎溪14个社会公团联合组成“声援五卅惨案郎溪县后援会”，通电发表宣言，号召：“全县父老兄弟诸姑姊妹钧鉴，现在上海英国巡捕枪杀我工商界同胞，闹得举国悲愤，眦裂发指，甚至罢工罢课罢市，谋一致援助求根本解决，这十二天来，全国人士奔走呼号，文电纷驰。因为上月日本纱厂无故击毙我国工人，全厂工人激于义愤，因而全体罢工，我上海一再遭枪击，死伤至数十人之多，汉口工人，亦以罢工而遭枪杀者数人，枕骸盈市，血肉横飞，人道灭绝，公理扫地，而今镇江九江，惨变叠见，简直视我同胞任便宰割，无足轻重者。我父老兄弟，我诸姑姊妹，是可忍孰不可忍。狼心狗肺的帝国主义，既能枪杀沪汉同胞，当能枪杀当地同胞。凡我同胞，斯时何时，欲不为国，亦当为家，团结坚固，努力进行，铲除强权，发扬正义，辛共图治，谨此宣言。”①

6月中旬，梅渚、定埠、东夏等集镇，分别成立了“五卅惨案后援分会”，组织了声势浩大的示威游行活动，人们手举写有“惩办凶手、收回租界、取消不平等条约”“打倒帝国主义，收回领事裁判权”等口号的小旗，抗议日、英帝国主义的暴行。随着支援五卅运动斗争的进一步发展，郎溪青年学生又一次发起抵制日、英两国货物的斗争，一度很有市场的日本货和英国货被称为“仇货”，被学生从货架上清除销毁。

6月下旬，梅渚、定埠两镇的青年学生，在青年教师吕文学的发起下，组织成立了“梅（渚）定（埠）青年后援会”。后援会下设宣传、检查两个组，深入内河码头查处“仇货”，一经查获，当场销毁。两镇各商铺，也纷纷销毁所购进的“仇货”。6月22日，两镇的各界人士代表600余人，集聚在梅渚小学操场，举行了声援大会后，进行游行示威。学生罢课、商人罢市连续达7天之久②。

在支援五卅运动中，郎溪县后援会还号召全县人民“节衣缩食，尽力输将，敞令并广事筹募，惜供涓滴……”以捐款援助上海

① 中共郎溪县委党史办公室:《郎川星火》,内部发行,1991,第119—120页。

② 中共郎溪县委党史办公室:《中国共产党郎溪地方史(1919—1949)》第一卷,内部发行,2010,第21—22页。

工人。募捐活动主要采取摊派式捐款和主动捐款两种方式，凡商会组织以摊派捐款，凡学校、商店、居民则以自动捐款为主，很短的时间内，就募捐大洋2000余元[①]。

五卅运动对中国革命产生了非常积极的作用，它把二七大罢工失败后长期笼罩的沉闷空气冲破了，出现了前所未有的热气腾腾的革命景象，在运动中大大提高了群众的觉悟，党组织也得到发展，为北伐的到来作了重要准备。

（三）北伐军进军郎溪

1926年2月，中共中央在北京召开特别会议，确定应从各方面准备北伐战争。在中国共产党的积极组织与推动下，国民革命军于7月9日在广州誓师北伐。

国民革命军经过两个多月的频繁战斗，至11月初便打垮了直系军阀吴佩孚、孙传芳的主力，占领长江中游的湖北、湖南和江西等主要省份。在攻克武汉、南昌后，分3路继续北伐，西路军沿平汉铁路北上，东路军矛头直指江浙，中路军沿长江东进。

1927年2月下旬，江右军第六军由九江出发，经秋浦、安庆、贵池、大通，抵芜湖、当涂，向采石挺进，直逼南京。属江右军的四十军从江西出发，经皖南山区的祁门、黟县、太平、石埭、泾县、南陵、宣城和第六军汇合于芜湖。江右军第二军由江西出发，经过祁门、黟县、旌德、宁国、广德、郎溪向南京进攻[②]。

3月6日，北伐军第二军先头部队占领广德。北伐军第二军进驻广德后，很快帮助组建了国民党广德临时党部，经二军副党代表

① 中共郎溪县委党史办公室:《中国共产党郎溪地方史(1919—1949)》第一卷,内部发行,2010,第21—22页。

② 中共郎溪县委党史办公室:《中国共产党郎溪地方史(1919—1949)》第一卷,内部发行,2010,第22—23页。

兼政治部主任李富春批准，以广德青年社为基础，发展48名国民党员，成立临时县党部。

郎溪人民得知北伐军进驻广德的消息后，便推选章向荣、祁光华等前往广德迎接。他俩在广德向二军副军长鲁涤平、副党代表兼政治部主任李富春介绍了郎溪的情况，控诉了军阀部队的罪行，请求北伐军迅速向郎溪进军。鲁涤平、李富春当即表示，北伐军即将进驻郎溪。李富春还向他们布置了具体任务，要求他们把群众发动起来，掌握军阀部队的动向，情报随时派人送来。临行时，二军政治部还发给了标语、文件及宣传品，标语主要内容是“打倒土豪劣绅”“铲除贪官污吏”“打倒封建恶霸”“平均地权，节制资本”等。章回到郎溪后，连夜召开会议，布置任务，分头进行迎接北伐军的准备工作[①]。

1927年2月下旬，在江西被北伐军击败的军阀孙传芳部师长白宝山、冯绍闵，率领数万人由徽州窜入广德、郎溪地区。他们强拉民夫，搜刮财物，毒打百姓，民众恨之入骨，热切盼望北伐军早日到来。白宝山部在郎溪县城盘踞7天，索饷7万元，听说北伐军已到广德，顾不得取款，仓皇撤退。军阀政府任命的县知事华维岳，也吓得连夜逃离县城，躲藏到西乡花赛圩老百姓家里。

3月10日，李富春率二军政治部先头部队抵达郎溪。县城各界1000多人手持小旗，聚集在东门埂欢迎北伐军的到来。章向荣领着县城第一高等小学的学生高呼“欢迎国民革命军！”“打倒土豪劣绅！”“打倒军阀！”，此起彼伏的口号声响彻云霄，气氛十分热烈。政治部的干部、战士一律脚穿麻鞋，戴着“不怕死、不扰民”的臂章，在高唱“打倒列强、打倒列强、向前进、向前进”的军歌声中进驻郎溪县城。

① 郎溪革命斗争史办公室:《郎溪人民迎接北伐二军》,1960。

根据事先的安排，二军政治部设在西门凤凰墩。二军副党代表兼政治部主任李富春是中共党员，所辖第四、五、六师3个师的党代表都是共产党员。二军进驻郎溪后，立即接管了县署，任命军政治部干部冯素民为县长。新政权建立后，一扫旧衙门的陈规陋习，支持工农革命运动，清除地方上的种种弊端，深受民众的拥护。二军政治部根据李富春的指示，决定以郎溪“三五俱乐部”和“青年体育会”为基础发展党员，组建临时县党部。在二军政治部的帮助下，发展了20余名国民党党员，成立了国民党郎溪县（左派）临时党部。县党部以夏雨初、董萌、章向荣、祁光华、曹先齐、殷铿、李先桥、吕梦松等为执行委员，夏雨初为主任执行委员。临时县党部设立了工作机构：董萌任组织部主任，祁光华任宣传部主任，章向荣任农民部主任，吕梦松任妇女部主任，曹先齐任武装部主任，殷铿任党部秘书，李先桥任县党部会计[①]。

临时县党部成立后，发表了公告，内容大致是：遵总理遗嘱，推行三民主义，打倒封建军阀，铲除土豪劣绅，希望广大民众予以支持。临时县党部接收了原来土豪劣绅所把持的各机关团体，还分别派人下乡组织国民党区党部和区分部。临时党部根据二军政治部的指示，组织各级民众团体，经过批准组建了农民协会筹备委员会、商民协会筹备委员会、妇女协会筹备委员会、工会筹备委员会。各区也相继成立农会、工会、商会等民众团体。临时县党部还组建了一支四五十人的自卫武装。

北伐二军进军郎溪后，颁发了布告，内容是声讨军阀，铲除贪官污吏，买卖公平，不拿群众一针一线等。12日，在城内举行了有1000余人参加的军民联欢会，政治部副主任在会上作了演说。北伐军纪律严明，和群众亲如家人，深受百姓的爱戴，逃离的群众

① 郎溪革命斗争史办公室:《郎溪人民迎接北伐二军》,1960。

特别是妇女纷纷返回。为了支援部队的行动，郎溪成立了军需供应委员会和运输队、担架队、向导队。16日，政治部先头部队留下少数政工干部和一个排的武装，向江苏溧水方向挺进。临行前，夏雨初动员长兄夏雨人自筹1万元，动员县商会筹集1万元，慷慨捐赠给北伐二军，以助军饷。

在李富春率部离开郎溪的当天，县党部主持召开了全体执委会议，县长冯素民应邀出席，重点研究了建立农协会，开展反霸斗争的事宜。此前，安徽省农民协会筹备委员会在安庆成立，并派出大批特派员前往全省各地协助工作。3月中旬，郎溪县农民协会在省特派员的协助下正式成立，随之县工会也正式成立，成为反帝反封建群众运动的中坚力量，全县迅速开展起轰轰烈烈地打击不法地主、土豪劣绅和反动官僚的群众斗争。在二军政治部留守武装的支持下，先后逮捕了涛城长乐土豪谭义才、北乡劣绅陈纪堂、南乡劣绅刘海樵、黄慕芳、鲁凤祥，反动官僚原郎溪县知事倪焕奎、县教育局局长周颂麟、教育学会会长刘万明等10余人。3月27日，县农民协会组织四乡的农民进城，举行了声势浩大、规模空前的由2000余人参加的提灯大游行活动，庆祝北伐军胜利进军。县农民协会将逮捕入狱的土豪劣绅、反动官僚一一戴上高帽子游街示众。围观民众指点着劣绅刘海樵、黄慕芳和反动官僚倪焕奎讥笑道："刘、黄二人去背犁（倪），犁弯一断牛剥皮。"[①]西乡黄龙咀土豪陈福堂仇视农民运动，组织地痞流氓约200人故意在南漪湖筑圩堵水，致使下游数十个圩口受到严重威胁，激起了民愤。为平民愤，临时县党部自卫武装，在北伐军留下的一个排武装的支持下，同陈福堂开展强有力的斗争，当场逮捕了陈福堂，废除筑起的圩坝，并缴获陈囤积的大米4船，铜钱1船。县农民协会将4船大米及时分

① 郎溪革命斗争史办公室:《郎溪人民欢迎北伐二军》,1960。

给沿湖一带的穷苦百姓，使之度过春荒[①]。

当全县农民运动高涨之际，临时县党部又及时组织城内的手工业者、店员开展经济斗争。当时城内油坊、槽坊、蜡烛坊工人每年工资只有71.42元，黄烟店工人每年80元左右，砻坊工人年工资16—20石米，就这点工资还要负担名目繁多的苛捐杂税。经组织发动，由手工业工人程金鹿为首发动县城100名手工业工人联合罢工，要求增加工资，斗争终于取得胜利，月增工资百分之五十。一时间，轰轰烈烈的工农运动犹如急风暴雨迅速席卷郎溪城乡，沉重打击了封建恶霸势力，使郎溪广大民众扬眉吐气。

（四）郎溪四二六反革命事件

随着北伐战争的不断胜利和工农运动的迅猛发展，蒋介石加紧投靠帝国主义，准备公开叛变革命。1927年蒋介石一手操纵安庆三二三反革命事件。蒋离开安庆到达上海后，即在上海发动了四一二反革命政变，收缴工人纠察队的武器，大肆捕杀工人和共产党员。随后，广东、江苏、浙江等省相继发生反革命大屠杀。4月18日，蒋介石在南京建立代表大地主和资产阶级利益的“国民政府”，同武汉国民政府相对立。

在国共合作之前，国民党安徽省党部已经分裂为左、右两派，即以柏文蔚为首的左派和以陈紫枫、李次宋、管鹏为首的右派。1926年2月，国民党右派在安庆宣家花园13号挂出“国民党安徽省党部筹委会”的牌子，公开与左派对立，破坏革命。

四一二反革命政变发生后，郎溪逃亡在外的土豪劣绅纷纷返回郎溪，各种反动势力纠合在一起，在国民党右派的支持下，对革命人民进行疯狂的反扑。长乐乡土豪谭义才，平时横行乡里，农民恨

① 郎溪革命斗争史办公室:《郎溪人民欢迎北伐二军》,1960。

之入骨，在北伐军进驻郎溪后，该乡成立了农民协会，农民协会为对农民进行反霸教育，将谭平日为非作歹的行为画成漫画，贴在沿村街的墙上。谭返回长乐后，招集一批地痞流氓，用污泥将漫画覆盖起来，并对农协会负责人大打出手，弄得长乐街上鸡犬不宁。

早在是年3月下旬，北伐二军离开郎溪不久，以陈紫枫、李次宋、管鹏为首的右派省党部，便急忙委派其心腹爪牙张仲权出任国民党郎溪县县长。张到郎溪后急忙勾结地方的土豪劣绅和反动官僚张克廷、刘润泉、崔国瑞、江世祝等人拼凑组成右派国民党郎溪县党部。因该党部设在县城东门的河南乡公所内，故称“东党部”，而以夏雨初为首的左派国民党郎溪县临时党部设在西门的“凤凰墩”，故称“西党部”，郎溪出现了两个县党部并存的局面。当时，郎溪流行一首民谣：“东党部，开当铺；西党部，收穷户；西党热闹，东党冷；党部好坏，人心清。”“东党部”与“西党部”针锋相对，势不两立。4月下旬，上海四一二反革命政变及芜湖四一八事件波及郎溪后，“东党部”多次挑起事端，企图除掉“西党部”，扼杀革命力量。4月26日夜，“东党部”突然出动100多名枪兵，将“西党部”团团包围，“西党部”虽有抵抗，但因敌我力量悬殊，被“东党部”破门而入，将文卷、枪械抢掠一空，继而将夏雨初、董小松、章向荣、曹先齐、殷铿、吕梦松等18人拘捕入狱。接着“东党部”在县城戒严，四门均由重兵把守，城内居民只准进不准出。这就是郎溪四二六反革命事件[①]。

郎溪四二六反革命事件后，以张仲权为首的右派势力，以“党务改组”为名，掀起反革命“清党”运动，解除了北伐军任命的县长职务，成立中国国民党郎溪县党务清理委员会。黄慕芳、李善

① 中共郎溪县委党史办公室：《中国共产党郎溪地方史（1919—1949）》第一卷，内部发行，2010，第27—28页。

斋、吴家昌这些土豪劣绅摇身一变，成为“清党”要员。在进行“清党”的同时，还宣布废止所有北伐期间的国民党郎溪（左派）县党部及县政府颁发的政令，解散农会、工会、商会、妇女会等群众组织，逮捕、通缉进步人士。

夏雨初等18人入狱后，夏雨初的长兄夏雨人千方百计营救。时冯素民县长尚未离开郎溪，劝夏雨人即使倾家荡产也要营救夏雨初，终以2万现洋，保释夏雨初等18人出狱。夏雨初出狱后，因左派县党部被捣毁，活动停止，便出走郎溪前往江苏宜兴学习“农运”经验。至此，郎溪轰轰烈烈的大革命宣告失败，革命进入低潮[①]。

① 中共郎溪县委党史办公室:《中国共产党郎溪地方史(1919—1949)》第一卷,内部发行,2010,第28页。

第二章　土地革命战争时期

（1927年8月—1937年7月）

一、中共郎溪地方组织的建立

（一）安徽省临委的成立

四一二反革命政变后，安徽陷入国民党新军阀的白色恐怖中。

北伐军离开安徽后，安徽的政局很快为投靠蒋介石的军阀陈调元所把持。陈调元被蒋介石任命为安徽省政务委员会主席，他在宣城地区以“党务改组”为名，掀起反革命“清党”运动，排挤、打击国民党左派，扶植国民党右派组织。国民党地方政府剥夺人民群众的一切政治权利，禁止人民集会、结社、游行示威和罢工、罢市，强迫学校“只是读书，不问国家大事”，老百姓怨声载道。

但是，共产党和革命群众并没有被国民党右派的屠杀所吓倒，随着安徽省各级党组织的建立，安徽和宣城各地涌动着革命的热潮。

1927年，中国共产党在武汉召开第五次全国代表大会。会议期间，中共中央政治局候补委员陈延年指示出席会议的安徽代表柯庆施、周范文等人成立中共安徽省临时委员会，以柯庆施为书记，王坦甫、王心臬、李宜春、郭士杰、周范文、王步文为委员。5月下旬，省临委在武汉法租界大智门和平里召开省临委第一次全体委员会议。会议传达了中央指示，讨论恢复安徽各级党的组织，发展工农运动和创造条件回安徽开展工作等问题①。

中共安徽省临委成立后，根据中共中央关于恢复党的组织，发展工人、农民运动，组织武装暴动，同国民党反动派进行武装斗争的指示，首先恢复了芜湖、安庆的党组织，并和六安、宿县、繁昌、郎溪、宣城等县建立了联系。

8月初，中共安徽省临委成员先后由武汉返回安徽，确定芜湖市为省临委所在地。省临委迁回芜湖后，首先建立了内部机构，设立执行委员会和常委会。省临委的成立，第一次统一了全省党的领导。

（二）中共郎溪特支的建立

郎溪是安徽省建党较早的县之一。省临委机关迁至芜湖的当月，就在风台、庐江、宣城、郎溪4县设立了通讯处。9月，在中共安徽省临委的直接指导帮助下，中共郎溪特别支部成立，夏雨初担任特支书记，董小松任副书记。至同年10月，中共郎溪特支已发展党员13名，占当时全省250名党员总数的5%以上，其中知识分子11人，工农分子2人②，属中共安徽省临委领导。从此，郎溪人民在中国共产党的领导下，开始了新的征程。

1927年11月8日，中共中央决定：安徽省临委暂时解散，等候召集全省代表大会重新组织（1928年3月，二届省临委成立）。在

① 中共宣城市委党史研究室：《中共宣城地方史（1919—1949）》，内部发行，2001，第40页。

②《安徽省临委通告第八号》，1927。

省临委解散期间，由芜湖县委代表中央与安徽各地党部之交通事宜，中共郎溪特支属其领导。同月23日，中共中央决定将安徽境内津浦铁路沿线以及东南地区（含郎溪、广德）的党组织划归中共江苏省委领导。

二、中共郎溪特支领导的斗争

（一）共青团郎溪县委的建立

1927年11月1日，与郎溪县毗邻的江苏省宜兴县农民在中国共产党的领导下，打响了江南秋收起义的第一枪。参加暴动的群众有4000余人，提出了“打倒反动的国民党县政府，建立革命的农民县政府”“杀大土豪劣绅、反动官吏，没收其土地财产”等口号。暴动队伍一度攻占县城，收缴反动武装，镇压土豪劣绅，后因反动派几路围攻，队伍撤出县城，并遭到反动商团反扑，领导人万益等被捕牺牲，暴动失败。

11月14日，党中央机关刊物《布尔什维克》第4期发表题为《江南农民大暴动之开始》的文章，文章指出：“这次暴动是普遍江南各县的暴动，宜兴的挫折及其他城镇的失败都不能停止暴动，只有更加扩大暴动的范围，由苏常至浙江以及于江北。而且江南正是中国最大的工业区，上海就是中国无产阶级最强有力的营垒，江南乡村农民暴动更将与城市工人暴动联结起来，根本推翻豪绅资产阶级根据地，攫取其政权，建立苏维埃的中国！”号召：“全国工农贫民及一切革命分子都站立起来，赞助此正在开始的伟大的江南农民大暴动。”

1927年底，参加宜兴暴动的宜兴中学高中师范生、共青团员葛琴（又名葛和声，原籍郎溪，后迁居丹阳，是丹阳县共青团负责人之一）、史济殷、范迪斋等，根据中共宜兴县委指示，前来郎溪，协助党组织开展农运工作。

1928年2月，郎溪第一个团的组织——中国共产主义青年团郎溪县委员会成立，由中共宜兴县委指导工作。先后发展了吕文学、董远祥、虞世洪、刘文清、刘光化、高翔、张国汉等10余名团员。团县委书记葛琴、宣传部部长史济殷、组织部部长范迪斋。县团委工作的重点主要是团结教育知识青年中的先进分子，为开展学运培养一批骨干力量。

（二）建平公学的创建

葛琴等来到郎溪后，为以职业作为掩护开展革命工作，经中共郎溪特支研究后，决定在孔庙内建立一所“建平公学”。位于县城南大街（今海事局）的孔庙（又称夫子庙、文庙），始建于明嘉靖年间，几度毁于兵燹火灾，明天启三年（1623年）教谕邓京曾在此创办郎川书院。1927年北伐时期，这里又曾经开办过民众教育馆。孔庙东、西各有一道边门，两侧各有木石结构的牌坊，坊上各有横匾一幅。朝东的坊额上刻有“德配天地”4个大字，朝西的坊额上也有4个大字“道冠古今”。这是颂扬孔夫子的。正大门朝南城门，长年封闭。从西边大门进去是一个院落，由石阶上走廊，走廊宽2米，可供游人憩息。往里东西两厢，一边一溜10余间瓦房。两排房屋中间的草坪，种有花卉，正是学子求学的好去处。公学走廊前挂有一只白色扩音器，留声机放在室内，通过扩音器播放唱片，声音响亮，这是郎溪人从未见过的，甚觉稀罕。这所学校虽然是私立性质，却是按中共郎溪特支的决定创办起来的，并得到中共宜兴县委的坚决支持。它以“激发学生国家观念为宗旨”，反帝反封建、爱国的色彩十分鲜明。学校设置完小，六年级开设初中课，首批招生100多名，大多是穷苦人家子女，原定4个班增加到5个班。学校提倡白话文，所有教材都为白话文。所选课本，表面上采用国民党地方政府审定的课本，实际上选择李大钊、瞿秋白等人的文章，进行革命教育。在教学中，夏雨初亲自编写了《穷人为什么受苦》《中国为什么贫穷》等教材，向学生们讲授。为了把学校办得更好，校方把高年级的学生组织起来，经常开展文艺、体育活动。每逢纪念日，学校组织宣传队上街或到县城附近的乡村，为市民和农民表演节目，宣传时政，给寂静的小县城带来勃勃生机。学校设有董事会，由当时郎溪社会名流组成。夏雨初、董小松都是校董会成员。校长葛琴，教务主任史济殷，训育主任范迪斋。教师吴懿君（女）、季梅（女）、史耀华（女）、潘丽华（女）、徐世璋、吕文学等都是参加宜兴暴动的精英，学校提倡男女平等，要求女学生一律剪辫子留短发。由于学校面貌焕然一新，曾被人称为郎溪的“水泊梁山”。

这所学校的教师认真负责，教学内容新颖，受到青年学生的拥护，因此在很短的时间内，学生猛增到150余人，在郎溪社会上产生了较大的影响，同时也引起了反动当局的注目。国民党安徽省教育厅先后两次派员来该校“视察”。县教育局局长周孝安，因与夏雨初有积怨，便借口公学宣传“赤化”“图谋不轨”，要查封建平公学。党团组织立即组织学生，联合县城其他两所学校的学生，集队到县政府请愿抗议，在社会舆论的一致谴责下，国民党郎溪当局查封建平公学的阴谋才未得逞。

这场请愿斗争，提高了学生的觉悟。校董事会亦在校内加强了宣传活动，把高年级学生组织起来，加强班会、级会的领导，并出版《情报》，开展文艺、体育等课外活动。假日校方组织教师和高年级学生，深入农村进行社会考察，积极配合党团组织工作，恢复发展基层农会组织。在建平公学的影响下，当时全县八九所国民小学也纷纷行动起来，反封建主义奴化教育的运动兴起了高潮。

建平公学是郎溪新文化、新思想传播的积极推动者，是1928年郎溪“五九”暴动的策源地，又是“五九”暴动的指挥部，公学师生均为领导暴动的骨干分子。因此，建平公学一度成为郎溪的革命大本营。后虽随“五九”暴动失利而停办，但它自开办之日起，就新风阵阵，活力四射，对郎溪的革命事业产生了积极而深远的影响。

（三）开展农运工作

建平公学创建不久，中共宜兴县委负责人宗益寿就来到该校检查工作，指示团县委一是做好组织工作，要很快地把农民组织起来，把广大农民聚集在农会中，要特别注意干部和骨干分子的思想教育工作；二是广泛进行宣传工作，要充分利用纪念日、节日组织公学师生深入农村进行宣传活动。在农村的宣传要采用多种形式，使农民易于接受，以达到激起他们的斗争热情为目的。通过宣传活动，推进建平公学师生走上社会，深入民众。

建平公学的创建，为中共郎溪特支领导农运创造了有利的条件。葛琴、史济殷、范迪斋等经过宜兴秋收暴动考验的骨干，配合特支在校内开展革命活动的同时，还走出学校，深入农村进行社会考察，深入了解农民生活现状及地主、劣绅欺诈农民的罪行。在特支的领导下，积极进行农民的组织和发动工作。他们先后在郎溪东南乡的涛城和偏远的姚村山区农村，协助建立起农民协会，把广大农民团结在农协会的周围，提出了“打倒帝国主义、军阀，打倒贪官污吏、土豪劣绅”的斗争口号。一时间，全县的农协会组织得以迅速恢复和发展。

三、郎溪农民暴动

（一）暴动前的酝酿和策划

中国共产党领导的第一次反对帝国主义、打倒封建军阀的大革命，由于蒋介石、汪精卫先后叛变，也由于中国共产党内发生机会主义的错误而夭折。

当时，全党迫切需要彻底清算并纠正党在过去的严重错误，制定新的路线和政策。1927年8月7日，中共中央在湖北汉口秘密召开紧急会议，即八七会议。八七会议是我党历史上的一个重要转折点，它在中国革命紧急关头，旗帜鲜明地清算了大革命后期的右倾机会主义错误，确定了土地革命和武装反抗国民党反动派的总方针，给正处在思想混乱和组织涣散中的中国共产党指明了新的出路。会议决定“共产党现实最主要的任务是有系统的有计划的尽可能的在广大区域中准备农民的总暴动”，“利用今年秋收时期农村中阶级斗争剧烈的关键”，来发动和组织农民举行秋收起义[①]。

1928年3月13日，中共中央根据主持中共长江特委工作的尹宽关于安徽还不具备建立省委的意见，决定恢复安徽省临时委员会。任命尹宽、王步文、王教、龚得元等5人组成第二届安徽省临委，尹宽任书记。把组织开展农运作为党的中心工作，先后致信潜山、寿县、六安、怀宁县委及无为特委、郎溪特支，指导农运工作。

省临委在致郎溪诸同志的信中，首先指出：“在八·七紧急会

① 中共中央党校党史教研室资料组编写：《中国共产党历次重要会议集》（上），上海人民出版社，1982，第87页。

议以后中央新政策领导下，我们党总的工作方针就在抛弃与资产阶级的联合战线，抛弃上层的政治投机，完全打入工农群众中，领导群众自发斗争。”进而明确强调指出：“在郎溪这偏僻农业区域中，我们主要的工作是发动乡村农民群众的斗争，利用乡村一切大小冲突，领导群众起来抗地主债主绅董官厅等剥夺欺压。从这些斗争中团结广大群众在农民协会之下。”与此同时，中共江苏省委也作出了紧急决议案——《组织全省暴动计划》，指出：经过前一时期的恢复，“自今日起确确实实地进到领导暴动时期”，今后党的工作应以发展暴动为中心。在这种背景下，中共宜兴县委主要负责人宗益寿以江苏省委巡视员的身份来到郎溪指导工作。中共郎溪特支及时在建平公学内召开了党团联席会议，宗益寿在会上传达了党的八七会议精神和江苏省委指示。会议确定将“充分发动群众，开展群众性的革命斗争，准备举行农民秋收暴动”作为郎溪特支的工作方针①。

郎溪地处皖、苏两省的接合部，敌人的统治力量比较薄弱，是一个“鞭长莫及”的空隙地带。人民生活贫困，受封建地主压迫很深，且苛捐杂税名目繁多：“地有地租，山有山捐，青草池塘，还要税款。”人民大众真是衣不遮体、食不果腹。地主阶级和反动军阀的剥削、压迫使郎溪人民陷入苦难的深渊，群众的反抗情绪犹如干柴烈火，一触即发。

鉴于组织农民暴动的时机日趋成熟，中共郎溪特支着手筹集军事武装。此时，县南乡毕桥一带有一支陈文领导的农民自卫武装。陈文毕业于省立宣城四师，在恽代英、萧楚女的革命思想熏陶下，富有革命的正义感，性格豪放，疾恶如仇。1926年，被北伐军打

① 中共郎溪县委党史办公室：《中国共产党郎溪地方史（1919—1949）》第一卷，内部发行，2010，第38—39页。

垮的盘踞在闽、浙、苏、赣的军阀孙传芳，其部属不少沦为落草之寇流窜到洪林、毕桥一带骚扰，百姓十夜九惊。出于保一方平安之目的，陈文用钱换下一些溃兵的枪支弹药，组成一支十余人的民众自卫队。由于陈文为人正直，秉公办事，赏罚分明，带兵有方，队伍迅速得以扩展，到1927年正月，其部已扩编为“宣郎广民众自卫团”，拥兵千余。陈部的迅猛发展，震惊了国民党安徽上层，于是，安徽省主席兼三十九军军长的陈调元派重兵前来清剿，陈部受损，隐蔽在南漪湖畔。

为了争取这支武装，特支派团县委宣传部部长史济殷前往毕桥陈部做工作。陈文与夏雨初既是毕桥同乡，又有在宣城读书时的一段深情厚谊。深受国民党军队清剿之苦的他，经过史的一番启发、教育，认清了形势，表示愿意在党的领导下，参加暴动。这支由陈文领导的武装，成分比较复杂，其中大多数是破产的农民，他们要求改变土地关系的愿望十分迫切，大多表示愿意随团长行动。很快，特支对其进行了整编。整编后的陈部与部分农协会的武装合并组成了一支拥有500人枪的“农民自卫团”，自卫团下设4个营，陈文任团长，夏雨初任党代表，在南漪湖畔秘密集训，待命行动。

为了做好暴动前的准备工作，特支多次召开党团联席会议，分析县城内敌人的布防情况，反复研究攻城的具体实施方案，成立了由夏雨初、陈文、葛琴3人组成的“暴动指挥部”。决定由葛琴负责建平公学内的组织发动工作，并秘密串联城内有觉悟的手工业工人组成突击队届时接应。

（二）暴动的经过

一切就绪后，暴动指挥部即派建平公学的女教师季梅、吴懿君两人化装出城绕小路前往毕桥，约定陈文率部于5月9日拂晓从敌人防守力量较弱的小南门攻打县城，届时里应外合一举攻占郎溪县城。

5月9日夜1时许，农民自卫团在毕桥镇西六亩田集结，然后经飞鲤、十里岗秘密地朝郎溪方向行动。5月9日拂晓前已按预订时间抵达县城小南门。黎明时分，攻城战打响。这时，由程金鹿率领的工人突击队和建平公学师生组成的宣传队，在城内鸣枪呐喊。县自卫团、警备队尚在梦中，听到枪声，茫然不知所措。农民自卫团和工人突击队里应外合，很快就攻下了小南门。暴动队伍进城后，沿着县巷直扑西门腊梅巷的县警察局和十字街的县自卫团。敌人不战自溃，缴获数十支枪支。解除警察局、自卫团的武装后，很快又占领了国民党县政府前的钟鼓楼。县长粟伯龙和自卫团长刘涧泉仓皇潜逃，县教育局局长周孝安束手就擒[①]。

暴动后的第二天，中共郎溪特支即将“暴动指挥部”易名为“工农委员会”，并颁发了《告全县人民书》，明确提出了“铲除贪官污吏，实行土地革命”的政治主张。为了庆祝胜利，工农委员会在钟鼓楼广场召开由2000余人参加的庆祝大会，将罪大恶极的贪官污吏周孝安、卢小泉公审处决，以平民愤[②]。工农委员会还打开了国民党郎溪政府的粮仓——“积谷仓”，将1000余石大米赈济给正在度春荒的穷苦民众。同时，又砸开了县监狱，释放了因四一二反革命政变蒙冤入狱的几十名“政治犯”和普通人犯[③]。建平公学的学生宣传队走向街头，张贴标语、演讲宣传。城内商店营业照

① 中共郎溪县委党史办公室:《中国共产党郎溪地方史(1919—1949)》第一卷,内部发行,2010,第40—41页。

② 中共郎溪县委党史工作委员会办公室编:《郎溪党史资料》第五辑,内部发行,1988,第24页。

③ 中共郎溪县委党史工作委员会办公室编:《郎溪党史资料》第五辑,内部发行,1988,第24页。

常，秩序井然，县商会还主动为农民自卫团筹集了2万现洋的军饷。城乡穷苦民众，扬眉吐气，欢呼胜利。

按预定部署，农民自卫团在县城稍作休整后，便经广德、孝丰（今浙江省安吉县）开赴江西与红军会师。不料，伪警察胡心田在县城绅士的鼓动下，化装翻越城墙逃抵芜湖，乞求芜湖县长代电省政府派兵“围剿”。5月17日，国民党驻芜湖二十七军某部会同驻宣城的石蓬山所辖的一个营兵力，星夜前来郎溪“围剿”。

5月18日，广德、溧阳两县地方武装也纷纷调兵遣将，配合正规军合围郎溪县城。面对优势之敌，农民自卫团奋力还击，激战两天，终因寡不敌众，损失惨重。为了保留这支农民武装，特支决定突围，并掩护建平公学的师生先撤出县城①。

5月19日晨，攻占县城达10天的农民自卫团被迫突围出城，撤往姚村山区的鸦山。夏雨初前往当时中共江苏省委机关所在地——上海汇报郎溪暴动事宜，陈文率部就地继续坚持游击斗争。

（三）暴动的失败及经验教训

1928年8月中旬，中共宣城中心县委书记周心抚，根据中共中央巡视员王竞博的指示，准备将陈文部队收编为中国工农红军。但当通过宣城地下党负责人江干臣与陈文刚刚接上联系后，周又奉令调回芜湖，一支将要改编为中国工农红军的农民武装，因此而失去良机。

9月中旬，南京国民政府从安徽省政府呈报中获悉“陈文股匪，撤出郎溪后仍盘驻在鸦山，企图东山再起……”，于是即派精锐第九步兵一旅，会同安徽地方武装前往鸦山“清剿”。本已损伤

① 中共郎溪县委党史工作委员会办公室编:《郎溪党史资料》第五辑，内部发行，1988，第24页。

过半的农民自卫团，食不果腹，士气低落，虽自卫反击，终因寡不敌众，损失惨重。最后陈文带领7人，杀出一条血路，突出重围，取道广德，东渡太湖，前往上海去寻夏雨初。一场轰轰烈烈的郎溪农民暴动最终失败了。

郎溪农民暴动的失败，就其根源而言是当时“左”倾盲动主义急性病的结果。当时的党中央并没有正确认清形势，恰当地规定斗争任务，而是不顾敌人的强大和大革命失败后群众的情绪，到处命令少数党员和少数群众组织暴动，郎溪暴动就是在这种“左”倾盲动主义指导下发动的。同时，也由于暴动领导人不能很好地总结经验教训，没有认清敌强我弱的形势，在没有广泛发动群众开展土地革命，建立巩固的革命根据地之前，而先去攻打距离国民党首府南京百余公里的郎溪县城，加之暴动队伍内部成分复杂，缺乏应有的军事素质等主客观原因，失败也就难免了。

郎溪农民暴动虽然失败，但在国民党的反动统治集团内部引起了极大的震动。1928年5月15日至19日，南京《新闻报》连续数天报道这次暴动的经过。这次暴动就其意义和影响来说，远远超过一个县的范围，它沉重打击了郎溪地区的反动势力，动摇了国民党在农村的统治，使数千年来慑于封建统治势力的人民看到了自己的力量，为后来更大规模的广德农民暴动积累了经验[①]。

---

① 中共郎溪县委党史办公室:《中国共产党郎溪地方史(1919—1949)》第一卷,内部发行,2010,第48页。

四、姚村暴动和苏维埃政权的建立

（一）响应皖南红军独立团的武装斗争

1930年1月，在中共广德县委领导下，广德地区爆发了一起以农民为主体的革命武装暴动。农暴队伍高举抗租、抗捐、抗粮的旗帜，打土豪，分田地，开仓济贫。武装斗争的浪潮迅速波及郎溪、宣城、宁国、孝丰，涉及江苏溧阳、宜兴和浙江长兴的边缘。这次武装斗争，长达一年半之久，是1927年大革命失败后发生在苏浙皖边区的一起规模较大、坚持时间较长的革命武装暴动。

1929年，广德春荒严重，秋季螟虫成灾，大片土地颗粒无收。地主、奸商趁机囤积粮食卖高价，加上连年兵匪为患，灾难深重的广德人民走投无路，反抗情绪日益高涨，出现了农民自发“吃大户”现象。中共广德特支因势利导，积极组织农民开展分粮斗争。1929年冬，中共广德县委正式成立，邓国安任书记，王金林任农运委员。不久王回到家乡的黄金坝，进行武装暴动前的准备工作。此间，广德县委已筹建一支小武装队伍。1930年1月1日，在中共广德县委的组织和领导下，以为王金林母亲做寿为名，正式举行了武装暴动。参加暴动者300余人，公开镇压恶霸地主，开仓分粮，并缴获地主自卫枪支数十支。

3月，王金林率领农暴队伍，包围了郎广两县交界的独树街地主武装自卫团，迫使自卫团副团长马海恩等30名团丁携枪抵抗。接着又消灭了敌花鼓塘保安团，迫使戈村等地民团投诚，接受改编。武装斗争的节节胜利，使队伍不断壮大。7月，中国工农红军皖南独立团成立。中国工农红军皖南独立团下辖1个营4个连，红军战士规模达到300余人，长短枪180余支。不久，又收编了郎溪毕家桥沈云山、毕小田为首的土匪武装，独立团迅速扩展到600人，长短枪260余支[①]。

同年夏，在红军独立团武装斗争声势的影响下，郎溪姚村的鸦山、茶冲、邵家冲、九村、永丰、姚家塔、夏桥一带的造纸工人和涛城山下铺、长乐一带的穷苦农民奋起响应。8月初，邵家冲造纸工人陈建富接受王金林的指示，组建了一支拥有570余人枪的"姚村农民赤卫队"，公开树起了"抗租、抗捐、抗债"的"三抗"旗帜[②]。

为了进一步扩大胜利成果，随着农民赤卫队的不断发展壮大，"姚村农民赤卫队"改名为"姚村农民赤卫团"[③]。1930年10月4日，赤卫团在鸦山岭下四亩田召开成立庆祝大会，鸦山至夏桥一带的穷苦造纸工人像潮水一般涌向鸦山街。皖南红军独立团团长王金林，政委邱宏毅亲临大会并号召广大工人、农民举起抗捐、抗租、抗债的红旗，打土豪，分田地，建立苏维埃政权。很快，姚村农民赤卫团发展成1000人枪的武装。农历九月初，赤卫团一举捣毁了国民党姚村乡公所，当场击毙了伪乡长姚木奎，缴获枪支20余支。赤卫团首战告捷，民心大振，整个姚村地区普遍开展起轰轰烈烈的"三抗"斗争，一些地主、劣绅纷纷潜逃至宣城水东。

（二）广郎宣苏维埃准备委员会的成立

在红军武装力量扩大的同时，苏维埃运动也随之发展。1930年9月，广德的花鼓、西坞、沙塘头、侯村、莫村等乡相继成立了苏

① 中共广德县委党史工作委员会编:《桐汭风云》,内部发行,1996,第25页。

② 中共广德县委党史工作委员会编:《桐汭风云》,内部发行,1996,第26页。

③ 中共广德县委党史工作委员会编:《桐汭风云》,内部发行,1996,第26页。

维埃政权和群众团体。在此形势下，根据江南军委的指示，独立团于当月中旬在姚村鸦山召开了由广、郎、宣三县代表参加的广郎宣苏维埃准备委员会代表大会。出席会议的有农民代表40余人、军队代表20余人，加上工作人员共100人左右。大会选举成立了广郎宣苏维埃准备委员会，王金林、邱宏毅、陈建富、林家旺等当选为委员，陈荫隆任主席[①]。大会还选举了出席全国苏维埃代表大会的代表。会议决定实行土地革命，满足农民对土地的要求。会后，把一些地主霸占的土地分给没有土地的贫雇农。不久，由于形势恶化，广郎宣苏维埃政府没能成立，土地分配也没有全面推开。

（三）姚村苏维埃政府的成立

1930年9月底，根据广郎宣苏维埃准备委员会的统一部署，凡是有条件的地区，必须尽快建立苏维埃政权。此时，郎溪姚村地区各村均建立了农协会、妇救会组织，拥有农会会员1000余人，已具备建立苏维埃政权的条件。之后，姚村农民赤卫团在夏桥路途村召开姚村苏维埃政府成立大会。大会选举陈建富为姚村苏维埃政府主席。苏维埃政府下设政治宣传处（费新海任宣传处秘书）、军需股（股长张传和）、财粮股（股长吴清福）、妇女救国会（主任赵永安），以及农民协会、儿童团等群众组织[②]。各村亦建立了苏维埃政府组织，设主席1人及相应的机构。姚村苏维埃政府，直属广郎宣苏维埃准备委员会领导，下辖农民赤卫团。

苏维埃政府成立后，高潮期姚村地区的农协会会员达2000余人，斗争矛头直指当地的封建地主、恶霸、劣绅，根据其罪恶的轻

① 中共广德县委党史工作委员会编:《桐汭风云》,内部发行,1996,第26页。

② 中共郎溪县委党史办公室:《中国共产党郎溪地方史(1919—1949)》第一卷,内部发行,2010,第48页。

重，分别给予批斗、管制。永丰、夏桥一带还先后镇压了罪大恶极的劣绅冯董事、王世恩、李大四等人。苏维埃政府在铲除封建迷信、解放女性等方面也做了大量的工作。整个姚村地区形成了一派火红的革命景象，与广德红色区域连成了一片[①]。

郎广农民武装暴动和红色政权的建立，震撼了近在咫尺的国民党首府南京。1930年4月，国民党当局命令“首都卫戍团”团副率领1个营，并纠集郎溪、广德反动武装自卫队，共1000余人，向广德、郎溪红色区域发动第一次“清剿”，企图一举消灭刚建立起来的红军游击武装。在敌强我弱的情况下，红军游击队采取“避敌主力，待机出击”的方针，增设了情报站、瞭望哨，以日伏夜行、分散活动的战术，东打西扰，使敌人晕头转向，毫无所获。这次反“清剿”战斗历时5个月之久，大小战斗20余次，打死敌人50余名，收编武装200余人，镇压恶霸地主40余人，红色区域面积达600多平方公里[②]。

1930年10月底，随着姚村苏维埃政权的建立，安徽省主席、军阀陈调元派部属五十七师三四二团团长余逢润带1个团的兵力（其中1个营驻郎溪），加上郎广地方反动武装2000余人，向郎广红色区域发动第二次“清剿”。敌人这次“清剿”手段更为毒辣，除设立“审共委员会”外，还增设了谍报点，并调动郎广四乡及邻县的地方武装，伏击、追袭红军武装。

1930年11月底，王金林率领独立团和郎溪姚村农民自卫团，准备通过浙江孝丰开赴江西，与在赣东北坚持武装斗争的方志敏部会合，途中，在孝丰东门村，遭敌三四二团、浙江省保安团，加上

① 中共郎溪县委党史办公室：《中国共产党郎溪地方史（1919—1949）》第一卷，内部发行，2010，第48页。

② 中共广德县委党史工作委员会编：《桐汭风云》，内部发行，1996，第27页。

广德、宣城、郎溪三县自卫队1000余人的包围，部队分两路突围，独立团政委邱宏毅在战斗中身负重伤。在东门村战斗失利的关键时刻，混入革命队伍的投机分子沈云山、刘昭武、毕小田带领3个连300余人，携带100支枪回郎溪叛变投敌。当时的郎溪县保安大队长魏修武收编了他们，分别委任为分队长。战斗的失利和投机分子的叛变，使红军遭受重大损失，独立团减少到70余人[①]。国民党军队乘机向红色区域大举“清剿”，逃亡的地主纷纷返回住地，组织了“义勇队”，配合国民党军队屠杀工农群众，广德、郎溪大部分苏区丢失。姚村苏维埃政府被迫停止一切活动。

1931年初，王金林率部到郎溪鸦山进行整编。2月，国民党五十七师三四一团来广、郎进行第三次“清剿”。这次“清剿”，采取了更加阴险毒辣的手段。一方面加紧“清剿”，另一方面采取“安抚”的办法，威胁、利诱民众加入“铲共团”“自新队”，从政治上分化瓦解红军队伍。国民党军三四一团团部和广德、郎溪国民党县政府在四乡张贴布告，胁迫民众登记“自首”，否则“即以匪论罪”，“再有通匪为匪情事杀无赦”。在一片白色恐怖下，过去同情革命的一些上层分子消极了，革命队伍中一些不坚定分子动摇了。

1931年10月22日，王金林率领部队攻打广德誓节镇失利，在撤退途中又遭敌人袭击，王金林负伤，部队伤亡很大，红军独立团最后只剩下17支枪。由于弹尽粮绝，战士们只好忍痛将枪支拆散，埋于青峰岭。剩下的少数同志，有的转入地下活动，有的转移到外省外县。姚村农民赤卫团，在敌人第二次“清剿”时已受到重创，20余人在“清剿”中先后牺牲。在敌人第三次“清剿”时，由于内部出了叛徒，姚村苏维埃政府主席陈建富，因被出卖而被捕牺

① 中共广德县委党史工作委员会编:《桐汭风云》,内部发行,1996,第28页。

牲。姚村农民暴动最终失败。

1931年10月，国民党广德县政府为尽快消灭红军，在四乡张贴布告，悬赏2万块银圆，缉拿王金林。王金林的警卫员龙明忠经不起恶劣环境的考验和银圆的引诱，一天夜晚，到花鼓塘向敌营长王德农告密致使王金林被捕。在监狱里，尽管敌人百般威胁利诱，但王金林坚贞不屈，毫不动摇，1931年11月22日，在广德城北凤凰堆英勇就义，年仅28岁[①]。

中央对皖南红军独立团的斗争是非常重视和关怀的，认为广德和郎溪有发展成为大根据地的可能。中央曾决定为加强对广德、郎溪工作的领导，广德工作直接归中央指导。为此，中央和江南省委曾先后派邱宏毅、陈荫隆、李帮兴、左权亚、黄义青、周心抚等来广德工作。其中，左权亚来广德途中，于浙江长兴县泗安镇被捕牺牲，黄义青和周心抚在途中受阻没有到达广德。

1930年至1931年，中国革命正处于低潮时期，广德和郎溪姚村地区的人民，在中国共产党的领导下，高举红旗，进行武装斗争，反抗国民党反动统治，建立苏维埃政权，坚持斗争近两年之久，沉重地打击了郎广地区的反动势力，动摇了国民党在农村的统治，教育和鼓舞了广大人民。这确实是一件非同寻常、石破天惊的事情，其斗争规模之大，坚持斗争时间之长，在当时的皖南地区都是空前的，在安徽的革命斗争史上写下了光辉的一页。

五、涛城地区党组织的建立

涛城位于郎溪的东乡，是郎广两县交通线上的重镇。早在大革命后期，该镇一批旅外学生便经常利用寒暑假返乡的时机，采取多

① 中共广德县委党史工作委员会编:《桐汭风云》,内部发行,1996,第30页。

种形式深入穷苦农民和店员中，宣传革命思想，号召贫苦农民起来与地主阶级进行抗争。1927年，北伐军进驻郎溪时，涛城、长乐、山下铺一带均成立了农民协会，开展了打土豪、吃大户的群众运动。这些，为以后党组织的建立打下了坚实的基础。

1926年，李允功、孙瑾、张国祥等3人在广德省立十二中初中部就读。次年，因北伐战争的兴起，该校停办。1928年，李等3人转入宣城省立四中继续就读。1929年暑假期间，李等在广德誓节渡坑村，结识了时在安庆一中读书的共产党员许道珍。经过一段时间的交往，并对其3人进行考察后，同年8月许正式介绍李、孙、张3人加入中国共产党。

20世纪30年代初，神州大地风雷激荡，随着全国革命形势的发展，素有"南宣北合"之称的宣城的学生运动开展得如火如荼。在宣城省立四中就读的中共地下党员万亚心、许道珍（于1929年秋，从安庆一中转入宣城省立四中）、任新民领导的学生联合会，经常利用黑夜作掩护，分别在校园内和街头巷尾，用木炭、石灰书写革命标语、撒发传单。不久，已身为学运骨干的李允功，组织学生冲击省教育厅要员检阅童子军的会场，并捣毁了"裕隆祥"专售日货的商店。

1930年春，在中共广德县委的指导帮助下，李允功利用假期时间，在家乡组建了郎溪涛城地区第一个党组织——中共沙桥支部。支部书记李允功，支部党员有孙瑾、张国祥、水世玉、王成林、王祖玉、肖守良、张国桢等7人[①]。这是1928年郎溪党组织遭到破坏后首次复建。不久，宣城爆发了庙埠暴动，四中的进步学生积极参加。李允功、张国祥等一批参加暴动的学生，被开除学籍。

① 中共郎溪县委党史办公室:《中国共产党郎溪地方史(1919—1949)》第一卷,内部发行,2010,第50页。

张国祥被国民党宣城县党部逮捕，囚禁在安庆陆军监狱，1932年牺牲，时年22岁。

中共沙桥支部成立后不久，中共广德县委指示沙桥支部应积极发展组织，领导农民开展抗粮斗争，形成“郎溪红色区域与广德苏区”连成一片的局面。为了配合红军独立团在涛城地区的活动，李允功与家住山下铺的王金林部属沈梦翔取得了联系，并协助独立团捣毁了与涛城仅一山之隔的陆家铺乡公所。1930年农历冬月初八，红军独立团一营在沙桥支部的积极配合下，又一举捣毁了水鸣井岗头刘家大院，缴获枪支20余支并开仓济贫，极大地震动了涛城、湳山、水鸣一带的土豪劣绅[①]。此后，涛城地区在党组织的领导下，逐步开展起有领导、有组织的群众斗争。

1931年秋，随着涛城地区党员的不断发展，又先后建立了高升园、软桥、王家村、营盘山、童家塔等5个支部。郎溪城关地区以李政刚为首建立起1个党支部，党员30名。为便于领导，经中共芜湖中心县委宣城区巡视员指示，中共沙桥支部上升为中共郎溪中心支部，下辖涛城地区及城关地区各党支部，书记李允功、副书记屈益祥，隶属中共芜湖中心县委领导[②]。

在白色恐怖中，为以公开的职业作掩护，李允功、屈益祥在软桥村（即徐家大村）还创办了一所“软桥小学”，对外招生三四十名，他们白天执教，夜晚深入农村进行党的组织发展活动。中心支部还定期集中各支部党员在软桥小学过组织生活，不断对党员进行革命气节教育。为了扩大党组织的影响，中心支部还先后在涛城、长乐一带农村建立了“农友会”，在涛城街上建立了“店员兄弟

① 中共郎溪县委党史办公室:《中国共产党郎溪地方史(1919—1949)》第一卷,内部发行,2010,第50—51页。

② 中共郎溪县委党史办公室:《中国共产党郎溪地方史(1919—1949)》第一卷,内部发行,2010,第51页。

会”，并在郎溪城关青年学生中建立了“兄弟姊妹会”等党的外围组织。党组织通过这些传统的结社形式积极开展活动，既不易为统治阶级所觉察，又能为一般尚未觉悟的农民、店员、学生群众所接受，更有利于通过这些组织进一步开展农运、工运和学运。涛城镇附近的一些乡村，在“农友会”的组织下，自发地开展起“抗租”“抗丁”的群众斗争。有的还当场烧毁了地主豪绅的田约地契。涛城街上各商店的店员伙计纷纷自发地进行要求补发工资的斗争。这些斗争的胜利，震慑了地方劣绅和国民党郎溪县当局。

1933年冬，因芜湖中心县委遭到破坏，郎溪中心支部通过屈益祥与安庆一中党组织发生了联系。1934年春，安庆一中党组织负责人邹一平被捕，党组织被破坏，联系中断。1935年初，国民党皖南行署肃反专员来郎溪，在县长项昌权的密谋下，大肆逮捕共产党员并强迫“自首”。此间，党内不坚定分子相继“自首”，加上屈益祥去安庆寻找上级党组织未归，李允功被迫去含山县度量衡检定所谋职。至此，涛城地区党组织活动处于低潮[①]。

六、上浙皖特委领导的游击斗争

1931年2月，宣城县委在孙家埠成立，组织很快发展到宁国、郎溪（在宣郎交界处成立中共郎溪支部，书记陈老五，党员9人）、泾县、旌德，12月县委扩大为特委。特委和芜湖党组织间的联系遭到破坏后，通过徽州地区的皖南特委，逐步向徽州地区发展，和闽浙赣省委接上了联系，此后宣城地区党组织逐步属闽浙赣省委领导。

1935年初，红军北上抗日先遣队失利后，闽浙皖赣边区的革命

① 中共郎溪县委党史办公室编：《郎溪党史资料》第一辑，内部发行，1984，第38页。

斗争遭受挫折，各地党组织和红军进行了一年多的分散斗争。1936年4月，为了统一和加强根据地党的领导，闽浙赣省委在皖赣交界的鄣公山召开了扩大会议。根据当时的形势，会议决定将闽浙赣省委改为皖浙赣省委，将所属地区划分为5个特委，上浙皖特委是其中之一。

上浙皖地区包括泾县、宁国、宣城、广德、郎溪及浙江孝丰、于潜、昌化8县。这里东临沪杭地区，北距国民党统治中心南京只有100多公里，战略位置十分重要，南部山峦起伏，是一个进可以出击、退可以隐伏的游击战场。1928年和1930年，由夏雨初、王金林等共产党人领导的郎溪暴动、广德暴动，建立了苏维埃政权和皖南红军独立团，红色区域扩大到广德、郎溪、宣城、宁国4县边界地区的广大农村。1935年1月，洪维恭、李步新等人在泾县戴扬村成立了泾旌宁宣中心县委，在泾县、旌德、宁国、宣城4县边境山区开展游击战争，建立了横亘百里的游击根据地。这些都为以后上浙皖特委在这一地区开展游击活动创造了有利条件。

当红军北上先遣队撤离皖南时，根据方志敏的指示，红十九师政委聂洪均担任皖南特委书记，随军干部李步新在泾县、太平一带开展工作，并留下红十军团侦察营与皖南红军游击大队合编，组成皖南红军独立团。

1935年下半年至1936年初，熊刚、刘毓标率部多次活动在宣城、宁国、孝丰、昌化一带，来往于宁国南部山区。他们向广大贫苦农民宣传共产党的主张，发动群众建立农民团，发展党员，成立基层党支部。为了将活动进一步扩大到宁国周围各县的广大地区，1936年4月，省委扩大会议决定成立上浙皖特委，领导泾县、宣城、广德、郎溪、宁国、孝丰、于潜、昌化8个县的工作，原闽浙赣团省委书记邵长河担任特委书记[1]。

中共上浙皖特委书记邵长河根据皖浙省委“独立团要到更远一些地区去开展游击活动，扩大声势”的指示，1936年夏，率领由100余人组成的红军武装，开始向郎广地区前进。在皖浙赣红军独立团的协助下，邵长河在郎广地区贯彻“以军建政”、“依贫靠中”（即依靠贫农，团结中农及其他成分的农民）、“削富助贫”等政策，积极发展党组织，扩大红军武装力量。

正当红军逐步发展壮大，打击敌人取得节节胜利之际，蒋介石集团竟然叫嚣要在3个月内消灭包括鄂豫皖在内的南方各游击根据地的共产党和红军。于是，国民党当局调集10万兵力分3路进攻皖浙赣游击区，其中一路从浙江开化向宁国、广德、郎溪、宣城、泾县、旌德进犯。同时国民党当局调派三十四师1个师的兵力，从江西尾追红军到达宁国、广德、郎溪地区。师部驻扎在宁国，对红军在军事上采取“跟班追踪”“日击夜抄”；政治上采取“移民并村”“清除陌地”的手段，实行残酷的“清剿”，使红军处于极端困难的境地。同年五六月，由于叛徒出卖，邵长河负伤，他率领的1个连的武装被敌摧毁，班以上干部全部惨遭杀害，剩余的部分武装离开宁广郎地区。到1937年6月，宣城地区党组织几乎全部被破坏。

上浙皖特委活动在郎广期间，郎溪涛城地区所幸存的党组织积极地配合了特委所领导的斗争。虽然处于低潮期党的组织没有新的发展，但在红军的影响下，经受了锻炼和考验。这为全民族抗日战争时期，该地区在全县率先恢复建立党组织，从思想上和组织上奠定了一定的基础。

① 中共宣城市委党史研究室编：《中共宣城地方史（1919—1949）》，内部发行，2001，第88页。

第三章　全面抗战时期

（1937年7月—1945年8月）

一、新四军进驻皖南

1937年7月7日夜，日本侵略者在北平西南的卢沟桥附近以军事演习为名，突然向当地中国驻军第二十九军发动进攻，第二十九军奋起抵抗，全面抗战从此开始。

卢沟桥事变的第二天，中国共产党中央委员会发出《中国共产党为日军进攻卢沟桥通电》，向全国人民呼吁“平津危急！华北危急！中华民族危急！只有全民族实行抗战，才是我们的出路！”，号召“全中国同胞，政府，与军队，团结起来，筑成民族统一战线的坚固长城，抵抗日寇的侵掠！国共两党亲密合作抵抗日寇的新进攻！”面对如此局势，国民党通过中央通迅社于9月22日发表了《中国共产党为公布国共合作宣言》。次日，蒋介石发表谈话，指出团结御侮的必要，事实上承认了共产党在全国的合法地位。至此，由共产党倡导和推动的以国共两党合作为基础的抗日民族统一战线正式形成。毛泽东在《国共合作成立后的迫切任务》中指出：“这在中国革命史上开辟了一个新纪元。这将给予中国革命以广大的深刻的影响，将对于打倒日本帝国主义发生决定的作用。”①

国共合作形成后，国民党很快同意将西北红军主力改编为国民革命军第八路军，同意将南方8省14个地区的红军游击队改编为国民革命军陆军新编第四军（简称新四军），开赴前线抗日。

（一）新四军的成立

在八路军开赴前线抗日的过程中，国民党和共产党于1937年10月在南京达成协议，将留在湘、赣、闽、粤、浙、鄂、豫、皖8省边界地区的红军游击队（琼崖红军游击队除外）改编为国民革命军陆军新编第四军。新四军军部于同年12月在湖北汉口组建，并于1938年1月6日迁到江西南昌，后又移驻皖南岩寺。叶挺任军长，项英任副军长，下辖4个支队，第一、二、三支队由长江以南各省的红军游击队编成，第四支队由长江以北鄂豫皖、豫南、鄂东北的红军和游击队编成，全军10300人。同时，成立中共中央东南分局和中共中央军事委员会新四军分会，项英任东南分局书记兼军分会书记，陈毅任军分会副书记。新四军成立后，陈毅、粟裕等部相继进入敌后，开展抗日游击战争和创建根据地②。

为迅速开展敌后的游击战争，1938年2月15日，毛泽东指示新四军“力争集中苏浙皖边发展游击战”，“以溧阳、溧水地区为中心，向着南京、镇江、丹阳、金坛、宜兴、长兴、广德线上之敌作战”。5月4日，毛泽东又指示项英，新四军应“在广德、苏州、镇江、南京、芜湖五区之间广大地区”进行游击战争，组织和武装群众，“创造根据地”，然后分兵东进和北上。这就是关于新四军发

① 《毛泽东选集》第二卷，人民出版社，1991，第364页。

② 中共中央党史研究室：《中国共产党的七十年》，中共党史出版社，1991，第152—153页。

展方向的著名的“东进北上”方针。5月14日，中共中央书记处致电新四军，强调指出，根据华北经验，在目前形势下，在敌人的广大后方，即使平原地区，也方便游击活动与根据地的创建，要求新四军利用目前有利时机深入敌后，在大江以南创造一些模范的根据地。

根据中共中央和毛泽东的指示，新四军第一、二、三支队于1938年2月至4月间集中于皖南岩寺，稍加整训后，于4月28日向苏南敌后派出先遣支队进行战略侦察。在侦察部队出动之后，军部令第一、二、三支队迅速跟进，第一、二支队着手开辟以茅山为中心的苏南抗日根据地，第三支队则挺进皖南抗日前线，正面抗敌[①]。

（二）新四军进入皖南前郎溪的形势

1937年11月12日，日军攻占上海后，兵分三路进攻，矛头直指国民党首府南京。其中一路沿太湖南岸向苏浙皖边界进攻，企图攻占广德、泗安，采用迂回作战方法，包抄南京。

此时，在苏浙皖边泗安、广德一带设防的中国政府军是川军第23集团军，其兵力部署是：一四四师由广德、泗安向长兴方向推进，迎击敌军；一四七师防守泗安镇；一四五师、一四六师以及独立十三、十四旅坚守广德，形成泗安、广德两道防线。

1937年11月23日，向苏浙皖边界进攻的日军由太湖分乘汽轮及百余艘橡皮艇窜抵嘉兴、长兴一线。11月26日，日军出动27架飞机轮番轰炸守军阵地和广德县城，28日，以装甲车、坦克开道，终于攻克界牌。29日，日军进攻祠山岗，尔后在飞机、大炮配合下，向泗安大举进犯。一四四师经激战伤亡很大，被迫后撤，日军

① 安徽省档案馆编:《新四军在皖南(1938—1941)》,内部发行,1985,第33页。

突破第一道防线，向广德推进。30日攻破广德县城。日军占领广德后，挥刀西进，12月3日占领郎溪，6日占领宣城。

日军向广德、郎溪进攻时，首先以飞机狂轰滥炸。1937年八一三淞沪战争一开始，日军就派遣9架轰炸机，每架载250公斤炸弹两枚，从台北基地起飞轰炸广德机场。此后，频繁轰炸郎广地区。"天不怕，地不怕，就怕鬼子飞机来轰炸"，这是当时郎溪人民多次遭日机空袭而产生的恐惧心理。据统计，从1937年12月到1941年3月24日，日机轰炸郎溪的时间跨度为4年，郎溪地区所有重要集镇均遭轰炸，人民生命财产损失不计其数。尤为惨烈的是1941年3月24日的空袭。由于多次空袭日机均未炸教堂，城内居民以为县城北门挂有西班牙国旗的天主教堂"安全保险"，是日，当日机飞临郎溪上空时，人们纷纷躲进教堂避难，教堂所有房屋人满为患。许多小贩在教堂大院内搭起帐篷，摆摊设点做生意，形成一个小小的"闹市"。日机在上空盘旋一阵后，看到教堂大院内人群熙攘，即俯冲用机枪向人群扫射，继而投放燃烧弹，刹那间教堂大院内浓烟滚滚，血肉横飞。这次"避"入教堂的难民，只有极少数生还，被炸死、烧死和房屋倒塌压死、震死者500余人[①]。

1937年12月3日，日本侵略军由广德誓节兵分两路，一路经杨杆、石槽、井岗头、盆形山、南丰等地，一路沿宣长路至十字铺。到了十字铺又分两股，一股循公路前进，一股绕至毕桥、飞鲤，以钳形之势包围郎溪县城，郎溪第一次沦陷。公路两侧的房屋被火烧2400多间，600多人被杀。有的村庄被夷为平地，人们无家可归，悲愤填膺，就连丧家之犬也成群坐在村边路旁嗥叫。日军进城后，四处放火，由东门埂到西门埂，由南门夫子庙到北门天主堂，火光

① 中共郎溪县委党史办公室编：《郎溪党史资料》第三、四辑，内部发行，1985，第90—91页。

冲天，浓烟滚滚，白日无光，夜晚通明，形成一片火海。城内义大、天隆等8家粮行的几十万斤粮食被焚为灰烬，始建于南朝的开法寺和后建的东西大街两旁的房屋被毁坏殆尽。

日军对妇女、儿童的摧残、蹂躏格外残忍，令人发指，十多岁的女孩、六七十岁的老妇都难以幸免。有的被奸污后惨遭杀害，赤身露体死于道旁。儿童被挑在刺刀尖上，头颅挂在树上，残骸陈于里巷，血流成河，横尸遍野，惨不忍睹[①]。

1938年3月22日，日军由宣城出动，沿公路经十字铺侵犯郎溪，另一路由宣城新河庄过南漪湖会同陆军部队第二次侵占郎溪县城。国民党县政府逃到姚村，居民都逃到乡村山里，稍为跑慢的即被日军屠杀，连鸡犬也不能幸免，郎溪遭到第二次大洗劫。日军在城内盘踞3日，到3月25日才撤走。县政府由姚村迁回县城，指派民夫清理街巷时，抬出的尸体就达470多具，至于被烧成灰烬或埋入残垣断壁之中的更是不计其数[②]。

此后，日军5次攻陷郎溪县城，7次扫荡郎溪县境。郎溪是皖东南遭受日军摧残最为严重的地区之一。

日军的种种暴行，使郎溪千家万户家破人亡，妻离子散。不甘当亡国奴的人民群众，纷纷自发地起来反抗。1937年12月6日，日军猪木清太部队分为两路向梅渚进犯，一路沿郎梅路进犯钟桥、分流。此时宣郎广宁游击队龚部一个中队与梅渚下房徐村民众抗日自卫队配合，埋伏在分流庙后松林内，日军先头部队进入伏击圈时，枪声大作，击毙敌骑兵1名。同日经大桥、汤桥一路的日军骑兵10余人在八里岗附近，与殷桥民团30余人遭遇，民团与日军打

① 中共郎溪县委党史办公室编:《郎溪党史资料》第三、四辑，内部发行，1985，第89页。

② 中共郎溪县委党史办公室编:《郎溪党史资料》第三、四辑，内部发行，1985，第89—90页。

了一仗，打死日军1人，缴获战马1匹。12月5日，一日军在飞鲤附近强奸逃难妇女，被一自称散兵的人砸死。同日晚，一日军在十字铺强拉民夫，被号称“大萝卜”的青年活捉，缴步枪1支。12月6日晚，一日军骑自行车经钟桥二七沟村，被村民张氏父子俩用铁锤砸死，将尸体沉入塘底。郎溪县临时小学工友陈丝照，徒手活捉一名闯入私宅的日军，用菜刀砍死。1937年12月初，日军的1辆给养车，由宣城开往郎溪，驶进城南七里店时，因机件损坏，敌欲换车运送，司机弃车进城，附近农民看见敌去，迅速运走食物，焚毁车辆。又一乡民被一日军迫为向导，他急中生智，将日军骗至僻静处，唤集群众将日军打死。1938年1月3日，由十字铺进犯郎溪的日军步骑兵60多人闯进水鸣乡杜花村，这天恰逢为人正直、知书达礼的私塾先生黄少耕六十寿辰，日军突然闯入，使黄先生惊诧万分。当日军几个头头误以为黄宅设宴是为效劳皇军，准备入席时，老先生横眉冷对，突然起身掀翻酒桌，平日滴酒不沾的他一连暴饮稻酒4碗，醉倒在地，吐血身亡，以死抗争。日军恼羞成怒，屠杀村民27人，扬长而去。3月23日，长乐保民众自卫队13人，围歼敌骑兵4人，毙敌伍长白田利惠，夺取战马1匹、马枪1支。

为了操戈御侮，共赴国难，阻止日军进犯郎溪，1937年8月26日，国民党郎溪县政府发动涛城、姚村两区5000多民众破坏县境内宣长公路段（百花桥至分界山），在公路两侧挖抗167处。9月5日，再次发动城关、梅渚、东夏3区10000多民众，破坏京建路段（望牛墩至十字铺），在公路两侧挖坑380多处。1938年1月，县政府筹建郎溪县抗日人民自卫军司令部，县长兼司令，下设两个义勇军常备中队，筹备武器弹药，进行军事训练，以抗击入侵日军[①]。当日，梅渚壮丁巡察队陈玉昆，率兵一队，与敌1小队遭遇于分流

① 郎溪县地方志编纂委员会编:《郎溪县志》，方志出版社，1998，第24页。

庙，他们急行军将部队埋伏在七里岗松林内，敌至伏击圈时，突然袭击，毙敌2人。当日，1日军骑自行车在梅渚地带掠夺家禽，被陈玉昆摔倒击毙，弃尸水中，缴获自行车1辆、望远镜1架、“三八式”步枪1支。

1938年1月5日，飞鲤乡模范队埋伏于松林内，毙日军（松原）1名，获“三八式”步枪1支、防毒面具1副。1月4日，梅渚区定埠乡壮丁杨绍春赤手打死伪军鞠照根，缴获短枪1支。

此时，郎溪到处都是散兵游勇，他们横行乡里，鱼肉人民。1938年初，匪惊四起，民众寝食难安。4月14日，挺进军数十人将东夏自卫队的枪抢去，17日又自南漪湖乘船上岸，将东夏镇抢劫一空。县政府警队勾结挺进军公开绑票，明兵暗匪，兵匪一家。人民群众外受侵略蹂躏，内受兵匪欺压，十夜九惊，处于水深火热之中。

（三）新四军开赴宣城，开展抗日游击战争

陈毅率第一支队主力于1938年5月中旬由岩寺出发，在南陵进行思想动员后，6月3日夜通过宣芜铁路，进入江苏南部，开辟以茅山为中心的抗日根据地。二支队则进入苏皖边，开辟江（宁）当（涂）溧（水）边区（亦称横山地区）和宣（城）当（涂）芜（湖）边区（亦称大官圩地区）两块相连的基地。

宣当芜地区是以宣城金宝圩和当涂大官圩为中心的水网地带（含郎溪西北地区），是以茅山为中心的苏南抗日根据地的外围组成部分，是新四军皖南部队和苏南部队相系的纽带，具有十分重要的战略地位。1938年6月，新四军第三支队第六团在叶飞率领下进驻宣城水阳，6月中旬，第二支队在参谋长罗忠毅、政治部主任王集成率领下，一部到芜湖当涂以东小丹阳之间的河网地区发动群

众，抗击日军。当时，日军正在倾力围攻徐州，继而又进攻武汉，而以不足3个联队的兵力据守在以南京为中心，两翼伸向芜湖、镇江交通沿线20多个大中据点。新四军乘此有利时机，对日伪积极进攻。在铁路上，向着京沪路的两侧，向着京芜路进攻，"在公路上，向着京杭国道以及京沪与京杭国道间的地区"进攻，先后取得了奔袭裘公渡、水阳江战斗、奇袭官徒战斗的胜利。

新四军在苏皖边敌后的积极作战，令日军万分恼怒，下决心要对新四军来一次报复性的扫荡。1939年4月10日，当涂、芜湖、溧水等地日军出动千余人，分3路向郎溪毗邻的狸头桥分进合击。鉴于敌强我弱的客观形势，二支队以一小部兵力阻击敌军，主力退向郎溪的东夏、下湖（新发）、定埠地区，敌人扑空后撤退。这次战斗毙敌70余人。

军事斗争的胜利，为地方工作的顺利开展创造了条件。1939年4月，在二支队的帮助下，中共宣（城）郎（溪）高（淳）县委在宣城狸头桥成立。县委辖郎溪的东夏、下湖、定埠、梅渚等地区。宣当芜边抗日基地初步开辟①。

二、新四军东征初抵郎溪

1938年5月，新四军第一、二支队奉命相继进入苏南、苏皖边，着手开辟以茅山为中心的苏南敌后抗日根据地。郎广地区是新四军东进抗日的主要基地，也是新四军在苏南的一个重要战略支点。面对山河沦陷，民族痛楚，富有光荣革命斗争传统的郎溪人民，胸怀国仇家恨，团结御侮，共赴国难。

① 中共郎溪县委党史办公室：《中国共产党郎溪地方史（1919—1949）》第一卷，内部发行，2010，第68—69页。

郎溪与苏南接壤，新四军在东征途中，先后在郎溪境内的梅渚镇设立了“新四军一支队前方医院”和一支队前委委员石云阶担任处长的“安徽省郎溪县进出口货物检查处”，在毕桥镇黄村设立了“新四军第四兵站”。新四军这些机构设在郎溪，使人民群众深受新四军秋毫无犯、一心抗日精神的感染。尤其是新四军一支队司令员、新四军江南指挥部总指挥陈毅，多次来到梅渚前方医院视察，铭记在郎溪人民心中。

（一）新四军一支队前方医院在梅渚

1938年5月，新四军一支队离开皖南前去苏南敌后时，军部号召设在泾县云岭南堡村的军部医院的一部分医务人员随一支队工作，青年医生王聿先第一个报名，并得到叶挺军长的批准。临行前，叶军长对一支队司令员陈毅叮嘱道：“我们的部队到敌后去流动性很大，经常要行军，医务人员带着药品器材，到了宿营地又要看病，很紧张，可以给他们1匹马。”于是，一支队仅有的2匹马给了王聿先1匹。东进途中，王聿先被任命为一支队医务处处长兼前方医院院长。

一支队渡固城湖抵达高淳后，便兵分两路，一路经漆桥到达茅山地区，另一路随陈毅司令员及后勤单位，经桠溪港开往溧阳前马，随军的前方医院经东坝抵达梅渚。开始，医院设在锁山庵（傅家村），几天后迁移至王氏宗祠。王氏宗祠前后三进两层，甚为宽敞。医院设备比较简陋，有十几名医务人员，近百张病床。楼上为伤病员病房，楼下设医务室、手术室。当时，由于部队刚刚经过艰苦卓绝的三年游击战争，许多战士的战伤尚未恢复，还患有慢性胃溃疡、肺结核、疟疾并染上疥疮。同时，驻地四周的民众由于长期缺医少药，一听说新四军医术高明，便纷纷前来求医治病，治疗任务十分繁重。

前方医院有一个排的新四军战士负责守卫任务，并有若干政工人员。政工人员经常深入周边乡村访贫问苦，宣传共产党抗日救国的政治主张。由于纪律严明，军风整肃，深受民众的爱戴。

1939年3月，春回地暖，陈毅同志前往泾县云岭军部，迎送前来传达党中央指示的周恩来同志后，返回苏南途中，首次取道来梅渚，视察前方医院。

当一支队医务处处长兼前方医院院长王聿先向陈司令员汇报医院工作时，门外窗外挤满了人，大伙儿都前来看望自己爱戴的首长。只见陈司令员身穿灰色土布军装，脚穿布草鞋，腿打绑带，威风凛凛。他一面认真听取汇报，不时地点点头，又时而举起右手，向站在门外的伤病员招手致意。闻讯赶到医院的梅渚商会代表，受到陈司令员亲切接见，并代表江南指挥部向关照前方医院的梅渚各界人士表示谢意。随后，陈司令员在医院负责人的陪同下，率领商会代表，亲临重伤员的床头铺边，逐个地进行亲切慰问，和蔼而详细地询问伤情、伙食等情况，并给大家讲述了他在赣南三年游击战争时期负伤的情景。他深情地说道："现在敌后条件还很差，还很艰苦，但比三年游击战争时期好多了。那时要洗伤口的盐水都没有呐，真是无医无药呀！现在我们有了一批像王处长这样的好医生和其他服务人员，又有了一定的物质条件，一定能把你们的伤治好的。要有信心，要尊重医务人员，要配合好啰！"他的话温暖着每一位伤病员的心房[1]。

随后，他在医院医务人员、政工人员的座谈会上说道："我乘这个机会，还要讲两个问题，一是正确对待知识分子一是反对马虎

① 中共郎溪县委党史办公室编:《郎溪党史资料》第一辑，内部发行，1984，第46—47页。

主义。正确对待知识分子这个问题逐渐重要起来了。过去，我们在‘山上’，知识分子极少，连识字的人都很少，文盲很多。现在‘下山’了，知识分子逐渐多起来了，今后还会有更多的知识分子参加我们的队伍。我们一定要正确对待他们，要成功大的事业，要抗战胜利，将来要建设新中国，都需要大批的知识分子，没有知识分子不行啊！”①

“马虎主义也算得上是我们的一个‘敌人’啰！它对我们的事业危害很大，吃过它很大的苦头。你们做医务工作的，特别要注意反对马虎主义，医学科学是门十分严谨的科学，容不得一点马虎，你们工作的对象是人，是抗日的同志。把他们的生命和健康都交给你们了，可千万不能马马虎虎啊！人命关天呐！”②

陈毅同志最后强调指出：你们还要学知识和本领为老百姓治病，要严格遵守“三大纪律、八项注意”，搞好军民合作，要扎根在群众中，要把军民关系搞得像鱼水关系一样③。

陈毅同志的报告，寓意深刻，深入浅出，又幽默风趣。整个报告过程充满了活跃的气氛，笑声和掌声不断。

当时由于敌人的封锁，前方医院的药品器材十分缺乏，医院仅有2名主治医师钱英和周敬亭，他俩除了担任大量伤病员的治疗外，根据陈毅同志的指示，还要给医院附近的群众免费治疗疾病。1939年7月5日，日机轰炸梅渚镇，受伤的几十名群众，由于得到前方医院的及时治疗，无一人伤残。当地有一个叫陈银生的老雇工，患上了蜂窝性组织炎，肩背红肿，疼痛难熬，由于无钱医治，被病痛折磨得骨瘦如柴。一天，他被家人抬到镇南寿昌寺去烧香拜

① 中共郎溪县委党史办公室编:《郎溪党史资料》第一辑，内部发行，1984，第47页。
② 中共郎溪县委党史办公室编:《郎溪党史资料》第一辑，内部发行，1984，第47页。
③ 中共郎溪县委党史办公室编:《郎溪党史资料》第一辑，内部发行，1984，第47页。

佛，以求菩萨保佑……恰值陈司令员有事路过寿昌寺，他一见病者患处四周溃烂，皮肉已经坏死，脱口道："这毛病不马上医治，是会送人命的哟。"患者的妻子是一位老实可怜的农妇，听说要请医生医治，立马愁眉苦脸，家里穷的揭不开锅，哪有钱去请医生，急得号啕大哭。陈司令员见状，急忙喊来站在庙门外抬送病人的两个年轻人，吩咐道："快抬病人去王家祠堂，到了医院，你们就说我陈毅叫你们来的。"那农妇一听说这位大善人就是陈毅司令员，愣了一下，眼睛盯着身着便装的陈毅，激动地大声喊道："你就是带领新四军打日本鬼子的陈司令呀！"陈司令员回到医院，不但仔细询问了陈银生的手术情况，还对医护人员叮嘱道："你们要派专人送药上门，直到病人病愈为止。"康复后的陈银生对新四军感恩戴德，逢人便说："我这条老命是陈司令员给的。"

1940年5月，随着苏南抗日斗争形势的发展，一支队司令部决定前方医院迁移到溧阳社渚（此前，由于日机时常轰炸梅渚，前方医院一度迁至殷桥）。前方医院离开梅渚这天，梅渚商会及民众赠送前方医院一块"保国卫民"的贺匾，殷桥民众赠送一块"屏障江南"的贺匾。数百名群众自发地集聚在梅渚河码头，敲锣打鼓，热情相送，望着医院船只徐徐东去，直到看不见船只桅杆时，才依依不舍地离去。

陈毅同志在革命斗争中，非常重视党的统一战线工作。他每到一地都喜爱走访各界人士，无论是开明的还是比较顽固的，甚至有些反动的，他都愿意与之交往。由于他学识渊博，气宇轩昂，待人诚恳，言而有信，深受一些有识之士的敬爱。

1939年7月16日，中共新四军第一次代表大会在泾县云岭石头尖村召开。会议结束后，陈毅同志在返回苏南的途中再次来前方医院探望伤病员，时逢梅渚商会及地方绅士推举名绅何有康等8人，抬着慰问品，敲锣打鼓前来医院慰问伤病员，当即受到陈毅同志的热情接待和高度赞扬。他顾不上休息，立即指示医院院长王聿先邀请梅渚商会会长、联保主任及一批绅士来医院召开座谈会。会上，他声情并茂，侃侃而谈，首先介绍了新四军组建的基本情况及全面抗战的形势，阐述了中共中央《抗日救国十大纲领》，继而说道："由于日本帝国主义的疯狂侵略，国家和民族已面临着生死存亡的紧急关头，如果全中国人民不团结起来杀敌御侮，救亡图存，国家就要灭亡，人民就要当亡国奴。"最后他豪迈地说道："我们要团结一切可以抗日的力量，努力扩大军民合作，要东进直抵上海，要向北发展渡过长江，打通与八路军老大哥的联系，发展壮大华中抗日根据地，争取抗日战争的最后胜利！"陈毅同志的话语鞭辟入里，感人至深，激起民众团结御侮、救亡图存的热情。

陈毅同志每次到梅渚都要挤出时间走访地方绅士。他常宣传新四军的宗旨和党的抗日民族统一战线政策及抗日的有利条件和前途。由于他平易近人，各界有识之士纷纷行动起来，为抗日救国做了许多有益之事。该镇有志青年杨明春、王志生等20余人还主动报名参加了新四军。

（二）新四军第四兵站在毕桥

1938年春夏，新四军第一、第二支队进入苏南敌后，开展敌后抗日游击战争，为了沟通皖南与苏南军部之间的联系，4月，军部民运部在泾县章渡设立了新四军总兵站。当时，云岭军部与苏南部队经常来往的一条捷径线路是经过马头镇、杨柳铺、孙家埠、毕桥、郎溪、梅渚、南渡至竹箦桥、水西（江南指挥部所在地）。总兵站在这条隐蔽的交通线上一共设立了6个兵站，对外称新四军派出所。其中，第三兵站设在马头镇，第四兵站设在毕桥镇大黄村

（今毕桥中学所在地），第五兵站设在竹篑桥。6个兵站，都是在当时国共合作共同抗日的形势下，经国民党第三战区长官司令部认可的，每一个兵站都有民运工作组。其主要任务是畅通从云岭到苏南的交通线，运送前线军需物资，传递情报，护送过境的新四军干战及筹措粮草，动员民工支前等。同时，兵站还利用公开合法的掩护条件，开展抗日宣传活动，掩护地下党组织。

第四兵站站长胡元春、政治指导员黄永安都是老新四军，另配有文书、卫生员及若干工作人员。为保护这条隐蔽的交通线，兵站还配有一个排三四十人的武装，个个都是精明强干、训练有素的尖兵。

1939年秋，新四军二支队政治部主任罗化成率领军部战地服务团30余名男女团员前往苏南，路过毕桥夜宿第四兵站。为扩大对民众的抗日宣传，兵站邀请服务团演员在兵站驻地，搭台公开演出文艺节目。毕桥镇上的群众闻讯纷纷赶来。演出前，罗化成主任就当前抗日形势，作了一场生动精彩的报告，号召“抗日救亡，人人有责”，鼓励血性男儿参加新四军，抗击日寇，保家卫国。随后，战地服务团表演了精彩的文艺节目。

兵站纪律严明，与当地老百姓鱼水情深。卫生员罗文秋还经常利用工作之余，给当地群众治病送药。周围有些群众，还时常受到兵站的接济。大黄村四周很多年轻人，因为家庭穷困，都是目不识丁的文盲，兵站便派出工作人员帮助办起了“识字班”，一方面教这些年轻人识字学习文化，一方面对他们进行爱国抗日的宣传教育。当地有不少青年小伙子，正是受到教育启发，踊跃报名参加了新四军。

为了沟通兵站与中共郎溪地方组织的联系，1940年3月，中共广郎中心县委派涛城区委孙慧民进驻兵站，由于兵站消息灵通，多次掩护郎溪地方党组织化险为夷。

兵站多次出色地完成安全护送过境的新四军领导人的光荣使命，唯有谭震林的一次过境有惊无险。1940年4月为加强苏南的抗日力量，控制东路地区，经陈毅建议军部并经中央军委批准，决定派遣新四军第三支队副司令员谭震林同志前去东路地区开辟敌后根据地。谭震林一行便选择了从南陵过青弋江，越过宣（城）芜（湖）铁路，经第四兵站抵达苏南的这条交通线。当时，从皖南到苏南，国民党三战区的哨岗林立，险象环生。这次随同谭震林前往苏南的还有廖海涛、俞炳辉，连同马夫、警卫员一共7人。出发前他们进行了乔装打扮，谭震林头戴礼帽，衣着长衫、拄着文明棍，俨然一副“老板”派头。其余人员分别打扮为“账房先生”和跑腿的“伙计”及“马夫”。他们一行顺利到达南陵的浦桥，从浦桥再到宣城，一过宣芜铁路便是三战区顾祝同辖区。为此，他们一行再次乔装打扮，7人全部换上三战区部队着装，并通过民运部弄到一张刻有顾祝同印鉴的“特别通行证”。此时，谭震林化名“林俊”，身份是三战区“上校高参”，廖海涛同志化名“廖涛”，身份是“高参秘书”，俞炳辉同志化名“张德彪”，身份是“随从副官”。“特别通行证”上注明他们此行是前去溧阳三战区五十二师冷欣部“督查军务”，“林高参”身着校官呢子服，骑着高头大马，在部属的护卫下顺利越过宣芜铁路，进入郎溪地境时已是夜半时分。他们原准备在第四兵站住宿一夜，翌日再往溧阳。不料，在毛家店遭到国民党一四四师一个哨卡的阻拦。危急之际，谭震林泰然自若，接过“副官”手上的“特别通行证”，在哨卡守军排长眼前一晃，还没等他看清反应过来，接着就是几记耳光，打得顽军排长眼冒金花。“老子就是顾长官司令部的林高参，前去五十二师督查军务，十万火急。你要是再耽误军机，就拿你的狗头是问！”接着手一挥，“张副官，把他带走！”，还未等动手，那排长浑身像筛糠似的直哆嗦，口中连声求饶。谭震林鄙夷地“哼”了一声，跃马扬鞭，扬长而去[①]。

很快，他们一行到了毕桥黄村第四兵站，站长胡元春热情地接待了他们。用过夜餐后，怕情况有变，即由胡元春亲自带领的一个武装班护送，星夜兼程地经飞鲤、梅渚前往苏南溧阳江南新四军指挥部。不久，谭震林领导开辟了宁沪铁路东段地区东接上海、西通南京的东路地区。

1939年11月，国民党顽固派制造武装摩擦，兵站一度迁至飞鲤齐村。1940年6月9日，驻防在宣城和郎溪交界地区的国民党一〇八师1个营到四兵站驻地骚扰，借故包围了四兵站，在驻狸头桥的新四军二支队特务营的援助下，兵站人员成功脱险，保护了存放在四兵站的200多担药品和其他军用物资。这些物资是由云岭军部运送苏南苏北的，其中药品、医疗器械还是宋庆龄女士和各界爱国人士捐赠的，这批物资后在宣当芜中心县委和郎广党组织的协助下分批转移出去，其中近一半是从南漪湖经水阳江到金宝圩转移到江北的。1940年10月，兵站又迁回黄村。此时，兵站领导作了变动，站长王公道，指导员李某，仍配有三四十人的精干武装。时值金宝圩事件发生，兵站一度成为宣当芜中心县委集结地，直接与云岭军部和中共东南局沟通了联系，并在此多次召开重要会议。

1940年夏秋，国民党顽固派在华北进行的第一次反共高潮遭到失败后，把反共重心逐渐转向华中，打算以武力进攻新四军，并通过谈判来限制共产党及其领导的人民革命力量的发展，特别是在华中地区的发展。中共中央审时度势，为了顾全大局，坚持团结抗战，决定将新四军军部和皖南部队北移。

---

① 俞炳辉:《回忆赴苏南途经郎溪》,1992。

1940年12月3日，军部的老弱病残及勤杂人员等非战斗人员近2000人，由军政治部组织部副部长、军法处副处长汤光辉等率领，分两批转移到苏南，待机北渡。这两批转移人员，都是经过马头镇、杨柳铺、孙家埠、毕桥、梅渚、南渡至竹篑桥这条线路转移。为安全护送转移人员，第四兵站派出两个班的兵力，一个班前往孙家埠接应，一个班护送至梅渚，确保他们安全抵达苏南。

皖南事变前半个月，东南局副书记兼组织部部长曾山按照中共中央指示，率领东南局机关部分干部、党校教职员及皖南特委部分干部共150多人，秘密转移到苏南解放区。这次秘密大转移，同样是按上述线路撤离的。关于撤离情况，随曾山一道转移的欧阳惠林（时任皖南特委秘书）写有长篇回忆。12月16日晨，撤离人员在丁家山东南局集中，曾山当即宣布，将东南局机关撤离人员与皖南特委撤离人员合并，编成一个大队，由东南局副官谢振国任大队长统一指挥。其中有东南局干部陆璀30多人，东南局警卫连20余人，还有党校人员、勤杂人员，加上皖南特委机关撤离人员，共计150多人。曾山简单动员后，在谢振国的指挥号令下，大家各自背上行军背包，排成一行纵队，高唱着《别了，三年的皖南》，朝行暮宿，走了将近一个星期。第一天在泾县孤峰区一个小村庄里宿营；第二天渡过青弋江，经马头镇赶往国民党军队的防区；第三天在孙家埠附近的一个村庄宿营；第四天在郎溪县毕桥镇新四军第四兵站宿营；第五天在郎溪的梅渚货税处宿营；第六天路程最长，急速行军一整天，直到黄昏，才赶到新四军第二支队司令部驻地溧阳荫棠村。为安全迎送这批转移人员，四兵站作了精心安排，尽最大努力妥善安排了150多人的食住，并由站长王公道亲自率一个武装班护送到梅渚货税处，处长石云阶不仅妥善安排了食住，还解决了一批棉衣。在皖南事变前夕的非常时期，四兵站连续多次出色地完成了护送近2000名新四军干部、战士安全过境的任务，为革命保存了一批骨干力量，功不可没。皖南事变发生后，四兵站又积极收容新四军突围失散人员，并将其安全护送至苏南。

1942年5月，国民党第三战区为彻底割断苏皖之间的联系，令一〇八师移驻郎溪飞鲤一带，企图一举端掉四兵站。由于形势险恶，四兵站奉命撤离郎溪。

三、苏皖边区中共组织的建立

（一）中共苏皖特委的成立

1938年4月，南方新四军各部队陆续集中于皖南岩寺。为迎接皖南抗日形势高潮的到来，由陈毅具体领导，在歙县潜口建立了中共皖南特委，书记李步新，隶属中共中央东南局领导，领导芜（湖）屯（溪）公路沿线及皖西南党的工作。8月2日中共皖南特委随新四军军部、移驻泾县云岭丁家村，开始负责沿江各县党组织的恢复及民众发动工作。

为鼓舞人民的抗战信心，提高中国共产党在人民心目中的政治地位，早在1938年5月，中共中央就指示新四军到敌人后方去，发动群众，建立地方党组织，领导人民在大江南北创立根据地，开展抗日游击战争。

根据新四军军部的部署，二支队主要在芜湖、当涂、宣城、郎溪4个县的部分地区和江苏的高淳、溧水、溧阳、句容、江宁等地开展抗日斗争。当时，新四军二支队所到之处，几乎没有地方党组织。部队到后，在开展武装斗争的同时，派出大量的政治干部到地方做群众工作，建立抗日群众组织，筹建中共地方组织。1939年春，在二支队活动的苏皖边区先后建立起3个县级党组织，即中共宣（城）郎（溪）高（淳）县委、中共溧（阳）溧（水）高（淳）县委、中共当（涂）芜（湖）县委。

1939年4月下旬，中共中央东南局派王一凡、陈立平等到二支队活动的地区巡视，了解地方党组织发展情况，为建立该地区党组织机构做准备。随后，又派谭启龙、张思齐、凌菲（女）到苏皖边区活动。7月，在二支队司令部所在地宣城狸头桥，正式成立中共苏皖特委。特委委员有谭启龙、李华楷、陈立平、王一凡、凌菲、彭冲，谭启龙任书记，李华楷任组织部部长，陈立平任宣传部部长，王一凡任青年部部长，凌菲（女）任妇女部部长，张思齐任秘书。

中共苏皖特委所领导的地区是江苏、浙江、安徽3省交界处，包括宜兴、溧阳、高淳、溧水、芜湖、宣城、宁国、孝丰、郎溪、广德10个县，除郎溪、广德2县外，其余的县都是部分地区。特委机关先后驻狸头桥莲家塘附近的三家嘴、傅村等地，同年10月迁至溧阳社渚，隶属中共中央东南局领导。特委成立后，新四军二支队政治部将原所属的党组织移交苏皖特委领导。苏皖特委在各地区建立党组织后，及时加强对各地党组织的领导，帮助他们建立武装，发动群众。为适应边区抗日斗争形势的需要，经中共中央东南局批准，1939年12月9日，中共苏皖区党委在江苏金坛成立，苏皖边区的地方党组织工作划归其领导，谭启龙调任区党委书记。

（二）郎广地区中共组织的重建

郎（溪）广（德）地区，是革命老区，早在土地革命战争初期就建立了中共组织。1937年春，随着活动在宁（国）广（德）郎（溪）宣（城）地区的中共上浙皖特委被国民党军队“清剿”摧毁，郎广地区的党组织因与上级党组织的联系中断而解散。

1938年3月，在延安“抗大”学习的中共党员周嘉琳、许道珍，随着一批赶赴前线的学员提前毕业，分配到皖南工作。5月，中共皖南特委书记李步新指示周、许两人返回郎广地区，从事地方党组织的恢复重建工作。当时正是国共合作初期，他们以合法身份参加了广德县民众总动员委员会，组建了广德县青年工作团，周嘉琳任动委会总干事，许道珍任青工团副团长。为了加强党对抗日斗争的领导，便在青年工作团中酝酿建立党组织的工作。

正当抗日救亡运动兴起之时，1938年8月，国民党第三战区派以金汉鼎为团长的“军风纪视察团”来郎广地区进行公开反共活动，将活跃在动委会中的大部分青年工作团团员集中训话并遣送到江西吉安受训。此后，动委会被国民党操纵、把持，青年工作团被破坏。许道珍、周嘉琳受到国民党警告和排挤，他们被迫于同年离开动委会和青工团。周嘉琳到第四区任调查委员，许道珍到苏村创办了苏村小学，以此为掩护，继续开展革命活动，在教师、学生和农民中先后分3批发展党员20余人，年秋成立了中共苏村支部，许道珍任书记。这是广德党组织在抗战时期第一次重建。广德党组织重建后不久，周嘉琳、许道珍即前往泾县，向中共皖南特委汇报建党工作。特委书记李步新指示：“要克服关门主义，大量发展党员，要吸收知识分子入党。”根据皖南特委关于大量发展党员的指示，许道珍以苏村为依托，派出党员分别到县城、花鼓塘、十八里店、誓节及郎溪涛城等地进行党的发展工作。1938年冬，广德全县党员达百余人，在此基础上，成立了中共广德县工委（书记周嘉琳，委员许道珍、彭海涛、徐竹芳），属中共皖南特委领导。此后，工委积极进行党组织的发展工作，在郎广地区先后建立起以下组织。

——中共涛城区委

抗日战争全面爆发后，涛城土地革命战争时期入党的李允功，辞去含山县度量衡检定所的公职，回到家乡，以涛城小学教员身份为掩护，着手进行涛城地区党组织的恢复工作。1938年8月，李允功通过许道珍派去的地下党员与许接上了联系。此后，便在涛城贫苦农民和知识分子中积极发展党员。随着党员人数不断增加，在中共广德县工委的指导帮助下，于同年底正式成立了中共涛城区委[①]，书记李允功，青年科长孙瑾，组织科长水厚智。至1939年春，涛城区委先后建立起沙桥、孙家园、王家村、谢家村、高升园、长乐、软桥、涛城等十几个党支部，党员40余名。年夏，又建立了七里沟总支，总支下辖竹子坝、七里沟、欧阳渡等6个支部，党员30余人[②]。区委隶属中共广德县工委领导。郎溪党组织自土地革命战争后期中断后，得以重建。

——中共广郎县工委

鉴于当时广德党组织已扩大发展到郎溪县，8月，苏皖特委将中共广德县工委改为中共广郎县工委，书记周嘉琳，副书记陈登科，组织部部长许道珍，宣传部部长彭海涛，苏皖特委还派特派员丁浩（原名喻孟成）来郎广地区工作。这时，郎广地区共有苏村、涛城2个区委，2个总支，20个支部，党员210名。同年秋，新四军二支队政治部将所属党组织移交给中共苏皖特委领导，特委即派青年部长王一凡前来郎广地区传达东南局关于“将郎广党组织由原来属皖南特委领导改属苏皖特委领导”的指示。

——中共广郎中心县委

正当郎广地区组织不断发展壮大之际，国民党顽固派确定了重

① 中共广德县委党史工作委员会编:《桐汭风云》,内部发行,1996,第176页。

② 中共郎溪县委党史办公室:《中国共产党郎溪地方史》第一卷,内部发行,2010,第75页。

点从对外转向对内的反动政策。1939年冬至1940年春，掀起了第一次反共高潮，在郎广地区成立江苏省政府苏南行署、第三战区第二游击区总指挥部。三战区五十二师师长冷欣任第二游击区总指挥兼苏南行署主任，总指挥部设在广德田里戈村黑洼，以加快反共政策的实施。他们下令解散以共产党员为骨干组织起来的抗日团体，派遣军队搜捕抗日组织领导人。同年10月，广郎县工委负责人许道珍、周嘉琳等因遭国民党广德县政府的公开追捕，经上级党组织同意撤离广德，由陈登科、彭海涛、丁浩负责工委工作。由于主要负责人及时撤离，其他人员转入地下活动，郎广地区党组织未受到较大的损失。

国民党顽固派在第一次反共高潮失败后，又蓄谋发动第二次反共高潮。1940年春，军统特务头子戴笠到江西上饶与三战区顾祝同商定组建“忠义救国军”，总指挥部设在广德卢村王岭，由军统二号人物周伟龙任总指挥，下辖3个纵队。为加快反共步伐，总指挥部强征民夫，大兴土木，建立反共据点，开办中美合作训练班，培植反共力量。在此险恶的形势下，中共苏皖区党委在撤销苏皖、苏南两个特委后，决定将全区划为4个游击区，每一个游击区设立一个中心县委。1940年3月，苏皖区党委和新四军江南指挥部联席会议决定在郎广国民党统治区成立中共广郎中心县委。区党委派原苏皖特委秘书张思齐返回郎广任中心县委书记，丁浩任组织部部长，彭海涛任宣传部部长，后又增补徐竹芳、徐必荣分别担任妇女部部长和青年部部长。中心县委下设郎溪、广德两个县委，郎溪县委书记李允功，广德县委书记丁浩兼任。以广德苏村、誓节和郎溪涛城为活动中心，秘密组织群众团体，宣传抗日主张①。中心县委直属苏皖区党委领导，此时郎广地区有党员665人。同年6月，由

① 中共广德县委党史工作委员会编:《桐汭风云》，内部发行，1996，第179—180页。

于国民党军队占驻新四军毕桥兵站，切断苏南与皖南地区的交通联系，苏皖区党委领导不便，遂将郎广地区的党组织划给东南局直接领导。

（三）郎广地区党组织的整顿

1939年8月，中共中央发出《关于巩固党的决定》，针对前一阶段全国在大量发展党员过程中出现的种种问题，提出了巩固党组织的要求，中共苏皖特委根据中央的统一要求，对所属党组织进行了一次全面整顿。

郎广地区党的组织是在国共合作后和新四军挺进苏南时发展起来的，由于多是在公开和半公开环境里大量发展的，存在的问题很多，特别是在国民党积极反共的形势下，这些问题更加严重。如发展党员，并未严格遵照党章规定，有的是以新四军名义去发展的，有的是以农抗会名义去发展的，有的是通过亲朋好友以及其他私人关系介绍加入的，一些土地革命战争时期的“自首”和叛变分子也混了进来，党员中有贪污、腐化、赌博等严重问题。有的党支部之间横的关系很多，不注意秘密工作方法，这个支部知道那个支部的情况，党员暴露的很多。党的生活与纪律很不严格，对不良现象斗争纠正不力。“有的支部很庞大，有七八十个党员或三四十个党员在一个支部”①。党内这种状况很难适应形势发展。1939年9月，苏皖特委根据中共中央东南局关于执行中央巩固党的指示，即着手对所属党组织进行整顿。苏皖特委召开县委书记联席会议决定：“（一）调查党员成分，洗刷不良分子；（二）年龄不及18岁者，劝其退居同情者地位或候补党员；（三）加强阶级教育；（四）停止已达26个党员的支部发展，没有党员的地方，继续发展；（五）

①《苏皖特委报告》，1941。

支部、区委、县委划小。”[1]会后，特委派出巡视员帮助巩固各县委，重点是清理不良分子出党。对党组织的整顿采取以下措施：一是改大支部为小支部，“郎溪支部是按东南局指示指定来编制的，人数至多不过7人”；二是切断党支部之间横的关系；三是注重党员的党性教育，各级组织负责人应深入支部，面对面对党员进行党纲和党章教育，提高党员政治觉悟，树立信心。通过以上整顿措施，整个郎广地区党的组织日趋巩固。

（四）中共领导的抗日宣传活动

郎广地区因地处苏皖边界，是苏南、皖南联系的必经之地，位置十分重要，又是苏皖区党委辖区内唯一的一块国民党统治区。为此，重建后的党组织把宣传群众、动员群众，作为党的工作的重中之重，采取一切行之有效的措施，大力开展抗日宣传活动。

——组建救亡话剧团，动员民众团结抗日

中共涛城区委成立后，为宣传中共的抗日方针，及时成立了一个以中共党员、进步男女青年为骨干的“抗日救亡话剧团”，成员30余人，区委书记李允功兼任团长。每逢节日，话剧团深入城乡，巡回演出。在农村他们或在晒谷场或在祠堂自己动手搭台，白天晚上都演出。话剧团采取民众喜闻乐见、生动活泼的文艺形式宣传抗日，揭露日寇侵华罪行，号召民众团结起来，反对国民党枪口对内、破坏抗日。话剧团颇受民众欢迎，所到之处，看戏者成群结队。

1939年5月，话剧团在涛城集镇老街的戏楼上演出时，观众达千人以上。台口挂着一幅蓝、红相间的幕布，上面写着“还我河山”四个金黄醒目的大字。话剧团紧密结合形势进行时政宣传。同

① 《苏皖特委报告》，1941。

年10月10日，话剧团再次在涛城老街戏楼上演出时，团长李允功别出心裁，在戏台左右两边柱子上分别贴上“庆祝国庆勿忘国耻！勿忘国耻庆祝国庆！”的对联，极力讽刺国民党顽固派外战外行、内战内行的嘴脸，激励国军爱国将士和广大民众不忘国土丧失之耻辱，要抗战到底，赶走日寇，收复祖国沦陷的大好河山。

话剧团有时上演街头剧《放下你的鞭子》，还教民众、学生唱《流亡三部曲》《大刀进行曲》等抗日歌曲。每到一地，团员们都用木炭或石灰水在墙壁上书写抗日宣传标语，及时宣讲正面战场上爱国将士英勇作战的新闻消息。话剧团还深入郎溪驻军营房慰问演出，演唱悲壮的《流亡三部曲》，给一些爱国官兵以极大的震撼。在“中国不会亡！中国不会亡”的呐喊声中，全县上下一度呈现出团结抗战，共赴国难的热潮。

——编印刊物，散发传单，宣传全面抗战的方针

涛城区委不定期编印刊物，宣传全国的抗战形势，还将新四军军部出版的《抗敌报》广泛散发，同时还翻印新四军军部印发的《支部纲要》《支部生活》，连载毛泽东的《新民主主义论》，作为党课教材。

——坚持党的统一战线，团结一切可以团结的力量，为抗日服务

广泛开展统战工作，团结争取地方上著名绅士和乡保长，借用这些“白皮红心”人士掩护党组织的活动。1939年10月，中共广郎县工委在郎溪涛城召开扩大会议，会议决定坚持“孤立少数，争取多数”的方针，团结进步绅士起来为抗日服务。时任涛城区（二区）区长的徐仲甫，是一位深明大义的进步绅士，敌我双方都十分关注此人。徐仲甫祖籍河南，出生于涛城山下铺的殷实大户，曾在许道珍父亲许济之先生门下受教，受其许氏家族革命思想熏陶，逐

步对共产党有了更深的认识，抗战之初成为涛城地区颇有名气的开明绅士。1943年，被郎溪县参议会吸收为县参议员，后被县政府任命为二区区长。

为了争取这位具有一定社会影响的人士，工委组织部部长许道珍亲自上门与其叙旧，坦陈国共两党合作，共同御侮之前途，晓之以理，动之以情。在党的统一战线政策感召下，徐很快投入抗日行列，他带头减租减息，使承租自家田亩的几十户农户得以受益，还将一些穷苦农户的租条、押金和高利贷欠条主动送交农会。他还以公开的区长身份作掩护，积极工作。曾掩护过丁浩等，主动地为地方党组织传递情报，护送过境的新四军等。党组织还借用徐的政治身份和社会影响，成功地将地下党员方静慧、杨长銮打入国民党涛城区公所和国民党郎溪县政府任收发文书，他俩以职务之便获取多份重要情报和盖有县政府公章的空白“良民证”，这对当时坚持地下斗争的党组织来讲无疑是雪中送炭。

——建立灰色群众组织，扩大党的政治影响

中共涛城区委成立时，原来的农会、妇女会等群众组织都解散了，为了扩大党的政治影响，便建立“兄弟会”“姐妹会”等灰色群众组织作为掩护，继续开展地下活动。通过这些党的外围组织，串联各界爱国人士，收集情报，宣传党的抗日主张和民族统一战线政策，发动妇女做军鞋，筹集慰问品慰问前方将士。同时，还发动领导了梅渚镇的“抗稻米捐”及涛城一带“低价售米”“提高短工工资”等运动。

——开展“一”和“五”运动

根据中共中央东南局指示，每1个党员交5个党外人士做朋友。这使很多受党组织教育和感染的爱国人士，团结在党组织周围为抗日救国奔走呼号。

（五）广泛的群众性抗日救亡运动的开展

七七事变后，李宗仁在广西向全国发出了“请缨抗日”的通告，9月，国民政府军事委员会正式通令委任李宗仁为第五战区长官（作战区域为鲁南、苏北和皖北）。1938年2月，李被委任安徽省主席之职，开始了桂系对安徽的统治。当时安徽的政治力量主要有三个方面：一是安徽地方势力，二是国民党蒋介石嫡系，三是刚入皖掌权的新桂系。三种势力相互斗争，形成了复杂的政治格局。新桂系为了巩固在安徽的统治，采取了一些适应抗日形势的进步政策。他们应广大人民的抗日要求和以中共为核心的进步力量联合，希望借组织安徽省民众总动员委员会之机得到民众支持。1938年2月，第五战区安徽省民众总动员委员会正式成立。和中共关系密切并得到中共领导人董必武、周恩来指示的朱蕴山、章乃器在动委会起到主导作用。动委会下设总务、组织、宣传等5个部，这对全省抗日救国运动的发展有积极的推动作用。

1938年5月，第五战区安徽省民众总动员委员会皖南办事处在屯溪成立，由戴戟任主任。中共党员余华、范治农、朱光等利用在动委会办事处担任职务之便，团结进步人士，利用各县成立动委会之机，安排中共党员和进步人士在县动委会内担任职务。国统区各县中共组织利用动委会这一合法组织，积极开展工作，使抗日活动在党的领导下，广泛深入地开展起来。

1938年5月下旬，郎溪县民众总动员委员会成立，下属的4个区2个镇20个乡都成立了分会，接着又建立了青年工作团。动委会由县政府工作人员、社会贤达、开明绅士等组成。青年工作团以爱国进步知识青年为主体，如吉原镇（今建平镇）的王高烈、黄厚甫、侯定国、祖树祥及涛城的中共党员李允功等都是青工团的骨干。是年秋，工、农、商、学各界相继成立了抗敌协会，广泛宣传抗日主张。当时书法、绘画颇有名气的王高烈、黄厚甫等青工团员创作了大量的街头画、招贴画，揭露日寇侵华罪行，激发群众抗日热情。南京、上海等大城市沦陷后，居民四散逃亡，一些难民流亡到郎溪一带。加之1938年春季郎溪洪水成灾，秋收无望，国民党郎溪县当局不管不问，城内难民成群。

面对如此惨景，王高烈、黄厚甫等有感于难民之痛苦，奔走相商，拟以己之长举办金石书画展览，欲以展览会所得，捐于救济难民之用，故将这次展览会命名为“郎溪县救济难民书画展览会”。1938年12月16日下午，在县动委会举行筹备会。会议决定：展览会设总务、交际、征集、国画、金石、书法6组，由发起人先垫付一万元（当时的“国币”）作为活动经费，展览会会址设在县动委会，公推县长、动委会会长为展览会会长。展览会于1939年1月1日开幕。

当时散发了传单：“夫国家之精神，当寄托于文化。……本县地处首都（南京）外围，敌寇蹂躏，自难幸免。加之今春大水为灾，房屋既遭焚毁，秋收又告无望，以致人民啼饥号寒，触目皆是，伤心惨目莫此为甚。同仁等有鉴及此，为恢复我邑固有之文化起见，乃有郎溪县救济难民金石书法展览会之组织……”[①]

由于当时日机频繁轰炸县城，灾民日益增多，兵荒马乱，能有心前来欣赏金石书法展览者甚少，即使有部分资助也只能是杯水车薪，但这次展览对推动“恢复我邑固有之文化”有一定的积极作用。

青工团还利用出壁报、书写墙头标语或在茶社、街头演讲的形

① 郎溪县地方志编纂委员会编：《郎溪县志资料》第二辑，内部发行，1985，第145页。

式，向民众开展抗日救亡的宣传。同时组织宣传队、演出队，深入乡镇演出抗日小剧，教唱抗日歌曲，张贴标语，揭露日军在中国的暴行，宣讲共产党的抗日救国方针，组织群众成立各种抗敌协会，发动妇女做军鞋支援前方。此外，还成立了青年救国会，组织青年游行示威，抗议日军在华北实施毒气战，发动群众捐款捐物，成立担架队、救护队，抢救伤员和难民。在青年救国会的影响下，据统计，1938年8月全县各区每月动员的运夫、抬担架者达千人以上。

在民众总动员委员会和党组织的推动下，郎溪全县上下呈现出团结抗战、共赴国难的动人局面。全县公职人员成立4个模范中队进行军事训练，知识女性每30人编成一队进行军训，县公教人员工资按6.1折发放，并按工资总额的0.2%和0.3%代扣“飞机捐”。

群众性抗日救亡运动的兴起，还激发了驻郎国民党军队爱国将士们守土有责的激情。1938年春夏之际，驻守袁村的国民党军队第九十师一团，为扼守袁村这个战略隘口，与企图南犯的日军展开了一场极为惨烈的阻击战。

一团近300余名年轻官兵阵亡[①]。

袁村阻击战，国军虽然损失惨重，但日军也受到被歼100多人的重创，一个联队伤亡近半。至此，日军再也不敢轻易涉足袁村之隘，粉碎了日军南犯宁国的企图。这场阻击战，是自抗战以来，驻守在郎溪县境的国民党爱国官兵首次与来犯之日军的一场正面较量，打出了国威，振奋了人心。

郎广地区中共组织恢复后，在动员组织和武装民众抗日方面，做了大量艰苦细致的工作，民众抗日的热情空前高涨。由抗战初期自发地、分散地斗争，逐步转变为团结在党组织周围，有组织、有

---

① 郎溪县地方志编纂委员会编:《郎溪县志资料》第二辑，内部发行，1985，第102页。

领导、有策略地展开敌后游击斗争，抗日战争成为真正的人民战争。

四、郎广地区团结抗战局面逆转

（一）团结抗战局面出现严重危机

1939年1月21日至30日，国民党第五届中央执行委员会第五次全体会议在重庆召开，其主要议题是“整理党务”，研究如何发展、强化国民党，以“与共产党作积极之斗争”。会议原则通过了蒋介石提出的《防制异党活动办法》，确定了“溶共、防共、限共、反共”的方针。会后国民党又秘密颁布施行了《异党问题处理办法》《运用保甲组织防止异党活动办法》等文件，要求国民党在全国范围内，从政治、经济、军事、文化等各方面防共、反共。国民党五届五中全会制定的反共方针，是国民党自抗战以来在政治上的大倒退，严重危害着在抗日民族统一战线旗帜下进行的抗日战争。

在第三战区，以顾祝同为代表的反共顽固派，忠实执行国民党五届五中全会确定的反共方针，在皖南国统区成立了“限制异党活动委员会”，打击、排斥共产党员和进步分子，加强特务的监视活动，取缔进步组织和进步报刊书籍，严格限制共产党的活动。1938年10月，第三战区政治部主任谷正纲以三战区名义命令省动委会皖南办事处于10月15日前集结完毕。10月30日，第三战区皖南动委会成立，主任仍为戴戟，但皖南动委会已脱离新桂系，落入第三战区顾祝同的控制之下。接替李宗仁主皖的新桂系人物廖磊及其继任李品仙，也开始积极反共，大肆排挤进步人士。

国民党在宣城地区最早的反共活动是从逼迫广德的许道珍、周嘉琳等人离开动委会和青工团开始的。1938年8月，国民党第三战区派金汉鼎率“军风纪视察团”到广德进行反共活动。金发现郎广地区贴的标语、唱的歌曲都是主张团结抗战的，心中不满，专门对青工团整训，对从延安回来的许道珍、周嘉琳特别注意，要他们写出在延安期间的详细行动轨迹，供审查。广德县政府也限制他们的活动自由，在青工团中大力发展国民党员，排挤打击许、周，逼迫他们离开动委会和青工团。不久，郎溪县政府也开始对动委会、青工团的党员骨干进行排挤，李允功等被迫离开青工团，青工团名存实亡。

1940年11月上旬，国民党第三十二集团军司令兼第三战区副司令长官上官云相率员到广德，视察“忠救军”设在广德王岭的军部、第二游击区总指挥部（驻广德田里戈村，总指挥冷欣兼江南行署主任），目的是了解其部队布防情况，进行阴谋策划，部署第二次反共活动。

（二）新四军军部和皖南部队北移

国民党顽固派在华北发动的第一次反共高潮遭到失败后，便把反共重心逐渐转移到华中，打算以武力消灭新四军，并通过谈判来限制共产党及其领导的人民革命力量的发展特别是在华中地区的发展。

为了维护团结抗战的局面，力争长期国共合作，中共中央派周恩来、叶剑英为代表于1940年6月在重庆同国民党代表何应钦、白崇禧举行谈判。7月16日，国民党提出了所谓的“中央提示案”，要求取消陕甘宁边区政府，代以“陕北行政公署”，归陕西省政府领导；要求缩编八路军、新四军，限制其防地；要求把活动在江南和整个华中的八路军、新四军都集中到黄河以北冀察两省。共产党断然拒绝了这一无理的“提示案”。

9月27日，德、意、日正式结成三国同盟。蒋介石认为时局对他有利，反共活动也更加活跃起来，把反共武装进攻的重心从华北转向华中。10月19日，蒋介石指使何应钦、白崇禧以国民政府军事委员会正副参谋长的名义，向朱德、彭德怀、叶挺发出“皓电”，强令在大江南北坚持抗战的八路军、新四军一个月内开赴黄河以北。皓电发出之后，国民党内部又接连发出十几份密电，作“围歼”新四军的准备。

1940年11月9日，中共中央以朱德、彭德怀、叶挺、项英的名义复电（即“佳电”）何应钦、白崇禧，据实驳斥“皓电”的反共污蔑和无理要求；同时表示，为顾全大局，坚持团结抗战，新四军驻皖南部队将开赴长江以北。

1940年12月，新四军军部撤离苏南，途经郎溪时，在郎溪人民积极接应和掩护下，迅速到达苏南茅山抗日根据地。

（三）新四军北移后的地方工作

1940年11月，中共皖南特委根据东南局的部署，召开了各县县委书记会议，研究布置皖南新四军活动地区的地方党组织有关人员的撤退工作。此后，又召开第二次会议，要求各县紧急动员暴露的共产党员撤退，规定共产党员也可以参加新四军，不愿意北移的，要找亲戚朋友隐蔽，不能被动地原地等待。

1939年底，郎广地区已划归中共苏皖区党委领导，这里是苏皖区党委辖区内唯一一块国统区。广郎中心县委书记一度由区党委派来的刘烈仁担任。1940年底，新四军北移前，东南局对郎广地区的工作作了一些重新安排。因为刘烈仁是四川人，口音不同，不利于隐蔽，遂将其调赴浙江工作，张思齐接任中心县委书记，派石坚任中心县委组织部部长，丁浩任宣传部部长，以后又增加了青年部部长和妇女部部长，并将中心县委重新改属苏皖区党委领导。

（四）孙瑾叛变

1941年5月初，国民党安徽省党部派员来郎溪、广德视察，指责两县反共不力，撤换了国民党郎溪县原党部书记长，由反共骨干中统特务宋传贤任郎溪县党部书记长。宋到任后，全力反共，在县党部设立情报、特工两组。每周举行一次“防异工作联席会议”，与会成员为县长、县党部书记长、调查专员、行动队长、县国民兵团团长等人，主要汇报、交流“剿共”情报，研究“剿共”措施。各乡镇都建立了情报站，站长由国民兵团乡镇队长兼任。国民党县党部还在农村大量发展党员，和共产党争夺群众。他们的情报站到处派遣特务，刺探情报，利用叛徒搜捕地下党员。

在这种险恶的形势下，一些意志不坚定的人，信念产生了动摇。1940年3月，中共广郎中心县委成立时，李允功任郎溪县委书记，家住涛城孙家园的孙瑾任县委委员，他的公开掩护身份是郎溪县政府督学。阔少出生的孙瑾，虽然已有一定的党龄，但贪图安逸的本质始终不改。一次，宋传贤到他这个县政府督学家做客，发现他家里有一些红色书刊，就对他产生了怀疑，于是，派县党部行动队暗中调查他半个月，摸清了他的一些情况。因皖南事变后，国民党当局大肆捕杀新四军和革命人士，面对敌人的白色恐怖，孙瑾开始对革命的前途产生动摇，对地下工作日趋厌恶，工作上也日益消极怠慢。与此同时，宋传贤也加紧了策反孙瑾的步伐。1941年农历五月二十四日，宋传贤从广德参加宣郎广三县肃反会议后，从白茅岭返郎途中，有意公开乘坐一顶凉轿直奔涛城孙家园孙瑾家。宋传贤突然到来，使孙惊慌失措。他以为身份暴露了，怀着忐忑不安的心情殷勤地接待了这位书记长。宋传贤装模作样地谈了一通当前的时局后，话锋一转，随意说了一句“徐竹芳这个女人有见识”，但在孙瑾耳中这却是一声响亮的炸雷。身为郎溪县委委员的他，岂能不了解徐竹芳?！徐竹芳，广德誓节人，广郎中心县委妇女部部长，因为“金宝圩事件”逃到广德后不久就被捕了，因她对广德、郎溪两县党的组织情况掌握的不多，开始叛变时还带着一丝侥幸心理。行动队长叫她带队抓人，她总是避重就轻，想蒙混过关。可是，她在屯溪接受特别训练时却加入了中统特务组织，与宋传贤算是同出一个师门，成了货真价实的中统特务。国民党广德县党部把她从屯溪调回来，就是要进一步破坏郎广中共组织。

县党部书记长在他面前提出这个徐竹芳，用意再明白不过了。一是说明自己的身份已经暴露，二是宋招摇过市来他家，就是给他施以压力，堵住他的退路。于是，本来已有异心的孙瑾，早已把入党的誓词忘得一干二净，公然投入了宋传贤的怀抱，当上了可耻的叛徒。由于孙瑾的出卖，郎溪县委书记李允功等一大批党员被捕。除长乐区委因与中心县委单线联系未遭破坏外，全县党组织被破坏殆尽[①]。

五、战胜困难，坚持斗争

1941年至1942年，是敌后人民抗日战争最为困难的时期。

皖南事变发生后，国民党对苏南、皖南联系的枢纽——郎溪、广德地区特别关注。郎、广两县的国民党当局首先由以前的不公开反共走向公开的反共，进行公开的反共宣传，出壁报刊登蒋介石诬

① 中共郎溪县委党史办公室编:《郎溪党史资料》第一辑，内部发行，1984，第40页。

蔑新四军违抗命令的谈话，派人到各乡镇召开保甲长会议，指责新四军纪律不好，不抗战[①]。其次是撤换两县县党部负责人。调反共骨干分子宋传贤、李合龙分别就任郎溪、广德两县县党部书记长。他们到任后，全力反共，大量在农民中吸收新国民党员，与共产党争群众。国民党当局还采用党政军特联合的办法，在郎广新四军活动地区进行严密残酷的搜捕。

第三战区在“剿灭”新四军皖南部队主力后，立即清乡：一是建立健全国民党基层组织，调整乡镇保甲人事，将进步人士统统撤换，所有保甲长限在2月底前加入国民党，计划在郎广地区发展500名国民党员以扩充反共力量。二是全面进行反共宣传，普遍推行国民月会和保民大会，诬蔑新四军“破坏行政”“残杀良民”“强拉壮丁”“违抗命令，勾结奸伪”。三是散发第三战区党政委员会印发的军事委员会解散新四军通令、军事委员会谈话和蒋介石1941年1月27日的讲话，欺骗宣传政府有不咎以往之“德意”。四是清查户口，实行“五户联保连坐”[②]。由各乡镇公所派员率领所谓“模范队”会同保甲长逐户清查。对“形迹可疑之人及无户籍者即行逮捕送府讯究”，政府随时派员抽查；从4月起，又开始推行更为残酷的连坐法，“实行五家联保连坐具结”。“甲长具结呈保长，保长具结呈乡长，乡长具结呈县长”，“具结后如查有不良分子（指中共党员及同情中共的进步分子）潜伏，则该乡保甲长须负连带责任，同时受重罚”。五是由党政机关联合办理“自新自首”。办理对象为新四军官兵、共产党员、民先队队员、中共领导的各抗敌协会主任、股长、自卫队队长、猎户队队长。各地对已办理“自新自首”的严加监管，集中训练，进行所谓的“感化”。另外成立

①《苏皖特委报告》，1941。

② 安徽省档案馆编：《皖南事变文电选编（国民党部分）》，内部发行，1985。

所谓“合法民兵组织”，并于“各种组织成立党团，为该组织内之核心”。六是加强情报工作，保甲建立情报网。普遍成立各保盘查哨，训练情报工作人员，对“无正式通行证之人，一律扣留送府核办”。同时加强乡镇保的反共力量，建立国民兵队。七是调查并收缴民枪。统限于2月底内将民枪查清登记，逾期如有枪支者概以私藏军火论罪，并开出价码奖励上交新四军藏匿遗留枪弹者[①]。

皖南事变后，国民党并未罢手，立即命令发动皖南事变的部队“努力搜剿”，并命令皖南行署各县“严密搜捕”。

1月20日，顽一四四师制定了“清剿”计划，对新四军活动所及地区分头进行“清剿”。皖南第六督察专署于2月9日发布命令组织了两个搜剿队，在泾县及郎广部分地区“纵横梳剿”。一四四师各“清剿”部队除执行军事任务外，“并协同县政府，区乡长清查户口，办理匪人自首登记具结及连坐法等事项”。

面对敌人的白色恐怖，广郎中心县委没有退缩，一方面依靠上级党组织和基本群众，恢复被敌人破坏的党组织和群众工作；另一方面积极组建游击武装，打击敌人，保护党组织。

（一）组建游击武装

1938年8月，中共广德县工委负责人许道珍、周嘉琳被迫离开广德后，分别到金宝圩宣当芜中心县委和溧阳中心县委工作。许道珍任宣当芜中心县委书记，后任中心县委组织部部长，“金宝圩事件”后，到宜兴任太滆中心县委宣传部部长。

1941年4月，广郎中心县委书记张思齐从周嘉琳由宜兴和桥写给他爱人李国华的信中得知中共苏皖区党委的地址，为了及时找到区党委，他通过郎溪梅渚货税处处长中共党员石云阶，搞到了国民

① 安徽省档案馆编：《皖南事变文电选编（国民党部分）》，内部发行，1985。

党第三战区的介绍信和“良民证”，带着打入货税处的阮维良前往江苏和桥找区党委汇报和请示工作。

由于长途跋涉，过度劳累，张思齐病倒在溧阳周城的一个大祠堂里。幸得溧阳县委书记徐玉璋亲自用担架抬着他通过国民党的重重封锁线，历经艰辛来到和桥。

苏皖区党委书记邓仲铭和新四军第六师师长谭震林在听取张思齐的汇报后，明确指示郎广地区的党组织一方面要根据“隐蔽巩固，保存力量，等待时机”的方针开展工作；另一方面要立即组建一支地方武装，开展惩处叛徒、武装保卫党组织的游击斗争。同时还派许道珍（时任太滆中心县委宣传部部长）和张思齐一道返回郎广，着手组建地方抗日武装。

建立地方武装，必须要有武器。为此，广郎中心县委派许道普（化名陈远）、伍家卫两人化装成国民党税警员到郎溪梅渚货税处，通过石云阶获取了步枪2支、短枪1支、手榴弹4枚。1941年5月，由许道珍领导在广德誓节渡正式成立了郎广游击队。游击队刚组建时只有阮维良、伍家卫、许道普、潘仕亮、阮继发、许道珍6人，有短枪3支、长枪2支，负责人许道珍。这是郎广地区在抗日斗争中党领导建立的第一支地方武装

游击队成立的第三天，许道珍带领游击队员到誓节渡北面的缸瓦窑和杨山顶一带秘密训练。在训练的几天时间里，许道珍又发展了孙德胜、张大德等6人加入游击队。许道普和伍家卫又想办法弄来了几支土枪。

张思齐及时将孙瑾叛变及中心县委已组建起游击队的情况写成信件，派阮维良火速送到苏皖区党委。区党委书记邓仲铭看到张思齐的信后，与六师师长谭震林商量对策：一是派富有游击斗争经验的老红军龚铁到广郎中心县委指导游击斗争；二是要求中心县委继

续开展对党的基层组织的整顿工作，清除不良分子，保证党组织的纯洁。临行前，邓仲铭还让阮维良带回了50块现大洋，作为中心县委和游击队半年的活动经费。

阮维良带着龚铁返回中心县委驻地的当晚，张思齐主持召开了中心县委扩大会议，决定成立中共郎广游击队支部，由许道珍任支部书记，龚铁任组织委员，许道普任宣传委员，龚铁任游击队长，许道珍任指导员。

龚铁原名谢振国，江西人，中央红军开始长征时，他在方志敏领导的红军先遣队。方志敏、寻淮洲等牺牲后，他和剩下的红军在李步新等同志领导下，坚持在赣南山区开展游击斗争，具有丰富的游击斗争经验，后任中共东南局副官。皖南事变前夕，随东南局副书记曾山等150余人，经郎溪新四军第四兵站接应秘密转移至苏南。

游击队员在龚铁的带领下，开展了格斗、擒拿、枪械、刺杀、射击、侦察、夜袭等各个项目的训练，战士们的综合战斗能力和敢于战斗的信心不断提高。

这一时期，许道珍安排游击队几个骨干成员，分成几个小组分散到各地对一批骨干党员进行军事训练，并挑选出胡金保、许梦麟、王长槐、史纪昌、毛肇忠（化名方长胜）等十余名年轻力壮的党员加入了游击队。在当地群众的掩护下，游击队在苏村、誓节一带建立了几十个隐蔽安全的落脚点。

许道珍、龚铁带着游击队战士，在金龙山和五龙山一带的大山里，凭借山高林密同国民党军队周旋。6月，驻郎广地区的顽军见对游击队的跟踪搜索不成功，便逐步地分散“驻剿”，企图“抽水摸鱼”，设立递步哨、情报网和行动队。情报员、特务，白天看到哪个山头冒白烟，晚上有火光，就通知军队去袭击，还在山路上设置障碍和标记，以寻查游击队的行踪。由于敌人的“清剿”和封锁，游击队员的吃住行都成问题。有时粮食短缺，他们只好采集野菜野果充饥；住宿是天当被，地当床。由于敌人不时“清剿”，他们每隔两天就得换一个地方，情况紧急时一天就得换好几个地方。就这样，游击队在地方党组织和群众的掩护下，多次跳出敌人的包围圈，化险为夷。

游击队在艰苦的环境里，克服重重困难，坚持斗争，将搜集到的国民党情报，及时派秘密交通员送到新四军十六旅旅部。皖南事变发生后，郎广地方党组织和游击队立即行动起来，投入营救、收容、护送突围人员的工作中。1941年2月上旬，游击队在广北接应了新四军第一纵队突围出来的江渭清、熊应堂、吴泳湘、肖怀希和他们的警卫员等，还有饶惠谭、黄吉民（民运股长）、曹德辉（科长）、李贵生（警通连连长）、胡秀全（连长）、张志荣（老一团特派员）等20余名干战，并安全护送至苏南。

游击队在不断武装自己的同时，还按照上级指示，不失时机地袭击国民党顽军和惩处一批罪大恶极的叛徒。

——枪杀乌牧村

乌牧村家住暂节渡阮村，家有良田百亩，还在暂节街上开设店铺，家境殷实，早年曾参加过王金林领导的农民暴动。当农民运动侵犯他的利益时，很快掉转枪口，和吴子华几个投机革命的地主分子一样，成了镇压农民运动的急先锋。1935年，他出任国民党郎溪县肃反专员，逮捕和杀害了许多共产党人和进步青年，得到国民党中统特务组织的赏识，特别是1941年皖南事变后，他积极充当了国民党顽固派反共的帮凶，是年6月，他接替宋传贤出任国民党郎溪县党部书记长后，极力破坏中共地下组织，滥杀无辜，民愤极大。游击队决定拿他开刀，以打击敌人嚣张气焰。

1942年端午节的前一天下午，他从郎溪返广，在一小队士兵的护送下，坐着轿子，招摇地从誓节渡街心走过，经誓节渡渡口坐船回到阮村家里过节。这一消息由誓节地下交通站很快报告给了游击队。

乌牧村的卫兵都是他从誓节渡带去的，端午节一大早，乌就打发他们各自回家过节，只留一个勤务兵在院子门口站岗。太阳刚刚升起，从誓节渡渡口上来3个放鸭子的男人。他们头戴斗笠，脚穿草鞋，手里拎着五六只江西麻鸭，直奔阮村北头的乌府而来。他们正是游击队员许道普、伍家卫、孙朝庭。

站岗的勤务兵拦住了正要进门的许道普，许向他抖抖手中的鸭子说道："老总，我们家的稻子都让'扁嘴子'（广德方言，鸭子）给吃光了，过节下锅米都没有，就让乌先生卖一点米给我们救急吧！"

"要买米的？就让他们进院吧。"屋里走出一个衣着华丽的女人，她就是乌牧村的老婆。"你们想买多少斤？"

"我们钱不多，就先买50斤吧。"许道普显出一副可怜的神态。很快，乌家的小伙计将米称好用布袋拎到院内，许道普从口袋里掏出了一把揉成一团的又破又旧的零票子，这是许道珍事先让他们换来的。此时的孙朝庭已经进院把小伙计手中的米袋接在手中。

乌的老婆接过许道普的钱一看，就生气道："你们这些破钱不能用了，米我们不卖了。"

"这钱虽然旧一点，怎能说不能用呢？不信请你们家乌先生出来看看。"乌牧村的老婆见孙朝庭已经将米袋扛在肩上，看架势这几个放鸭子的还有点难缠，就大声吆喝着乌牧村。

乌牧村听到外边的吆喝声，刚从屋里走出来，许道普就从怀中掏出驳壳枪抵着他的胸膛说："乌先生，请你跟我们走一趟！"

孙朝庭立马将乌牧村反手捆绑起来，随之伍家卫将院门口站岗的勤务兵押了进来。孙朝庭、许道普又麻利地将乌的家人赶进一间厢房，在门上加了一把大锁，押着乌牧村从院子后门出来，来到龙口村后面的山上，“砰！砰！”两枪，结果了这个作恶多端的国民党郎溪县党部书记长的性命。

“郎溪县党部书记长乌牧村被新四军游击队枪决了”的消息，不胫而走，引起郎、广两县国民党的巨大恐慌，一些顽固的反共分子，一时惶惶不可终日。

——处决何其雄

何其雄，宣城孙家埠水巷人。抗战爆发后，他和他的二弟、三弟都在叔叔何一带领下参加了共产党人孙宗溶、江汉等人领导的抗日活动。在担任中共宣城县委组织部部长期间，因面目太“红”，组织上派他到宁国开展工作。由于怕苦畏难，半年后就跑回孙家埠。上级党组织担心他的安全，又调他到泾南县担任县委宣传部部长。1942年4月被捕叛变，使泾南县委遭到严重破坏。不久，他又被国民党派到孙家埠，继续进行破坏地方党组织活动。宣城县委负责人彭海涛和县委宣传部部长张禾（化名向阳）考虑到他叔叔不久前才被国民党杀害，两个弟弟都是中共地下工作者，就决定先警告他不要再继续做坏事。可事后，他没有丝毫悔改的表现，反而变本加厉，带领特务到处抓人，制造白色恐怖。如果再不清除他，宣城的党组织就会遭到重大破坏。

为清除这个叛徒，彭海涛特地从大哥许道珍处借调了游击队干将伍家卫，在摸清何其雄活动规律后准备动手。

一天中午，何其雄正在家里吃午饭，化装成农民的张禾和伍家卫按计划准备行动，他俩各带一把短枪。伍家卫留在门口，监视乡公所的武装，掩护撤退。张禾一人闯进何家，何其雄正在吃饭，一看到张禾，知道大事不好，拉开椅子，拔腿想跑。张禾一个箭步冲上去，举起手枪，大声道："我代表县委判你死刑！"只听"砰！砰！"两声枪响，何其雄栽倒在堂前的后门旁。

——智除张大德

张大德，誓节街上人，1938年底经周嘉琳介绍入党，1939年夏被党组织送到云岭新四军教导大队学习5个月后回到广德，被组织安排在誓节渡一带做组织发展工作。

1940年3月，丁浩决定成立誓节区委，任命张大德为书记。1941年秋，张大德、陈登科、张思敏等人转移到苏南十六旅。1942年春，张大德和陈登科因离开部队擅自行动，在溧阳塘马被国民党四十师逮捕。陈登科趁着看守不备逃回广德，张大德却叛变加入国民党中统特务组织，被派回广德从事破坏活动。

张大德由于破坏中共组织"有功"，得到"忠义救国军"总指挥马志超的赏识，马任命他为副团长。他时常骑着高头大马，带着卫队在誓节街上横冲直撞，抓捕共产党员和进步青年。为了安定民心，游击队决定对其惩处。

张大德本性好色，誓节渡街南头剃头店师傅老王的老婆颇有几分姿色，被其强行霸占。许道珍得到这一情报后，立即与许道普、伍家卫、阮继发等商量，研究了具体行动方案。一天，3个人吃了晚饭，赶着亮下山，到誓节渡天已黢黑，他们摸到离王师傅剃头店只有三四十米远的黄豆地头埋伏下来。

他们在黄豆地里埋伏一个多小时，还不见张大德出来，为了引蛇出洞，阮继发麻利地溜到理发店门前，"咚！咚！咚！"一边用力敲门，一边压着嗓子喊道："王师傅，我是街上的老黄，明儿一大早我有事要出门，特来请你帮忙剃个头。"这时许、伍俩人已潜入理发店门口。一会，张大德不耐烦地走了出来，"你们在嚷什么！”许道普抬起右手扣动扳机，朝着张大德“砰！砰！”就是两枪，张大德向前踉跄了两步，便倒在地上，许等3人迅速撤离。

张大德腹部中了两枪，但不在致命部位，很快被闻讯前来的自卫队长韩步青送到丁志仁药铺救治。丁志仁只能给伤者止血、包扎伤口，并叮嘱韩步青将伤者及时送往黑洼国军六十三师师部进行外科手术。

这时，丁志仁突然听到张大德含糊不清地说自己的枪伤是许道普打的，心里吃了一惊，但他不动声色，到外面的药柜里很快捡了一副“当归回逆汤”，他将当归的剂量加大了两倍。这当归本是活血化瘀的，大剂量服用，血压降低，可以致人丧命。他要的就是这种结果，因为他医德高尚，为人正派，十分支持游击队的正义之举。徒弟很快将药煎好，他一边亲自给张大德喂药，一边催促区自卫队队长韩步青，立马将张送到黑洼手术。

韩步青立即带着张大德的警卫队和自己手下三十几个人打着电筒，抬着奄奄一息的张大德，连夜向黑洼奔去。刚到向村，药效发作，张大德一命呜呼。

郎广游击队接二连三地处决乌牧村、何其雄、张大德等叛徒，一时名声大振，引起了宣、郎、广3县国民党当局的极大恐慌，他们联合国民党第三战区、“忠义救国军”总部、江苏省江南行署加强对游击队的“清剿”。

面对强大敌人的“清剿”，中心县委根据苏皖区党委关于“隐蔽坚持，短小精干，长期埋伏，蓄积力量，等待时机”的指示，将一部分游击队员分散到地方隐蔽下来，留下一部分精干随中心县委，在山上与敌人周旋。敌人开始“清剿”后，大小村庄都驻有军队和特务，中心县委和游击队只得在山上野营露宿，有时一夜要换好几个地方。在这段艰苦的日子里，老红军龚铁被战士们亲切地称为“老游击”。在对付敌人的“清剿”“行动方面，龚铁的游击经验起了很大的作用。

“日防烟，夜防火。”白天，日光强，在山林中烧饭敌人虽然看不见火光，但在很远就能看得见炊烟。用干柴烧饭烟少，这就是“日防烟”。“夜防火”是因为夜里如有一点火光，就很容易被敌人发现。夜间烧饭，战士们就用帐篷和衣服将火光完全遮住。每次烧饭后，必须完全清理好“火窝”，不给敌人留下任何痕迹。后来，敌人“清剿”更厉害时，游击队就用白蜡烛烧饭，没有一点烟。

“走东撩西。”游击队员们在山上经常转移，一二十人走山路，很容易把山上的茅草踩倒形成一条沟，让人一看便知道不久前有许多人从这里走过，这就很容易暴露行踪，让搜山的敌人跟踪上来。龚铁要求队员们尽量不要把草踩倒，最后一个队员用树枝将踩倒的草挑起来，使它朝相反的方向倾倒，给敌人造成方向上的错觉；在泥地或雪地中行军时，后一人总是踩前面一人的脚印走，使敌人很难判断到底有多少人。上山时，他们将草鞋倒着穿在脚上，敌人看了还以为是下山了。

“灰色帐篷。”在敌人“清剿”最厉害的时期，游击队员不管是酷暑还是严寒，都不能到村上的老百姓家里去住。开始，游击队员们席地而睡。后来，每到一宿营地，就搭起一个简易的草棚。可草棚不能移动，又容易留下痕迹。龚铁派人下山弄来几匹灰色的斜纹布和几根麻绳，他亲自带着战士缝制了几顶帐篷。这帐篷是两匹布一拼，长、宽丈余，四周缀几根麻绳，将四角拴在树上，上做天篷，晴天遮太阳，阴天防雨，夜里遮露水。如有敌情，只要一个背包，就轻松地转移了。

游击队成立之初，烧饭的锅让他们很伤脑筋，有几次在突围中铁锅都甩掉了，战士们只能吃生冷食物。“老游击”来后，叫人弄来两只搪瓷脸盆，在地上钉上三个木桩子，把一只脸盆放在上面当“锅”，用另一只脸盆当“锅盖”，这样烧菜烧饭都十分方便。用餐结束后，“锅”和“锅盖”又成了脸盆了。

“老游击”龚铁虽然比许道珍年龄大些，又是身经百战的红军老战士，但他对许道珍非常尊重，大小事都和许道珍商量。由于他俩密切配合，游击队员的政治觉悟和军事素质都提高得非常快。阮维良、孙德胜、伍家卫、阮维恭、许道普、朱传仁、李轩等骨干成员都迅速成长为能够独当一面的战斗员和指挥员。

敌人强大兵力的反复“清剿”不仅没有消灭游击队，反而使游击队的战士们在反“清剿”战斗中得到锻炼，游击队的力量得到进一步加强。

游击队昼伏夜行，灵活机动，不时向国民党驻军袭击，摸岗哨，抓“舌头”，同时还承担秘密交通任务。

1943年上半年，郎广游击队在许道珍和龚铁的领导下，采取灵活机动的游击战术，多次粉碎国民党顽军和保安团的“清剿”，除阮继发牺牲外，其他没有什么损失，游击队发展到三四十人，个个都是精兵强将。许道珍和龚铁将游击队员分成3个班，第一班由老何担任班长，负责惩处叛徒和特务。老何是江西赣州人，是1934年参加红军的老战士。他曾当过项英的警卫员，后来在新四军军部教导团一中队担任队长。皖南事变时，他跟随傅秋涛的第一纵队突围，在郎溪和宣城交界的鸦山岭，为了掩护傅秋涛和他的爱人，老何在后边带两个战士阻击追兵，被敌人打散。他一人化装辗转逃到誓节渡师尚荣家帮工。师尚荣也是地下党员，就把他送到了许道珍的游击队，龚铁通过多方审查，确定他是突围的新四军。第二班由阮维恭担任班长，负责协助县委营救被捕的同志。第三班由刘文（王培荣）担任班长，负责保护县委领导的安全和后勤保障工作。

根据许道珍的提议，中共广郎中心县委决定加大对叛徒的惩处力度。游击队决定成立锄奸组，首先对叛徒徐竹芳（原中心县委妇女部部长）和童尉新及罪大恶极的国民党特务徐世梁、朱学易、韩步青、熊为政等人执行死刑。

龚铁和老何又将锄奸组分为两个小组。第一锄奸组由老何、孙德胜、李轩、李超四人组成，准备秘密潜入誓节渡镇，寻机处决叛徒徐竹芳和童尉新；第二锄奸组由许道普、伍家卫、潘仕亮、孙朝庭四人组成，准备秘密潜入广德县城，摸清徐世梁、朱学易等人的活动规律，秘密捕杀。

孙德胜等潜入誓节渡镇后，通过许端甫等内线了解到徐竹芳已经回到广德县城，他们便锁定了童尉新。童尉新原为中共誓节支部负责人，1943年夏因叛徒徐世梁的"逮一交三"而被捕。童被捕后立即叛变，带着国民党广德县行动队副队长熊为政到处抓捕地下党员和进步青年。因他破坏共产党组织"有功"，国民党广德县党部准备让他担任行动队副队长，他小人得志，得意忘形。一天，童尉新正在杭村保长卢宗麟家玩麻将，突然听到一声威严的叫喊："童尉新，你出来一下！"

童尉新朝门口一看，只见孙德胜上身穿着黑洋布褂，头戴礼帽，身后站着同样打扮的李超。他知道大事不妙，转头朝后门一看，老何和李轩正站在门槛上，都是一样的装束。看见他们这样，卢宗麟和其他几个打麻将的人都吓得直哆嗦。

"请吧，童尉新！"孙德胜大吼一声。

说时迟那时快，在后门的李轩和另一个游击队员一个箭步冲上来，一左一右从两边架着童尉新离开了堂屋。童尉新知道自己的末日到了，两腿发软。游击队员在一棵粗大的树下，将他枪决。

在处决童尉新后不久，游击队又接二连三地在石板桥击毙国民党暂节乡副乡长龚某等人，缴获短枪3支、步枪1支，搜获法币1万多元；在柏垫前程铺茶馆，缴获押送“犯人”的4名国民党五十二师士兵步枪3支；在郎溪龚铁率领游击队伏击国民党郎溪县警备队，击毙哨兵1人，缴枪8支。游击队按照有利就打，不能伤亡的要求，进行了一系列的战斗，在斗争中逐步壮大了队伍。

郎广游击队灵活机动，不失时机地惩处叛徒，打击敌人，不但保护了党的组织，而且使其不断发展壮大，到1942年5月，郎广地区共有89个基层党支部，891名党员。

（二）开展反“清乡”反“扫荡”斗争

日本侵略者为了把中国变成其进行太平洋战争的后方基地，在占领区进行残酷的殖民统治和经济掠夺，并且集中日、伪军反复“扫荡”共产党领导的敌后抗日根据地。日、伪军在华中抗日根据地周围设立封锁线，以求巩固其占领区，确保对主要交通线的占领和掠夺战略物资，并以苏中、苏南为重点，反复进行“清乡”。针对日军对敌后的疯狂进攻，郎广地区的党组织，充分发挥人民战争的威力，团结一切可以团结的力量，开展全面的对敌斗争，创建敌后游击区。

——开展反“清乡”斗争

位于郎溪东北的凌笪地区，与苏南溧阳接壤，一山之隔。1941年初，国民党第三战区第二游击区冷欣总部设在溧阳的山丫桥，所属的四十师、五十二师、保安团、挺进队和“忠义救国军”等国民党顽军不断地越过伍牙山到凌笪驻防、“清乡”、抓民夫，要钱要粮，弄得百姓十夜九惊，稍有反抗，就惨遭镇压。

1941年秋，驻扎山丫桥冷欣总部的几个官兵窜到伍牙山西的南行村，为非作歹，抓鸡捉羊，光天化日之下奸污妇女，搞得一个偌大的南行村鸡犬不宁。村上十几个血性男儿，目不忍睹，操起菜刀、锄头将这几个官兵打死在“相子庙”旁。“打狗欺主”，冷欣得知这一消息后，顿时怒火三丈，立即派他的亲信上校副官处长卜镇海，率领大队人马到凌笪坐镇“清剿”。

这次“清剿”手段极为毒辣，将抓获的大批男女村民，五花大绑，连踢带打，押至山丫桥总部秘密监狱，进行严刑拷打逼供。有的被活活打死，有的打成终身残废，有的被押送黑牢。冷欣这个杀人魔王，竟然将几个身怀有孕的青年妇女，开肠剖肚，抛尸荒野，令人发指。与此同时，冷欣总部还指示该部第二游击支队司令部已退伍返乡、家住凌笪北沟村的原少校参谋李亚白去“保释”被俘群众。名为“保释”，实为暗中实行“联保连坐”之毒策，弄得百姓生不如死。这一切还不解冷欣的心头之恨，他公然下令将伍牙山下的上南行、下南行一带十几个村庄的民房拆光、烧光。一时火光冲天，呼天喊地声不绝于耳，制造了骇人听闻的“无人区”[①]。

1941年冬，日军由溧阳南进“扫荡”凌笪地区，国民党四十师闻风逃跑，在凌笪抓走大批民夫，给军官们抬运物资。被日军抓走的民夫更惨，凡是有病的民夫，均未逃脱枪杀的下场。日军“扫荡”后，当地乡公所就趁机抓壮丁，催逼钱粮，索取苛捐杂税，弄得民众饥寒交迫。不甘受压迫的凌笪人民，在中共地下党组织的领导下，积极投身于抗日洪流，采取从隐蔽到公开的方式，举起“三抗”红旗，开展抗租、抗税、抗丁的“三抗”斗争。1942年端午节，中共地下党员乐凤鸣等召集晏桥、上马岭、六里等十几个村的青年代表百余人，在凌笪街上公屋茶馆内举行集会，秘密成立“凌笪地区青年联合抗日协会”，与会者一致推选乐凤鸣担任协会主

① 中共郎溪县委党史办公室编：《郎溪党史资料》第三、四辑，1985，内部发行，第40页。

席。随后，在“青抗会”的组织下，凌笪地区更加深入地开展起“三抗”斗争。

——开展反“扫荡”斗争

皖南事变后，中共中央面对严峻的形势，仍然以抗日大局为重，坚持“又联合又斗争，以斗争求团结”的政策。在中国共产党倡导的抗日民族统一战线旗帜的感召下，一些国民党的爱国官兵，顺应了全国民众停止内战、一致抗日的要求，请缨出征、保卫国土。

1941年4月，国民党第二十五军四十师工兵独立营进驻郎溪县城，全营士气旺盛，战斗力强。4月21日，守城工兵营为了抗击日军的狂轰滥炸，以轻机枪对敌还击，击中敌机一架，该机飞至广德泉口坠毁。

11月20日，日军万余人分5路向苏浙皖边区“扫荡”，其中驻芜日军从水阳江经南漪湖从东夏登陆，向郎溪县城迫近。占领溧阳之日军于21日晨向梅渚进犯。天王寺日军于21日上午10时占据桠溪港后向定埠、梅渚进攻，高淳日军由东坝同时向郎溪县城进攻。日军4000余人向郎溪县城进逼。

为了守卫郎溪县城，驻泉口的四十师师部又紧急调集该师第一、第二步兵营增援郎溪。面对日军的优势兵力，步兵一营和二营分别在小渡山、吼儿桥、钟桥及八里岗、二保殿、黄土山一带设立第一道防线，阻击日军。郎溪县城由独立工兵营防守，利用城墙修筑工事作为第二道防线，誓与日军作一决战。独立工兵营全体官兵在进入防线前举行了誓师大会，士兵们振臂高呼：“誓与郎城共存亡！”“誓死不当亡国奴！”城内的老百姓在爱国将士的感染下，纷纷扛起门板、木料全力以赴投入修筑城防工事。

11月23日，日军分3路进攻郎溪，形成一个偌大的包围圈：一路由东夏直抵山脚底；一路由钟桥经三里亭到东门五里亭，企图切断我方退路；另一路由梅渚经八里岗、二保殿进攻县城。是日黄昏，枪炮声大作，日军从东夏吼儿桥、小渡山像潮水一般汹涌卷来，守军与其火拼，弹尽撤离。翌日清晨，钟桥方向攻城日军，由李家村向钟桥前进，途中遭到史家圩、香炉脚两处守军地堡火力封锁，敌伤亡数十人。抢过钟桥的日军，又接连遭到王家庄、檀树脚两处守军暗堡的猛烈火力射击，敌再次伤亡数十人。迫近城东北郊的日军像发了疯的野兽，集结数百人先后发动3次冲锋，均被城墙工事内守军猛烈的火力挡在城外。

下午3时30分，日机轰炸县城，投弹4枚，爆炸2枚，同时用机枪扫射。日军从西北两面包围县城，又一部窜入城南七里店山岗炮击县城，东西大街被焚，一片瓦砾。主攻西城的日军，虽然发动多次强攻，由于守城官兵的殊死拼杀，未成功。攻城心切的日军看到西城门外的河堤上低矮的民房连片直至城门，于是便将民房内的墙壁一一打通。狡猾的敌人隐蔽在房内，悄悄地运动到西门城下。把守西门的工兵营（一个排的兵力），顿时集中手榴弹、重机枪，居高临下猛烈开火，日军一批一批倒下。恼羞成怒的日军大佐，调集钢炮像雨点一般地射向城门工事，守军伤亡过半，弹尽之际，日军从西城门缺口强攻上了城头，双方展开了激烈的肉搏战。西门被日军攻破，边扫射边向老十字街推进，城内守军只得撤出工事，向东、南门撤退，和日军展开巷战、肉搏战。腊梅巷、寺巷、县府巷以及大操场，都成为血拼的战场。有的士兵刺刀刺弯了就徒手与日军拼打，有的重伤士兵用手榴弹与敌人同归于尽，工兵营长吴剑被敌军刺伤胸膛还顽强与之搏斗，直至生命的最后一刻。防守第一道防线的步兵营，在日军猛烈攻击下，退至南门村东门渡一带与攻城日军火拼。终因装备较差，损伤惨重，增援无望，县城失守。工兵营大部官兵为国捐躯，战至最后仅剩18人，撤至涛城蔡村。县城保卫战初，一些民众躲进天主教堂地下室，日军追至用机枪扫射，西班牙籍神父从洞口爬出呼救时身中7弹，后送芜湖治疗，不治身亡。在地下室入口，日军用机枪向室内民众疯狂扫射，打死民众250多人①。

这次郎城保卫战，激战两天两夜，歼灭日军一百余人，仅死尸就运走18木船。县城虽然失守，却狠狠地打击了日军的嚣张气焰。翌日，芜湖、高淳方面的日军由水路退回，溧阳方面的日军也经梅渚撤到周城。经此一战，日军在1943年9月之前再也不敢进犯郎溪县城。

——开辟地下交通线

皖南事变后的郎广地区，驻扎了大批日伪军且又屯驻了国民党第三战区五十二师。敌伪顽军遍设据点，岗哨林立，还有大批的便衣特务到处搜捕地方党组织。从郎广地区到苏南之间，都是大块的敌占区。敌人的重重封锁，造成郎广地方党组织与苏皖区党委之间联络上的极大困难。为了打破敌人的封锁，及时地与上级党组织取得联系，更好地坚持敌后斗争，广郎中心县委经过一段时间的努力，很快开辟了三条通往苏南，一条通往广德、宣城的交通线，建立了6个交通站，培训了一批敢于出生入死、机智勇敢的红色交通员。这些交通站、交通线的建立与开辟和在敌人眼皮底下穿来穿去的“老交通”，成为郎广地区党组织的“感觉神经”“千里眼”“顺风耳”。在6个地下交通站中，重点是郎溪涛城丰益楼茶馆这个中心县委的地下交通站。涛城古为递铺，是广德经白茅岭到郎溪的交通要镇。20世纪40年代初，镇上有一条自东而西铺着青石板的长

① 郎溪县地方志编纂委员会编:《郎溪县志资料》第一辑，内部发行，1985，第131页。

约500米的街道，人来人往，熙熙攘攘，十分热闹。一走进东街头不远处有一家远近闻名的丰益楼茶馆。它之所以远近闻名，不仅是茶叶地道，货真价实，也因为茶馆的老板和伙计，殷勤待客，笑容可掬，令茶客流连忘返。这家闻名的茶馆实为中共广郎中心县委的交通联络站。

1940年春广郎中心县委机关从广德苏村移至涛城后，为沟通溧阳水西村“新四军江南指挥部”与郎广地区的联系，便在苏村开设了一家醉月轩茶馆，在涛城开设了这家丰益楼茶馆。这两家名为茶馆的地下交通站，实为中心县委的联络“瞭望台”。丰益楼茶馆的老板何济民，伙计李允才（李允功胞弟）均是中共地下党员。中心县委从江南新四军指挥部获取的情报，便通过这两个交通站传达到各基层党组织，指导着郎溪、广德地区的地下斗争。如今，丰益楼茶馆依然处在涛城老街，虽然历经风雨十分破旧，但它昔日的历史，依然存留在涛城人的脑海里、记忆中。

三条通往苏皖区党委驻地的地下交通线是：第一条从广德金丝宝山（广郎中心县委驻地）出发，沿途经过庙子沟、十字铺、毕桥、飞鲤、东夏、北山头、东坝、漆桥、孔镇到达苏南的溧水；第二条从金丝宝山出发，沿誓节、杨杆、欧阳渡、梅村、平桥、茶陵、竹篑桥、溧阳到达徐舍；第三条沿誓节、涛城、椏溪、高淳、湖阳到达苏南的丹阳。每半月一次，交替使用这三条地下交通线，及时把苏皖区党委的指示情报带回郎广[①]。

这期间，广郎中心县委的地下交通工作由孙德胜、何济民、李轩、昌学贵、李允才、屈毅祥、段月华（女）等一批训练有素的地下交通员担任，一般都以社会职业为掩护来从事地下交通工作。因

① 中共郎溪县委党史办公室：《中国共产党郎溪地方史（1919—1949）》第一卷，内部发行，2010，第103页。

当时通信手段落后，更谈不上什么电台、密码之类的通信设备，交通员们只能将来往的信函，用明矾水或米汤水写在“哈德门”“老刀牌”“大炮台”等这些烟纸盒上，再卷成极细的卷筒，或夹在草鞋内，或藏在雨伞把的竹筒中，然后化装成卖香烟、贩茶叶、挑小货的商贩，穿过敌人的封锁线。有时，遇到紧急情况，交通员们只得将情报吞入肚内。交通员孙德胜、李轩曾在溧阳河口遇险，凭着他们的机智，化险为夷。1941年春，中共苏皖区党委石坚，奉命前来广郎中心县委检查工作。当他路过涛城沙桥村时，因操一口外地口音，加之化装不慎，引起伪军怀疑，被拘押在涛城祁村据点内。广郎中心县委即派交通员段月华前去营救，石坚被释，而段月华则因伪保长告密，被敌逮捕关押在广德田里戈村国民党三战区秘密监狱里。在几个月的折磨下，段月华遍体鳞伤，生命危在旦夕，但她仍守口如瓶，视死如归。后在党组织的营救下才出狱[①]。

当时，地下交通员的任务十分艰巨复杂，除了跑交通之外，还要担负护送过境的干部战士、散发传单、筹集物资等重要任务。1942年10月10日，中心县委的交通员们以走亲戚为名，过乡穿镇，将中心县委印发的传单、标语，撒遍了郎溪全县各乡镇，极大地激发了全县人民的抗日热情。中心县委还先后开辟了通往宣城孙家埠茶叶检查站和通往设在广德柏垫的江苏内迁临时中学的两条地下交通线，筹集了大批医药物资、经费、给养。正是这些地下交通站、交通线的开辟建立和红色交通员们的大智大勇，保证了与上级党组织联系的畅通。由于能及时得到上级党组织的指示，即使在当时敌对势力犬牙交错的夹缝中，郎广地区党组织仍得以生存，得以发展。

① 中共郎溪县委党史办公室:《中国共产党郎溪地方史(1919—1949)》第一卷,内部发行,2010,第103—104页。

（三）坚持隐蔽战线上的斗争

坚持隐蔽战线上的斗争，是共产党的优良传统。1927年9月，党中央由武汉秘密迁到上海，逐步成立了适应地下斗争的隐蔽而精干的秘密机构，制定了秘密工作的原则、制度和纪律，并规定工作人员在行动、衣着和社会交往上，都要符合自己的“身份”。

皖南事变前后，在国民党统治下的郎广地区，共产党的工作一度被迫转入地下，一些同志以公开的职业为掩护，开展地下斗争。这些坚持地下斗争的同志，成为埋在敌人心脏里的定时炸弹，成为扎在敌人肌体内的尖刀。

——潜伏在国民党县府

1939年底，国民党顽固派掀起了第一次反共高潮。这时，郎广地区的敌、伪、我三角斗争形势异常复杂。国民党当局派重兵长期驻扎溧阳、郎溪、广德3县交界处，企图割断苏南茅山抗日根据地与皖南云岭新四军军部之间的一切联系。

在严峻的政治斗争形势下，1930年东吴大学毕业、抗战全面爆发后一直在上海从事难民安置工作的中共党员梅光庚，于1940年夏，根据中共东南局副书记曾山的指示，接受江苏省委书记沙文汉的派遣，前来郎溪开展地下工作。因梅的父亲和国民党安徽省政府主席吴忠信是老朋友，1932年，大学毕业不久的梅光庚又担任过吴忠信的秘书，很受吴的赏识。梅光庚通过吴忠信认识了三战区司令官顾祝同，顾为讨好蒋介石身边的大红人，即根据梅个人要求，指派他出任苏皖结合部的国民党郎溪县政府“县长”[1]。

根据党组织的安排，随梅来郎的还有张企和关键之夫妇，关键

① 中共郎溪县委党史办公室编：《郎溪党史资料》第三、四辑，内部发行，1985，第49页。

之任县税务处主任，张企任县政府会计。他们直属中共中央东南局领导，只保持单线联系，不与当地党组织发生任何横的关系。

区党委书记邓仲铭亲自布置他们在郎溪潜伏的工作任务：“沟通泾县军部与苏南的联系，并在当地扶助进步力量。”鉴于当时的紧张形势，为便于潜伏，指示张企今后的工作直接与区党委单线联系。区党委派了一名老交通员，扮成张的仆人，护送张企前往郎溪就职。到了梅渚后，张为了适应“县府秘书”身份，由“老仆人”雇了一顶轿子坐到县城。老交通员来郎后，很不适应县府的生活环境，不久就返回溧阳。梅、张等也就失去了与苏皖区党委的联系，一切工作只能相机行事。为了适应地下斗争的需要，他们在国民党郎溪县政府内秘密成立了中共特别支部，书记张企①。

1941年1月，皖南事变发生后，为了做好从泾县突围出来的新四军的转移工作，特支想方设法，暗中将他们收留并安全转送到苏南。1941年4月，郎溪县城第三次沦陷，县政府由城南乌家埂迁到姚村。鉴于当时郎溪文化教育落后的状况，同年9月，梅以县政府的名义，在下姚家祠堂创办了郎溪第一所初级中学——建国中学，意为赶走日寇建设国家。校名由吴忠信题写。校长陶然，教导主任由姚村进步乡绅杨树甫担任，在校内积极宣传抗日救国的进步思想。当时，由国民党皖南行署设在梅渚的“安徽省郎溪县进出口货物检查处”，实际上是共产党控制的新四军秘密兵站。处长石云阶，多次得到梅光庾以县政府名义的掩护，地下工作顺利开展。

梅、张潜伏初期，缺乏地下工作经验，不善于伪装，与县党部一班人貌合神离，敬而远之。县党部书记长宋传贤，是个十分反动的老牌中统特务，虽对梅的身份有所怀疑，但因他有省主席做靠

① 中共郎溪县委党史办公室编:《郎溪党史资料》第三、四辑，内部发行，1985，第49页。

山，也不敢造次，只能暗中盯梢，抓住蛛丝马迹。为探虚实，宋便在张企身上无事生非找岔子，时常向梅打听张的经历，想从中找出破绽，并多次有意对张进行考察。此后，宋还经常设圈套来刁难梅、张二人。1941年农历五月，郎溪县委委员孙瑾叛变，公开投入宋传贤怀抱。为前往涛城抓捕李允功一事，梅与宋发生了争执。因按以往惯例，凡是抓共产党均由县党部行动队执行，与县政府无关。而这次，宋传贤却要县政府派警察前去抓捕，并指名由县政府张秘书领队前往。对于宋这一阴谋，梅光庾当即借口“县府催交行署公粮任务繁重，人手不济”，故意拖了两天，并有意放出风声暗示同志们尽管转移，尽管梅、张做了努力，李允功等一批同志仍不幸被捕。

当时在国统区工作的同志确实不易，只要能站住脚，就是莫大的成就，况且要准备随时应付险恶的局面，每走一步都怕露出蛛丝马迹。每天都要对敌人笑脸相迎，每天都要装魔做鬼，而且不能宣扬成绩，不能像部队歼敌多少、缴获多少那样上报。但是这条隐蔽战线，必须有斗士去勇敢承担，梅光庾、张企等就是能够忍耐，才能很好地潜伏。

此后不久，县党部对被捕的县督学邓尚云开堂审讯，公堂设在县政府内，宋传贤指名要张企陪审。在整个审讯过程中，宋传贤这个老牌特务一双凶光毕露的眼不盯邓尚云，却紧紧盯住张企不放，妄想从中揪出什么把柄。张企只得假戏真做，“从严”审问。审毕后，宋又有意将邓尚云交给县政府关押，以试探梅光庾会不会来个“捉放曹”。梅、张没有中敌人的圈套，而是严加防范将其关押，结果不了了之。经过一次次的考验之后，为了更好地潜伏，梅光庾、张企等也逐步与县府、县党部那班贪官污吏“同流合污”了。隔三岔五进烟馆、上酒楼，有时还故意贪污点军饷，以种种假象来迷惑宋传贤之流。1941年农历八月十五日夜，梅光庚有意安排邀请宋传贤等县党部一班特务来县政府后花园赴宴。席间，张企故作生气，一声不吭，以示对梅县长的不满。宋问何故。张企借着酒劲煞有其事地说了一通什么“县长待人不公”等话，迷惑宋传贤。此后，县党部也就逐渐放松了对梅、张的秘密监视。

1931年2月15日，中共安徽省委在芜湖正式成立。但50天之后，就因被叛徒出卖而遭破坏，从此，直到全国解放，安徽省统一的领导机构都未能复建。而出卖破坏省委机关的为首分子就是郎溪涛城高梅村人高翔。高翔，又名高修和，化名朱镜明。1928年初，在郎溪建平公学加入共青团。郎溪农暴失利后，通过上海创造社（党的秘密机关）介绍进了浦江中学并混入党内。不久由党组织分配到皖西北特委工作，之后又在安庆团特委任职。此间，高翔叛变。

这个臭名昭著的党内叛徒，于抗战前夕又勾结了国民党中央调查统计局科长刘抱一，在南京、无锡、苏州、上海一线四处搜捕中共党员。凡是郎溪地区他所认识的党员，无论何时何地被其盯梢，均遭逮捕，致使郎溪地区党的组织遭到严重破坏。

全面抗战初期，高翔又潜回郎溪，勾结凌笪大土匪头子张九如，充当其广（德）高（淳）郎（溪）游击副司令。他还在高淳、郎溪一带的沦陷区，组织假共产党，到处搜捕共产党员和进步青年。凡被捕者即押送到国民党三战区“青年训练班”或“反共团”进行“受训”“反省”，甚至惨遭杀害。不久，国民党三战区五十二师将高翔部收编。

1939年秋，高被任命为郎溪县政府自卫大队队长。他上任后紧紧追随中统特务、县党部书记长宋传贤，在郎溪无恶不作，民愤极大，老百姓恨之入骨，纷纷向县政府告状。再加高目中无人，自以为有宋传贤做靠山，常常同梅光庾为难，使之地下工作无法进行。除高是当时郎溪人民的愿望，也是革命斗争的需要。

1941年，日寇第二次扫荡郎溪县城，县党部决定与县政府一起撤退到姚村陈梅村。梅派人叫高带一中队在十字铺接应，梅等走了一夜，第二天到了姚村仍不见高的踪影。正在此时，高的一名手下急忙来县政府报告称高翔要投靠日本人。梅当机立断，巧妙利用訾向宇（县保安团团长）和高的矛盾，立即逮捕了高翔，将他关押在陈梅村看守所。开始他绝食抗议，但贪生怕死的他怎能经受绝食的饥饿，趁梅去宁国开会之机越狱潜逃。看守队长发现后立马报告，訾向宇派兵及时上山搜捕，再次将其关押并上了脚镣。当梅得知这一情况后，及时向主持会议的安徽省主席李品仙汇报了高翔为所欲为、阴谋投敌的罪恶行径，激起了李的愤慨，随即下令将其处决。梅光庾从宁国开完会回到姚村后，即下令将这个作恶多端的败类予以枪决，为民除了大害，地方百姓无不称为快事[①]。

除高之后，宋传贤向梅大发脾气，指责梅杀错了人，并取走了高的手枪。宋对梅更加怀疑，便向国民党安徽省党部告发梅的一系列不轨之举，不久，梅就遭到省党部的排挤，被迫撤离郎溪。

——坚守在特殊的岗位上

地处苏皖两省交界的郎溪县梅渚镇，是个闻名遐迩的千年古镇。为了加强对苏南敌占区的经济封锁，国民党皖南行署于1939年4月在郎溪梅渚设立了安徽省郎溪县战时进出口货税检查处（简称货税处）。为了控制该处，中共东南局通过国民党皖南行署主任戴戟的统战关系，将在行署任督查专员的中共地下党员石云阶派往货税处任处长。处内职员均由处长任命、调配，因而部分党员和进

① 中共郎溪县委党史办公室编:《郎溪党史资料》第三、四辑，内部发行，1985，第50—51页。

步青年被安插其中。接着又从屯溪货税处调进了8名党员。1939年7月，在货税处秘密成立了党的支部，书记宋天波（后储大鹏）。该支部先属苏皖特委领导，1940年10月改属广郎中心县委领导。这个名义上的货税处，实际上是新四军秘密兵站。

石云阶上任后，利用查封敌伪物资工作的便利，安排人员深入附近农村，了解敌情，瓦解特务组织，发展革命力量。1940年冬，石用缉私罚款的手段，为战斗在苏南的新四军及时购置了500套过冬的棉衣和部分医药器材。

1941年1月，中共广郎中心县委，一度与苏皖区党委失去联系，孤悬敌后，处境十分困难。4月，中心县委书记张思齐通过石云阶的周旋，弄到两张第三战区签发的“良民证”，与该处税警班班长阮维良化装前往江苏宜兴和桥，终于与苏皖区党委接上了联系。区党委指示中心县委立即建立一支小型游击武装，开展敌后游击斗争。建立武装，必然要有武器，筹措武器的事自然又落在石云阶的肩上。当时，梅渚周边地区（含苏南溧阳）驻有国民党重兵，真可谓“丘八如云，司令如毛”，武装走私几乎成为公开的秘密。为了扼制当地驻军猖狂走私活动，石云阶请示皖南行署，由行署直接给处内税警班10余人全部配备了一批新式武器。税警班的所有枪支弹药均登记造册，注明枪支号码，由专人保管，并说是行署刚分配下来的。因石云阶又是新四军一支队的前委委员，前委特给他配备了2支驳壳枪，作为自卫武器，因而未有登记编号。这为以后从货税处抽走枪支创造了机遇。

为了尽快完成广郎中心县委委托的筹枪任务，石云阶会同税警班长阮维良、货税处文书芮孚云反复策划，决定以“计取”为上策。4月底，一个夜黑风高的晚上，一个化名“陈三”的人带领一班身份不明的人，趁夜色掩护，突然闯进货税处城关分处，盗走2

支步枪及其他物资。石当即责令各分征所税警全部集中到总处，以防止“歹徒”再次突袭总处。趁人进进出出混乱之际，阮维良将已得手的2支步枪，交给文书芮孚云“妥善保管”。芮立即连同石云阶没有登记造册的两支驳壳枪，及时转移到梅渚商会大院，将院内梅小教师宿舍地板撬开，将两长、两短4支枪支，用油布包裹藏在地下。为掩人耳目，芮连夜起草呈文致皖南行署并郎溪县政府，陈述城关分征所的“枪支盗劫案”。由于梅光庾的掩护，“盗枪案”不了了之。阮维良乘机以带警员外出缉私为由，将4支枪支交给事先约定前来接应的许道普（化名陈远）、伍家卫俩人，带回中心县委。是年5月，郎广游击队成立。

皖南事变时，一些突围出来的失散人员，取道梅渚前往苏南，石云阶想方设法掩护，并为他们资助路费和衣物，安全护送至溧阳。1941年腊月二十，已近年关，又有10余名失散的新四军战士途经梅渚，石将其安置在李家庄隐蔽，后又为他们购买了冬装，雇了一只货船，安全送到苏南。随着斗争形势的恶化，石受到特务的监视，处境十分困难。1941年5月，新四军一支队前委决定以石身体不适，须赴上海治病为由，将其撤离货税处。

——以社会职业为掩护，从事地下活动

1940年4月，广郎中心县委由广德苏村迁至郎溪涛城中共党员何济民家。为便于掩护，开办了一家名号为“永盛”的磨坊。老板何济民，中心县委书记张思齐穿着长袍，戴着眼镜当起了“账房先生”，组织部部长丁浩与何家认起干亲家，宣传部部长彭海涛与中共苏皖党委派来的李华楷等则穿着“短打”当起了跑堂的“伙计”。

磨坊的工具，除磨面用的牛是买的外，其余都是东借西凑拼起来的。箩柜、面柜则用土坯砌制而成，开张时的流动资金，只有一担五斗小麦。1940年五月初八，永盛磨坊正式开张。因何家是大户人家，前来捧场的人络绎不绝，鞭炮声、贺喜声响成一片，热闹非凡。磨坊开张后，生意兴旺火红。中心县委一班人白天在磨坊磨麦子做挂面，夜晚深入附近农村开展地下工作。老板娘段月华是1939年入党的老党员，利用外出收麦子的机会，冒着危险，多次出色地完成中心县委交办的递送情报的任务。10月，中心县委机关又增加了青年部部长徐必荣，妇女部部长徐竹芳（女）以及区党委派来协助工作的石坚等。12月，随着国民党反共形势日趋紧张，加之机关人员增多，时常有形迹可疑的人出现在小小的上阳村。这一危险的信号，引起了张思齐的警觉，为防不测，他决定将磨坊关张，人员火速撤离，转移到与涛城一河之隔的浙山乡（今南丰）安庆滩。

安庆滩，是浙山乡境内靠郎川河畔的一片河滩地，分为上、中、下三个滩，因住的安庆籍人多便称为安庆滩。这里林密草深，平日里很少有外人涉足，几乎成了被人们遗忘的角落。

张思齐率领广郎中心县委机关一班人撤离涛城后，便来到家住中滩祥道园一个独湾的李帮达家。李帮达是地下党员，其表兄陈士广是罗家园区委书记。李帮达为人憨厚，诨名李咬子，二十几岁未婚，家有草房四五间，只有老母亲和他俩人生活。李帮达早年是一个走南闯北的人物，学得一门熬硝的手艺，也挣到一些实惠。为掩人耳目，在李的建议下，便买了几口大缸，置起炉灶“熬硝”。白天，张思齐等七八个人，身穿蓝色棉衣，头戴“狗套头”棉帽，肩上披着麻袋，手持铁铲，到附近村庄以“刮硝”为名，摸敌情，走访群众，夜晚研究工作。因李帮达一家单独住在一个小湾里，四周树高林密，又不与外界来往，当地的保长对光棍李咬子，从来都不放在眼里，更谈不上怀疑他是个共产党。为此，中心县委机关住在他家几个月都相安无事。

农历五月二十四日傍晚，涛城交通站传来消息“今日宋传贤坐轿子到孙家园孙瑾家密谈……”到吃晚饭时分，在李帮达家附近又先后出现了两个“收鹅毛的”“摸鱼的”形迹可疑的人。这分明是敌人的化装侦察。张思齐当机立断，连夜带领中心县委一班人撤离安庆滩，转移到广德苏村吴家冲。临行前，张思齐再三嘱咐李帮达、陈士广尽快转移、以防不测。

果不出所料，在中心县委机关撤离的第三天，国民党沭山乡乡长唐润海率领乡中队20余人，气势汹汹地前来祥道园搜捕张思齐。扑了空的唐润海，一气之下，一把火将李帮达家几间草房化为灰烬，将尚未及时转移的陈士广、李帮达俩逮捕，连夜押送到县党部，关进了大牢。在狱中，表兄弟俩坚贞不屈，拒不透露中心县委机关的行踪，宋传贤等恼怒，令其行动队对俩人施以酷刑，李帮达被折磨致死，时年26岁。陈士广被押往上饶集中营。1942年5月，他所在的第6中队，在武装押解转移途中集体越狱，他脱险后在苏南加入了新四军，1943年在溧水战斗中牺牲，时年27岁。

（四）整顿纯洁党的组织

皖南事变发生时，由于组织内部的叛变投敌，继而是国民党顽固派的血腥“清剿”，郎溪党组织受到严重破坏。这种惨痛教训，使党组织清醒地认识到必须进一步整顿，以纯洁党的组织。

从1941年7月至1942年底，在中共苏皖区党委的领导下，郎溪党组织根据区党委总结的6条教训（一是各部门工作制度不健全，使整个工作受到影响。二是检查制度没有很好地建立，执行决议不坚决。三是公开工作和秘密工作没有很好地分开和配合，秘密工作的方式方法没有很好地去研究和注意，工作受到很大的损失。四是领导干部对本部门的工作研究还不够深入。五是吸收新党员还不能按一定的手续进行，所以把一些不够条件及投机分子吸收到党内来，使党的巩固不容易。横的关系太多，造成巩固党的组织受到很大的阻碍。六是培养提拔干部还不够，干部的配备不适当。所有机构不健全，阻碍了工作的进行），结合本县的实际，从以下三个方面，认真进行了党组织的整顿工作。第一，坚持发展党巩固党，严格入党手续。通过整顿，突出加强无产阶级骨干分子的党性教育，调节党内的工人成分和妇女成分，防止阶级异己分子混入党内。对于在皖南事变中有变节行为者一律清除出党。对于有一般问题者暂停其组织关系，以观后效。在新党员的发展过程中既注意姚村山区党组织发展，也注意十字、梅渚、涛城、东夏等集镇及交通要道口的发展工作。吸取皖南事变中由于支部庞大，易遭敌破坏的教训，首先将大支部化为小支部，每个支部3至5人，最多不超过7人。其次切断横的关系，实行单线联系，采取“梅花点”式的组织措施，党支部之间不发生横的关系，只有上下级的领导关系。上、下级之间的文件传递，规定只送到指定的有特殊标志（暗号）的地点，不直接送给收件人。收发不见面，只见物不见人，即使送件人或收件人被捕，也不会牵连其他人员。第二，健全支部生活，加强支部领导。通过整顿，将工作消极和不负责任的支部负责人重新改换，派工作能力强的干部领导支部工作。强调各级党支部必须建立集中领导和科学分工个人负责制，有组织有计划去监视与帮助检查支部工作。第三，注重加强党的教育，培养提拔干部。要求各级党支部，坚持做到每月召开一次时事分析会，讨论研究存在问题，反对敷衍了事现象，使每个党员了解当前的形势和任务。要求积极培养干部，3个月内对那些经教育仍不思悔改的和不负责任的消极怠工分子彻底更换，并在党内开展积极的思想斗争，克服党内一切不良现象和不正确倾向，使党的工作能顺利进行。

由于认真执行苏皖区党委的指示，总结了皖南事变党组织受惨重损失的教训，严格地进行了党组织的整顿，党组织逐步发展壮大。至1942年底，郎溪全县已建立起25个基层党支部，发展党员180余名①。

郎广地区党组织不断发展壮大，引起了国民党安徽省政府和盘踞在广德境内的“忠义救国军”总部及江苏省江南行署的极大恐慌。他们撤换了反共不力的广德县县长龚少陶、县党部书记长何世德，起用国民党顽固派任显国担任县党部书记长。1943年7月，又从泾县将大叛徒徐世梁调到广德担任“肃反”工作。徐世梁是泾县汀溪人，19岁在贵池高等师范学校加入中国共产党。1935年5月被捕后叛变，在安庆国民党反省院反省3个月后，加入国民党中统特务组织，被派回泾县。1936年调宣城任特警长，全面抗战爆发后调泾、繁边区担任游击副大队长，1941年调任旌德任中统调查专员，1942年调宣城任中统调查专员。

徐世梁叛变投敌后，长期从事特务活动，对皖南地区共产党组织破坏极大。他到郎广地区后，对自王金林暴动以来参加过革命组织的进步青年，进行一次系统的排查，并再一次利用叛徒徐竹芳，到苏村和郎溪涛城一带进行大逮捕。在大逮捕过程中，徐采取了“逮一交三”（即逮1个必须交代3个）的恶毒办法，只用了两个月的时间，郎广地区的共产党员就有100多人被捕。中心县委想了许多办法，全力营救被捕的同志。此时，为配合国民党对郎广地区共产党员的大逮捕行动，国民党“忠义救国军”总指挥马超派了

① 中共郎溪县委党史办公室:《中国共产党郎溪地方史(1919—1949)》第一卷，内部发行，2010，第106—108页。

2000多名特务和6个团5000余名士兵进驻郎广。国民党第三战区第二游击区总指挥冷欣从江西等地调来五十二师、挺进军第二纵队、江苏保安二团和六十三师、一二九师等部2万多人在郎广地区进行“清剿”。一时间，城镇和乡村到处是国民党驻军和特务，闹得到处鸡飞狗跳，老百姓怨声载道。至1943年底，郎广地区的党员由1062名减至89名[①]。

是年3月下旬，国民党军统头子戴笠秘密经宁国来到广德王岭“忠义救国军”总部。戴笠视察王岭结束时，直接向国民党安徽省主席李品仙发了一份电报，保举他的浙籍同乡、“忠义救国军”军法处处长姜达绪任广德县长。其目的是要国民党广德县政府做好同国民党在郎广地区驻军的协调工作，共同“剿灭”郎广地区的中共组织及游击武装。

六、新四军挺进郎广

（一）郎广地区再次沦入敌手

侵华日军为了所谓尽快解决“中国事变”以配合太平洋战争，1943年下半年先后在正面战场上发起了赣北、粤南、滇西、苏浙皖边和鄂西、湘北等战略攻势。同时沿津浦、平汉、正太、同浦各铁路线向解放区发动了残酷“扫荡”，其目的在于：政治上配合“和平运动”，让蒋介石妥协投降；军事上分割抗日战场，打击和削弱对日反攻力量；经济上掠夺资源。

日军为了掠夺苏浙皖边区资源和控制该地区的战略要地，遂调集六十、六十一、七〇三3个师团2万余人，从9月30日开始兵分

① 中共广德县委党史工作委员会编:《桐汭风云》,内部发行,1996,第53页。

苏南、浙西、皖南3路向苏浙皖边国民党统治区大举进犯。

3路进犯苏浙皖边区的日军中，进攻苏南一路的日军只有两个联队5000余人。而驻守宣郎广一带的国民党军队有五十二师、一九二师、挺进军、“忠义救国军”、江苏保安团第九旅等共15个团，是日军兵力的4倍。但他们奉国民党第三战区司令长官之令，采取“宁可让予敌寇，不可让予匪军”的反动政策，不战而退，拱手相让，退至浙西天目山地区，使日军长驱直入，如入无人之境。10月1日，高淳之敌侵占郎溪，天王寺、溧水之敌会同宜兴之敌占领溧阳，湾沚之敌攻占宣城；2日，浙西日军攻克广德。与此相呼应，安吉之敌攻陷孝丰，杭县和富阳之敌会攻新登。当时郎广一带的民谣唱道：“清乡不清城，反共反人民，祸国殃民贼，一日失四城。”为动员广大人民群众起来与敌斗争，新四军苏皖边区抗日支队政治部发出了《告苏皖同胞书》，号召沦陷区民众组织抗日武装，打击敌人特工、汉奸敌探，团结一致开展抗日游击战争。

郎溪再次沦陷后，日军不再像以前那样只是路过性的“扫荡”，至多不过停留三五日，而是营穴造巢，长期盘踞，在县境内的涛城、合溪口、东夏、梅渚、十字、钟桥、打鼓台等地筑碉堡、设据点，每个据点驻一个班的日军，另有伪军若干。日军在郎溪的大本营设在南门村，占地面积很大，四周挖成壕沟，架起铁丝网，并筑起地堡，中心设瞭望台。为了实现其“长治久安”的战略意图，一改以前的“三光”政策，以“怀柔”的欺骗手段，实行“伪化”政策。为了达到“以华制华”的目的，起用汉奸组织“维持会”。10月初，郎溪县维持会成立，汪肇庭任会长，随后各区乡均成立此汉奸机构。10月底，汪精卫的“和平军”派“陆军少将”武官石佑民前来郎溪建立“郎溪县自治委员会”，石任会长，其武装称“自卫团”，计2000余人。石佑民自任司令，凭借自己兵力充实，独霸一方，为所欲为。正当石佑民做着长期霸占郎溪的美梦时，汪伪第七行政督察区专员兼“皖南独立第二方面军”司令王一平，副司令张耀宗、刘九如又带一支人马进驻郎广地区。王一平带一部分兵力驻广德，张耀宗驻守郎溪。这些“司令”视日寇为主子，千方百计献媚。但为了各自的利益，又争权夺利。1943年腊月，石佑民在梅渚办完公干回县城途中，在石家巷被王一平埋伏在此的一个排的兵力打死。石佑民被打死后，由潘永德接任“郎溪县自治委员会”会长。石部因无人统领，士兵趁机为非作歹，危害乡里，鱼肉人民。后来，大部分武器被日军收缴，一部分人流落为匪，一部分人投奔了王一平。王一平的势力日趋壮大，其内部也发生了严重的分裂。

此时，“皖南独立第二方面军”副司令刘九如虎视眈眈，迫不及待地想当司令。他原本是郎溪凌笪地区的青红帮头子，外号“刘一千”，指他收的青红帮徒子徒孙多达1000人，是一个杀人如麻的反共老手。他为了取代王一平，不惜投降日寇当起汉奸。1944年6月1日，他暗中串通日军禾田所长，将王一平诱骗至广德祠山岗秘密枪决，取而代之当上了“皖南独立第二方面军”司令，张耀宗仍任副司令。

这些人都有一帮如狼似虎的“爪牙”，被派往各个区、乡、镇充当起“乡长”“镇长”“区长”。一时间，郎溪上上下下“群魔乱舞”，商业萧条，米珠薪桂，民不聊生。

汪伪政府为加强对郎溪的统治权，1944年3月，又从苏北调陆军独立旅一八九团来郎溪驻防。该团团长阎斌，一营驻防涛城（营长龚阳初），二营驻防梅渚（营长李某），三营驻防东夏（营长赵某）。这些驻军头头，个个都是刮地皮的能手，与地方上的汉奸区长、乡长、镇长、保长狼狈为奸，残害百姓。

1944年4月，南京汪伪国民政府派苏北人吴士源出任郎溪县伪县长，撤销了原过渡性的“自治会”机构。6月1日，日军驻郎溪联络部举行所谓“还政”大会，由驻郎日军头目池谷泽淳、岛田一孝、家本泰山主持，吴士源、缪长镇等一帮汉奸傀儡粉墨登场，宣布郎广两县撤销军管，“归还政权”，正式成立汪伪郎溪县政府，演了一出“以华治华”的丑剧。县政府设秘书、助理秘书、司法承审员各一人，另设第一科、第二科和宣传科，设科长、主任、股长科员、宣传队员共49人。另外又设田赋征收处及东夏、梅渚两分处计21人，地方税局和3个稽征所25人，监狱署6人，司法处11人，并设警察局及梅渚、东夏两警察所及地方事业复兴委员会等机构，还成立了保安大队，官兵共399人。吴士源上任一年后，刘九如又用同样手段，借日军之手，以吴“治县不力”为由，将吴赶下台。吴下台后不久，被刘九如部下枪击重伤。1945年5月，在刘九如的推荐下，“皖南独立第二方面军”副司令张耀宗，接任郎溪傀儡县长，更名张布道。张上台不久，又遭王一平卫士枪击成重伤。

盘踞郎溪的日军为实施“以华治华”的奴化政策，在所谓的“还政”口号下，在伪县政权建立后，又积极扶植傀儡，建立区、乡政权，并进行所谓“区乡长竞选”活动。一些卖国求荣的汉奸，不顾廉耻参加“竞选”，上台后便大肆鱼肉乡民。这些民族败类，成为民众的眼中钉、肉中刺，也成了游击队的锄奸对象。从1943年10月起，涛城区先后粉墨登场的6任伪区长，均未摆脱汉奸应有的下场。这些由汉奸组成的“维持会”主要劣行有以下几个方面：一是建立保甲制度，对居民进行登记造册，颁发“良民证”。二是开设赌场和“慰安所”供日军玩乐。三是替日军筹集粮食菜肴。四是拉夫。鬼子每次下乡扫荡，都要强征民夫挑着箩筐跟随。他们见到好东西就抢，并让民夫挑回据点供其享用。还强征民夫专门为鬼子修炮楼，挖战壕，运输物资等。五是帮鬼子和伪军收集情报。

（二）十六旅进军郎广

中国共产党领导的敌后抗战，在渡过1941年至1942年的困难时期后，进入了再发展时期。1943年，华北军民在有利条件下发起对日军进攻性的战役。尔后，华北、华中、华南各根据地普遍发起对日、伪军的局部反攻，扩大了原有的根据地，并向河南、湘粤边、苏浙皖边区敌后进军，开辟新的根据地。

1943年初，新四军一师二旅从苏中抗日根据地的黄海之滨渡江南下，1月13日到达苏南溧水的里佳山、李巷、白马桥地区与战斗在江南的新四军六师十六旅会合。军部决定二旅和十六旅合编为一个旅，番号仍用六师十六旅，王必成任旅长，苏南行署主任江渭清任政委，钟国楚任副旅长兼参谋长。原二旅四团改为第四十八团，原十六旅下属的四十六团、四十七团、独立团番号不变。由丹北南下的十八旅五十一团改为十六旅五十一团，此外还组建了新的旅教导大队和特务营，十六旅指挥的部队已有6000余人，江南抗日武装力量大为增强。1943年1月至8月，在军民配合下，粉碎了敌人千人以上的大“扫荡”5次，顶住了国民党顽军13个团的进攻，击破了其制造“第二个皖南事变”的阴谋。收复了两溧（溧水、溧阳）地区，从而扭转了1941年11月塘马战斗后的困难局面，巩固了以茅山为中心的苏南抗日根据地。

日军第4次侵占郎广时，郎广游击队正在誓节渡周围活动。由于大叛徒广德肃反专员徐世梁的大逮捕，通往苏南的交通联络站被破坏，中共广郎中心县委与苏皖区党委再次中断了联系。

为尽快向上级报告日军占领郎广的情况，广郎中心县委派孙德胜、李轩携带中心县委的报告前往苏南。孙、李两人经郎溪梅渚到达溧阳。途中，两人几次遭遇敌特，经巧妙周旋，辗转来到芝山，见到了新四军十六旅旅长王必成和政委江渭清，详细汇报了日军占领郎广的情况后，王、江两首长表示即将挥师南下进军郎广，还派已调到四十七团的阮维良随孙、李返回郎广加强游击队的领导力量，并指示郎广游击队要立即下山，进一步扩大武装，要进一步掌握敌情，了解伪顽军及汉奸的活动情况。

早在十六旅收复两溧地区后，旅部就向军部报告了敌军的战略意图，并建议派兵发展苏浙皖边区新沦陷区的游击战争。军部非常重视此建议，立即向一师征求了粟裕、叶飞等人的意见。军部和师部都认为这是向南发展的一个极好机会，但一时尚无力从江北抽调部队增援苏南，只能依靠现有力量，灵活使用兵力，逐步向南发展，达到控制宣（城）长（兴）公路以北的目的。接到军部电报后，又及时获悉了郎广地区的情况，王必成、江渭清一致认为机会难得，没有援兵，就分兵作战。根据“敌进我进”的方针，决定由王必成率领第四十八团尾随敌后，南进郎广，实施战略侦察，相继打击敌顽势力，准备向南发展。江渭清与副旅长钟国楚率第四十六团扫清溧水、高淳一带伪军据点，完全控制溧高地区。

10月上旬，正面战场的日军停止了进攻，在返回溧阳、武进、金坛等原驻防地时，又“扫荡”了两溧地区。由于十六旅早有准备，日军的“清剿”计划未能得逞。但新四军独立一团两个连和独立二团一个连，于11月3日清晨在溧阳遭遇5路敌人合击。部队英勇突围，独立一团政治处主任江如枝在战斗中牺牲，伤亡、被俘30余人。十六旅第四十六团、四十七团抓紧日军分散、伪军驻军尚未稳定的有利时机，以营为单位打击日伪军，基本控制了溱桥、定埠、安兴以北地区。

为巩固溧（水）高（淳）抗日阵地，有计划地向郎广地区伸展，10月中旬，十六旅组织了溧（水）高（淳）战斗。四十六团首先从溧水境内的东流据点发起进攻，迫使守敌第二天逃至孔镇。接着十六旅特务营于21日攻克新桥据点，歼灭敌1个连伪军。22日，第四十六团围攻漆桥据点，翌日攻克漆桥镇又歼守敌1个连。与此同时，十六旅采取围点打援的战术，令特务连在小游山伏击东坝增援之敌。11月8日，俘伪第一方面军第三师副师长陈炎生以下210余名。第四十六团在团长丁令章的指挥下，与逃窜到郎溪境内的上、下白塔（今新发镇施家行政村）的汪伪江苏保安团激战，俘顽军400多人，击毙39人，缴获重机枪14挺，手枪37支，步枪600余支，"大口炮"12门，取得了著名的"上下白塔大捷"[①]。此时，独立二团于马迹山战斗后，由宜兴南下，与四十八团会合，进驻长兴白岘镇。

在巩固溧（水）高（淳）阵地的同时，11月初，王必成亲自率领第四十八团南进郎广。部队经过东坝、定埠插入郎溪东北部的凌笪，再向东进入广北地区。在半个月内先后进行侯村、芦塘、泉村、砖桥等9次战斗。特别是广德芦塘一仗，许道珍通过家住芦塘的地下党员张天麟摸清了敌人驻防的详细情况，打得敌人措手不及，还突袭了"忠义救国军"挺进第二纵队司令部及所属一个团，俘敌数百人，缴获大量武器，包括迫击炮弹1000余发，高射机枪子弹1000余发，机、步枪子弹10万余发。并在郎广游击队的指引下，乘胜追击，一举夺取了顽军设在松岭关秘密弹药库，缴获子弹40万发，炮弹1000余发。

四十八团经过半个月的连续作战，于11月中旬，进入广北地区。11月底，新四军十六旅解放了宣（城）长（兴）公路以北的

① 中共郎溪县委党史办公室：《中国共产党郎溪地方史（1919—1949）》第一卷，内部发行，2010，第112—113页。

郎溪、广德广大农村，打破了日军伪化和控制这一地区的计划，开辟了郎广敌后抗日根据地。十六旅四十八团在解放郎广北部地区的同时，其四十六团一部也进军宣当芜边区的漕塘、狸头桥一带（这里原是二支队活动的地区），很快开辟了以漕塘、狸头桥为中心的宣当抗日根据地，建立了抗日民主政权，其中心区包括宣城、郎溪、高淳、当涂4县边区13个乡400余平方公里（其中包括郎溪县的涧西、东夏、谢蔡、定埠4个乡）。同年底，新四军十六旅政委江渭清率部到广德与王必成会合。苏皖区党委、新四军十六旅旅部、苏南行署由溧水南移至广北的砖桥、新杭、流洞等地。为了粉碎日伪顽对根据地的经济封锁，解决部队的军需供应问题，十六旅在广北的杜家圩、水东岭、韩家巷、云门寺等地开办了被服厂、兵工厂、造纸厂、印刷厂和江南印钞厂。至此，郎广地区成为苏南抗日根据地的重要基地①。

（三）加强抗日根据地建设

抗日游击战争和抗日民主根据地是互相依存的。没有游击战争，根据地无法存在和发展；但没有根据地的巩固和发展，游击战争也是不能长期坚持的。十六旅进驻郎广地区时，郎广地区的经济十分落后，财力十分薄弱。新四军及地方武装在武器缺乏，又无外援的情况下，能够坚持敌后游击战争并日益壮大，根本原因在于党在根据地实行了符合广大人民利益的新民主主义政策，加强了根据地建设，从而能够真正发动和依靠人民群众，进行了一场深入广泛的人民战争。

在新四军十六旅进军郎广，巩固溧高的同时，中共苏皖区党委就着手解决关于苏南抗日根据地的划分和地方党组织调整问题。根

① 中共广德县委党史工作委员会编：《桐汭风云》，内部发行，1996，第53页。

据中共中央华中局指示，苏南抗日根据地分为三大地区：一是敌后战略地区，主要是溧（阳）武（进）公路以北的茅山、金丹武、江溧句和江当溧等地区，为敌后要冲，也是苏南与一师、二师的联系通道。这里的工作以长期坚持为目的，富余的干部应坚决南调，适应新的形势发展，但必须保持坚强的领导骨干和小型的地方武装。二是根据地中心区，主要指溧武公路以南的太滆、两溧和高淳等地区，区党委应以这里为苏南的基本阵地，以发动群众，改造旧政权和建立地方武装为主，用最短的时间打下稳固的基础。三是广泛的游击区，主要指宣（城）长（兴）公路以北的郎溪、广德、长兴及宜兴和宣城各一部分，以建立地方党组织和地方武装为主，对基层旧政权暂时利用，上层政权由共产党委派县、区长，以游击战争驱逐顽固派武装及其政治势力。同时开展广泛的抗日宣传活动，造成敌后抗战新局面，并准备与浙东抗日根据地打通联系。

华中局这一指示，为新四军十六旅挥师南进作了明确而具体的部署。

为巩固和发展新开辟的郎广地区，新四军十六旅根据以上指示，与当地党组织密切配合，广泛进行了以营为单位的剿匪肃特活动，模范地执行毛泽东“既是战斗队，又是工作队”的指示，一面作战，一面宣传抗日主张，组织建立基层党组织，发动群众建立抗日民主政权，大力加强根据地建设。

——发展党组织

郎广地区的党组织，1943年再次遭到严重破坏。是年7月，国民党第三战区派叛徒、特务徐世梁到广德任调查专员。徐勾结原国民党广德县党部特派员朱学易和郎溪县党部，成立“剿共行动大队”，大肆逮捕郎广地区的共产党员，使郎广地区党组织几乎全遭破坏。十六旅进入郎广地区后，立即同坚持地下斗争的广郎中心县委取得联系，及时派出大量干部深入各地，在纸业工人、贫苦农民中发展党员，建立党的基层组织。1943年12月，成立了中共郎溪县委，书记周嘉琳（不久调华东局党校学习，后由张思齐接任书记），副书记丁浩。县委委员：周嘉琳、张思齐、丁浩、叶超、石云阶、陈云凡、王治平①。县委内设组织部（部长丁浩兼）、敌工部（部长丁浩兼）、县委工作队（队长丁浩兼）。县委主要活动在涛城、凌笪一带。县委下辖：第一区委［书记钟正开，委员钟正开、俞友成、吉连奎、李国华（女）、袁宜华（女）、韦文（女）］，主要活动在凌笪、岗南一带。下辖凌笪、岗南、涛城、钟桥4个党支部，有党员50余人；第二区委（书记李锦春，后孙德胜），主要活动在长乐一带，下辖七里沟、安庆滩、水鸣、秀水、余村、软桥、谢家村、高升园8个支部，有党员30余人；第三区委（书记王文亮，后沈仙），主要活动在毕桥一带，未设支部；第四区委（书记吴之萍），区委主要活动在谢蔡乡一带，有党员24人。1945年8月，县委机关移驻县城，同月成立城厢区（书记方锦德）。

1944年1月20日至2月7日，苏皖区党委在广德新杭上保村、长兴县仰峰岭和宜兴县襄阳一带召开了一次流动性的区党委扩大会议，传达贯彻落实中共中央华中局和新四军军部重要指示。会议确定了1944年的工作任务：一是巩固老区，建设新区，开辟边区。把建设新解放区作为首要任务，猛烈开展对敌军事斗争，拔掉那些孤立的和薄弱的日伪据点，使新老解放区连城一片。二是放手发动群众，巩固和扩大统一战线，领导好反伪化斗争。三是巩固和整顿党的组织，开展整风学习运动，大力培养新解放区干部。为了完成上述任务，区党委决定将苏南地区划分为4个地委和行政分区，其

① 中共郎溪县委党史办公室：《中国共产党郎溪地方史（1919—1949）》第一卷，内部发行，2010，第119页。

中以郎广为中心成立苏南四地委（即广郎地委）和第四行政区（即广郎分区），新四军十六旅四十八团政委罗维道兼任地委书记，刘烈仁为专员，四十八团团长刘别生兼任军分区司令。下辖广德、郎溪、溧（阳）南、长兴4个县。苏皖区党委和新四军十六旅抽调大批干部到郎广地区担任领导工作。1944年3月，郎广地区党的组织进一步得到发展，郎溪县建立了第一、第二、第三、第四区委和城厢、苏村6个区委。广德县建立了3个区委。1944年底，郎广地区的党员由新四军十六旅来之前的89人，发展到560人。其中：郎溪有党支部26个，党员268人；广德有党支部23个，党员292人。

——建立抗日民主政权

1944年1月，苏皖区党委提出，在新的一年里，要加强和适当改选民主政权机构，开展民主运动，加强政府各项工作建设。同月郎溪县抗日民主政府成立，县长周嘉琳兼（后王治平），县抗日民主政府内设军事科（科长黄永安，后叶超、杨超）、财政科（科长陈云凡，后石云阶）、民政科（科长方锦德）、秘书室（秘书方锦德兼，后钱进）。政府机关驻泉口、徐东村一带。县政府下设第一区政府（区长俞友成，后居子芳、张剑南、钱进，副区长史继昌），下辖涛城乡（乡长潘耀芳，后王伦耀、栾振华、史继昌）、泉口乡（乡长史纪昌兼）、岗南乡（乡长方有庭）、岗凌乡（乡长张宝坤）、南潘乡（乡长徐宏宽）、钟桥乡（乡长乐凤鸣）、凌笪乡（乡长乐凤鸣，后甘炳坤）、文昌乡（乡长王伦耀）、支付乡（乡长程鹏，后乐凤鸣兼）。第二区政府（区长钱进，后师尚荣），下辖长乐乡（乡长潘耀芳，后何济民、韩永清、韩明奎、张修德）、沺山乡（乡长葛华菜，后王道民）、水鸣乡（乡长金大荣）、誓节乡（乡长李启政）。第三区政府（区长阮维恭，后居子芳），下辖飞鲤乡（乡长刘南屏，后黄均）、黄香店乡（乡长李友政）、姚村乡

（乡长许道普兼）、毕桥乡（乡长刘庭玉）、湖滨乡（乡长李友政）。第四区政府（区长俞友成，后阮维恭、吴之萍、张寿），下辖涧西乡、东夏乡、谢蔡乡、定埠乡，除涧西乡由中共党员夏德浩任乡长外，其余3个乡均为两面政权的乡长。各区政府内设区武装大队、区农会等机构。郎溪县抗日民主政府除下辖以上4个区外，还下辖梅渚镇和花鼓、誓节、苏村、姚村4个直属乡[①]。

1944年1月，县抗日民主政府成立后即建立了警卫一连（连长傅家齐，后李汉有，副连长孙朝庭，指导员王春涛，后许道普）。5月，县抗日民主政府决定二区区大队与警卫一连抽调部分武装合并组建县警卫二连（连长孙朝庭）。同月，县抗日民主政府决定从一、三、四区区大队各抽调部分武装，组建警卫三连（连长许道普）。

1944年2月，郎溪县着手组建区、乡两级抗日民主政权。首先在长乐区进行原乡不动、保改村、民主选举试点，尔后全县铺开，先后建立一、二、三、四、苏村、城厢、梅渚（镇）7个区镇抗日民主政府和28个乡级政权，全县抗日根据地人口近10万人，占全县总人口的77%。广德县建立了3个区级、16个乡级政权，广德北乡大部分地区成为抗日根据地。

在建立抗日民主政权时，各地贯彻党中央制定的“三三制”原则，即在人员组成上共产党员占三分之一，党外进步人士占三分之一，中间分子和其他分子占三分之一。县、区政府负责人由新四军十六旅委派，绝大多数是党员。乡长、村长中有的乡长由县政府任命，部分乡长和大部分村长由选民直接选举，有的是党员或群众组织的骨干，也有留用的旧职人员。这样，既有利于民主参政，也有

① 中共郎溪县委党史办公室:《中国共产党郎溪地方史(1919—1949)》第一卷,内部发行,2010,第122页。

利于局势的稳定[1]。

——壮大地方武装

1944年5月，郎广游击大队发展到200余人，整编为第一、第三2个中队。7月郎广游击大队撤销，两个中队分别编入郎溪、广德2县抗日民主政府警卫连和十六旅四十八团。

随着区乡两级政权的建立，抗日自卫武装和民兵组织也迅速发展，陆续建立了区大队和乡中队。当时，郎广地区流传着一首抗日歌谣："千重山，万重山，家乡就在山中间。东山伙伴去砍柴，西村伙伴去烧炭；家乡儿女千百万，祖宗世代都靠山。北山有狼大家杀，南山有虎大家赶；要是敌人来抢山，你守南山岗，我守北山巅，四面八方齐参战，要把敌人埋山间。"郎溪县民兵有8个中队1000余人。根据《苏南行政区各县自卫队组织暂行条例》的规定，1944年下半年，郎溪、广德两县分别成立了县总队。两县地方武装主动出击，打击敌人。郎溪县涛城、长乐两乡乡中队100余人，分成10个班，配合县警卫连作战10余次，夺取机枪2挺、步枪11支、短枪3支，俘敌31人。1944年5月，涛城伪据点20余名伪兵到长乐乡"清乡"抢粮，女民兵队长刘珍英单枪诱敌，以"麻雀战术"将伪兵赶回据点，在长乐传为佳话。

郎广敌后抗日游击区初创时，经常遭受敌伪顽军的夹击，尤其是盘踞在郎溪县境内的日伪军，时常下乡骚扰百姓，对新成立的抗日民主政权产生很大的负面影响。为巩固新生政权，地方武装配合新四军主力部队，从1944年下半年开始，先后拔除了盘踞在县境的钟桥、五里亭、长乐、祁村等日伪据点。

1944年10月，十六旅发起的周城战斗结束后，参战的郎溪县

① 中共郎溪县委党史办公室:《中国共产党郎溪地方史(1919—1949)》第一卷,内部发行,2010,第121页。

凌笪乡中队乘胜攻击钟桥伪据点，经过一场激战，龟缩在钟桥街上的伪军经三里亭仓皇逃回县城。伪军逃离后，乡中队在乐凤鸣的率领下冲入镇内，发动当地民众将汪伪军作为据点的“高协记”木材行的5间楼房拆毁，铲除了日伪军从郎溪到梅渚、定埠的中间落脚点，打通了抗日民主政府一区（凌笪地区）至四区（东夏地区）之间的交通线。

1944年12月初，盘踞郎溪县城的伪江苏保安团，为了搜刮民财，在县城四门设立税卡，巧立名目，收捐收税。凡进城民众，无一放过。为惩治这帮搜刮民脂民膏的歹徒，县警卫连决定偷袭保安团。警卫连抽调一个排的战士，分别扮成进城卖柴、卖草、卖菜、卖鱼的农民，腰里藏着短枪，菜篮子底下放着手榴弹，约定同一时间，分别从几个城门同时混入城内。战士们进城后，迅速在伪保安团驻地大门口会合。随着排长一声令下，大门口两个站岗的伪兵还未反应过来，就稀里糊涂地倒地毙命。警卫连战士乘势朝团部院内一阵扫射，又有6个伪兵中弹倒地。排长见已达到惩治目的，不再恋战，撤离县城。经过这次偷袭，伪江苏保安团团长整日提心吊胆，为避再次遭遇新四军偷袭，决定将团部由县城迁往城东的五里亭，修筑碉堡工事，企图在此长期盘踞。为拔除这个据点，12月24日凌晨，县警卫连会同十六旅第四十八团一部自驻地向五里亭进发，悄悄除掉岗哨后，即向伪兵营房里连续丢了数枚手榴弹，并乘势进屋，伪军们正在梦中，见此情形，个个吓得魂不附体，连忙求饶交枪。这次袭击战，前后不足1小时，计毙伪军19人，缴获步枪17支、子弹百余发。两次成功袭击，伪江苏保安团很快狼狈地撤离了郎溪。

1943年10月初，郎溪再度沦入敌手，日军在县境内遍设据点，在涛城长乐铺附近的方安村设立了一个“物资收集站”，驻守在这个收集站的伪兵有一个班，经常下乡骚扰百姓。为了端掉这个据点，长乐乡中队队长王乐平于1944年除夕之夜率领七八名战士，手提“礼品盒”，扮成给据点送“年货”的商人，混入其内。此时，据点的伪兵正在吃年饭，个个喝得酩酊大醉，东倒西歪。王乐平一个箭步跳到伪班长面前，还没等他清醒过来，“砰”的一声枪响，只见这个班长手里握着鸡腿，直挺挺地倒在地上。与此同时，随行的七八个战士，迅速打开“礼品盒”，亮出了手榴弹。这些伪兵一看这阵势，个个呆若木鸡。这次袭击计缴获步枪10支，军需物资若干。乡中队临撤离时，还将这十几个伪兵背靠背捆绑在一起。第二天，这十几个伪兵慌忙逃进祁村据点。

1944年夏，南京汪伪国民政府从苏北调陆军独立第十五旅一八九团来郎溪驻防，该团一、二、三3个营分别在涛城祁村、梅渚、东夏驻守。祁村是涛城镇南郊的一个村庄，早先就是一个日伪据点。

祁村据点，是敌人插在抗日游击区的一颗钉子，钉子不拔，绝无宁日。1945年6月，天目山第三次反顽战役胜利后，苏浙军区安排在郎溪地区休整的第三纵队八支队二营攻打祁村据点。营长史家书根据地方同志的介绍和已侦察的情况，即向全营战士及参战的郎溪地方武装作了战前动员，并作了周密部署。该营一、三连主攻祁村据点；二连及郎溪地方武装设伏在郎川河南岸吊水铺一线，以阻击县城增援之敌。夜里二更时分，一、三连直向祁村据点扑去。离据点500米时，史家书令部队暂停前进，隐蔽下来。借助星空，依稀可见据点内呈楔形排列的3座碉堡，其中，东北角的主碉堡有十四五米之高，为摸清据点内的情况，史家书即令侦察班战士匍匐靠近据点侦察，发现据点大门口有两个站岗的伪兵，营房内的伪军已熄灯入睡。他立即下达作战命令：一、三两个连分南北夹攻，云梯排中间突破，分3路同时发起进攻。第一连战士从水田里匍匐前进突破铁丝网，越过壕口冲入据点大门，迅速解决掉两名站岗的伪兵。与此同时，三连也迅速地接近铁丝网，随着史的一声“打”，进攻部队的轻重机枪像雨点般地向据点内扫射。凭借猛烈火力，在敌人还未进入阵地之前，已突破了障碍物，越过壕沟，一时喊杀声四起，据点内的伪军乱作一团，纷纷逃向主碉堡。经过一个多小时的激战，攻击部队相继占领了敌营部，并将两座碉堡内的伪军大部分击毙，未被击毙者成了俘虏。

战斗仍在继续，主碉堡内的伪军在营长李宝珍的威逼下，还在抵抗，敌数挺重机枪居高临下疯狂向攻击部队扫射，冲在最前面的几名战士受伤倒下。战斗越打越激烈，攻击部队一连两次冲锋均被敌人猛烈的火力挡了回来，战士不断有伤亡。此时，东方已露出鱼肚色，史家书见屡攻不克，为避免过多伤亡，令暂停攻击，进行政治喊话：“碉堡里的伪军兄弟们，我们都是中国人，中国人不打自己人，你们赶快下来投降吧！否则我们就要开炮了！”碉堡里的伪兵中也有死硬分子，“你们新四军没有炮，如果你们真的有炮，我们就交枪”。伪兵的话音刚落，“咚！咚！”两声炮响，新四军早已准备的两门“八二”迫击炮，连发两弹，将敌人主碉堡顶子炸开了花。此时，只听碉堡内一阵骚乱，“不要打了，我们交枪！”伪军从碉堡的射孔中伸出白布以示投降，可又迟迟未见投降的动静。敌人是以诈降施缓兵之计，拖延时间等待县城援兵的到来。果然从县城方向来了日伪军100多人，但被设伏在郎川河南岸吊水铺的二营二连猛烈炮火阻击。战斗十分激烈，二连有部分伤亡。参战的涛城区大队“小鬼排”20余名战士，平均年龄只有十六七岁，在打退敌人两次冲锋后，全排只剩7人，排长朱志雄，被敌人的弹片击中头部，壮烈牺牲，年仅17岁。由于顽强阻击，敌人伤亡过半，加之天空尚未大亮，能见度较差，增援的日伪军害怕新四军声东击西，不敢恋战，便收兵回到县城。显然，困守祁村主碉堡内的伪军也听到了河对岸密集的枪声，以为增援有望，仍垂死挣扎。

为速战速决，新四军必须在天大亮之前拿下这个据点。史家书再次命令炮手操起“八二”迫击炮，对准主碉堡连发三弹，硝烟中只见碉堡的第二层几乎掀掉了一半。与此同时，堆放在碉堡四周的大堆柴草，被炮火引燃，一时浓烟滚滚，困守在碉堡底层的伪军，被烟火呛得晕头转向，眼见待援无望，为免葬于火海，再也不顾李宝珍的恫吓，纷纷将枪支往外投出，以示投降。东方拂晓，祁村据点攻击战已近尾声，新四军活捉伪营长李宝珍以下官兵100多人，击毙100余人，缴获了大批武器弹药。

战斗结束后，四面八方的群众及时赶到祁村据点，配合二营战士，一鼓作气摧毁了据点内的建筑物并炸毁了碉堡，彻底拔除了这个日伪军长期盘踞的据点。伪军俘虏由新四军带走，混进据点内的涛城第六任伪区长崔其昌被活捉，因罪大恶极，被抗日民主政府公审后，就地镇压，群众无不拍手称快。

涛城，是抗日民主政权建立后，县委、县政府的主要活动基地。而祁村据点，又是敌人盘踞人数最多、时间最长、防守最严的据点。这个据点被拔除，切断了县城敌人伸向涛城的触角，对保卫新开辟的敌后抗日游击区具有非常重要的意义。

郎广地方武装配合新四军，在拔除日伪据点的同时，还积极地开展了剿匪反特的斗争。

郎溪抗日民主政权建立初期，境内的一些散兵游勇、土匪、敌特蠢蠢欲动，妄图颠覆新生的抗日民主政权。他们袭击区、乡抗日民主政府，绑架区、乡干部，并乘机大肆抢掠民财，奸淫妇女，兵匪勾结，祸害群众。当时，凌笪地区流传着一首童谣：“刘一千、岑半县（指岑姓多），何家土匪（土匪头子何德彬，人称‘活菩萨’）、钱家官（指凌笪乡几任伪乡长都是姓钱的）、私匪抢穷不抢富（指土匪勾结地主豪绅）、官匪（对国民党官兵、乡丁的称号）抓人又抢钱。”群众怨声载道。1944年春，与凌笪地区接壤的江苏溧阳社渚敌据点的汪伪军和一股土匪勾结，深夜偷袭凌笪集镇，抢劫农民的耕牛和财物。乡中队和基干民兵从东向西和敌匪展开激烈战斗，击退了敌匪从凌笪集镇向马履涧以东偷袭的企图。在反经济封锁斗争中，社渚敌据点粮食紧张，日伪军在汉奸毛有才和凌笪乡政府内奸任水生、王巨盛的里应外合下，抢夺粮食和乡政府的武器，暗杀乡干部。毛有才带领一股伪军到汤桥保双庙村抢掠农民的粮食，被乡中队英勇击败，丢下大米逃回社渚据点。乡中队将大米及时送还群众，并将任水生、王巨盛逮捕就地枪毙[①]。

1943年10月，当日军向郎广地区进犯时，驻守的国民党军队卑怯地逃跑了，把郎广一带送给了日寇。新四军奋勇抗战，试图将这块土地从敌人的血口中解放出来，而国民党顽固派，却时时勾结敌伪，策动摩擦，阴谋破坏。

1944年3月11日，国民党第三战区第二游击区直属第二挺进军第五团数百人，和从广德出发“清乡”的3路伪军同时向广德花鼓乡中队进攻。同年6月2日，日军集中2000兵力对郎广进行“扫荡”时，国民党五十二师命令驻柏垫之一五四团派遣一营人配短枪60余支，化装成行商，突袭郎广游击大队和花鼓乡中队，打伤战士数名，并将该地劫掠一空。

1944年8月10日，国民党五十二师及江苏保安第一纵队配合郎溪土匪王绍武、郑德余部700余人，向第三区（毕桥、飞鲤地区）

① 中共郎溪县委党史办公室编:《郎溪党史资料》第三、四辑，内部发行，1985，第46页。

抗日民主政府进攻，袭击地方武装与行政机关，绑架乡保长及与抗日民主政权接近之士绅、农抗会主任。在飞鲤桥两名区政府工作人员被捕，惨遭杀害。区公所助理员王某被绑架后，下落不明。同时，敌人派特工人员渗透到县大队，策反暴动，打死指战员2人。8月14日，日军20余人从晢节渡抓了40余名民夫，经过水鸣桥时，顽军一个营驻地离水鸣桥只有两里路，老百姓去报告，顽军缩了脖子不敢出来。鬼子走后，顽军却诬赖水鸣桥的老百姓不去“报告”，把村上鸡鸭捉得干干净净。8月16日，当夜鬼子袭击水鸣桥，而顽军误认为是新四军，翌日才发现原来是鬼子，便迅速逃跑①。

国民党顽军勾结散兵游勇，多次策动摩擦向新四军进攻，所到之处，民众都受到空前的浩劫。他们以“通匪”为由，对乡保长及地方士绅乘机敲诈，毕桥镇有个士绅被勒索去了40万元。凡是顽军驻扎的地方，勒令每保每人要交1石大米，2000元供应费和5石大柴，每甲限5天上交110双布鞋②。

面对兵匪勾结，肆意残害民众的现实，为了保卫抗日民主政权，保护抗日游击区人民群众的生命财产安全，郎溪县抗日民主政府在组织地方武装抗日反顽的同时，积极开展了剿匪反特斗争。

1944年2月8日，县长周嘉琳，亲自率领刚组建的县警卫连在凌笪、涛城一带剿匪，消灭土匪陆松涛部200余人，并活捉匪首陆松涛。同年，剿匪部队先后消灭了在郎溪县境内长期为非作歹的王兆武、刘老末等几股土匪并镇压了汉奸黄道开等。1944年8月，汪伪军策动溧阳、高淳、郎溪3县交界的大刀会首领曾开科、邹某进犯郎溪，县警卫连奋起自卫，击毙20余人，俘虏50余人，缴获步枪40支。

①《苏南报》1945年1月6日。

②《苏南报》1945年1月6日。

当时剿匪斗争，最为复杂的为东夏地区。

1943年11月，新四军十六旅进军郎广，收复了宣长公路以北地区。当时东夏地区在行政区划上隶属于当涂、宣城、高淳、郎溪4县接合部的宣当办事处管辖。1944年初，郎溪县抗日民主政府成立后，苏南四地委才决定将东夏地区划归郎溪，成立郎溪县第四区。

四区属新开辟建立的游击区，位处宣（城）高（淳）郎（溪）3县交界处，濒临南漪湖，政治形势十分复杂。盘踞在东夏地区的汪伪军与南漪湖湖匪及地方土顽暗中勾结，制造谣言，蛊惑人心，骚扰群众，企图颠覆新建立的民主政权。面对严峻的形势，区委书记吴之萍和区长阮维恭，积极深入群众，宣传党的有关政策。同时发动群众，开展反霸减息斗争。四区当时下辖东夏、涧西、谢蔡、定埠4个乡，除涧西乡由中共党员夏德浩担任乡长外，其余3个乡均是两面政权的乡长，其中东夏乡乡长吴怀春为人奸诈。

为巩固新生政权，区长阮维恭身体力行执行党的统一战线政策。他与区委书记吴之萍多次分别与3位两面政权的乡长谈话，向他们宣传抗日形势，启发教育他们为抗日民主政府多办事、办好事。然而，脚踏两只船的吴怀春，依然我行我素。因他平日工作表现不力，受到身为一区之长的阮维恭的多次批评，由此产生不满和嫉恨。他一方面对区民主政府表面应付，另一方面却与汪伪军及土匪暗中勾结，为他们递送情报，筹集物资，给自己留后路。

此时，南漪湖一带的湖匪四起。这些湖匪与盘踞在东夏、飞鲤一带的汪伪军狼狈为奸，四处抢劫，杀人越货，奸淫妇女、暗杀农抗会人员，弄得东夏沿湖一带的老百姓日夜不得安宁。为此，阮维恭多次率领区大队下湖剿匪，但屡剿不尽。

1944年6月23日，区政府又接到南漪湖两股湖匪上岸骚扰的匪情，阮维恭闻讯立即带领区大队30余名战士，从区政府驻地谢蔡乡中房村急行军赶到沿湖的夹河口，时已残阳如血，暮色苍茫。阮即令战士乘船下湖沿夹河口、毛草沟一带搜索前进。这些湖匪不但水性好，且对沿湖一带的地形地物了如指掌，一有风吹草动，则来无影去无踪。夜半时分，在湖中连续搜匪几个小时未果的区大队战士饥饿困倦，上岸后便在夹河口村临湖的一处民宅内宿营。蓄谋已久的吴怀春，早已暗中钉住了这次行动，待心腹摸清区大队准备的宿营地后，立即向东夏据点的汪伪军通风报信，又通过一个与湖匪头子有牵连的亲信，及时向湖匪透露风声，企图借伪军与湖匪之手，将区大队一举歼灭，以报一己之恨。

凌晨之际，阮维恭和剿匪战士还在熟睡中，从东夏据点出动的数十名汪伪军，悄悄地包围了夹河口村。夹河口村，实际上是郎川河大堤上一字排开的居民点，只要东西两头一堵就别无退路，而得到消息的湖匪刚好堵住了区大队撤退的水路，一场激战很快打响。阮维恭沉着指挥战斗，一面还击，一面突围，因兵力悬殊，几次突围未果，区大队伤亡10余人。阮维恭身负重伤，血染衣襟，当他最后一次率领余部强行突围时，不幸头部中弹，壮烈牺牲，年仅32岁[①]。

阮维恭，广德誓节红登村人，店员出身，1940年加入中国共产党，次年参加新四军，曾任新四军十六旅旅部通讯参谋、郎广游击大队一连连长等职。夹河口夹击战的惨重损失，震怒了苏南四地委及郎溪县抗日民主政府的主要负责人，他们令吴之萍尽快查清事情真相，将幕后策动者绳之以法。区委及时对早已露出端倪的吴怀春进行秘密监视，并将吴怀春的两名心腹暗中逮捕，突击审讯，很快揭开了敌人偷袭夹河口的内幕，主谋者为吴怀春。

① 吴之萍同志回忆资料，1985。

1944年6月30日上午，黑云压城，闷雷低沉。在四区区政府驻地中房村的稻场上，云集着从四面八方赶来追悼阮维恭等烈士的群众。追悼大会在一阵排枪齐响之后，县长王治平怀着无比沉痛的心情上台致悼词。台下的群众掩面流泪，“血债要用血来还！”“枪毙吴怀春，为阮区长、为死难烈士报仇！”悲壮的口号声与天空的闷雷声交织在一起，响彻中房村上空。在口号声中，叛徒吴怀春被县警卫连战士五花大绑押进了会场。昔日为非作歹、耀武扬威的吴怀春早已吓得魂不附体，面如土色。当即，王治平县长代表县抗日民主政府，宣布了吴怀春的种种与人民为敌的罪行，即令就地枪决，以祭英灵。

处决叛徒吴怀春，对其他2个两面政权的乡长震动很大，震动之余，幡然悔悟。随后，县警卫连很快端掉了东夏伪军据点，并对湖匪进行了沉重的打击，四区的社会秩序逐步安定。

郎广地区虽属敌后抗日游击区，但因地处苏浙皖3省边界，行商来往频繁，一些敌特分子乘机混入其间，从事敌特活动。县抗日民主政府在组织武装进行搜捕的同时，还安排税收人员，进行暗中监视。县抗日民主政府为了扩大税源，在全县各交通要道口设立了6个税务分所。税收员则是从县警卫连中挑选的精明强干、训练有素的战士，他们不但依法收税，还担负着清肃敌特的重任。

1944年春，十字税务分所的税收员吕中和、王春发等3人，凭着大智大勇，先后在水鸣乡的长塘晏村、十字乡分界山抓捕了两名冒充行商的特务胡又甫和朱正龙。这两个特务，是由国民党三战区行动处派遣前来郎广刺探军事情报的谍报员，这两名特务的抓捕，一时震动了全县，县委对此进行了通报表彰，也引起了税收员们的高度警惕。同年5月的一天中午，吕中和、王春发等4名税收员来到郎广交界的石槽村设卡收税。这是一条由广德誓节渡，经石槽，过涛城，往梅渚，通苏南的捷径之路，来往行商多而杂。在石槽村前的山道上，他们遇到几个贩草纸的行商，只见4辆手推车一字排开，跟在车后的两个人，一个高个身着灰白色长衫，头戴礼帽，鼻梁上架着一副茶色眼镜，手摇一把白纸扇，俨然是一派“老板”的派头。但从他走路的架势来看，又像是一个训练有素的职业军人。高个后面跟着一个手提藤箱、衣着短打的年轻人，显然是跑腿的“伙计”。这一行行迹可疑的人，引起了税收员们的关注，他们不动声色地尾随其后，观察动静。当这一行人走到石槽村一家小茶馆门前时，只见那位“老板”气喘吁吁地从长衫的腰襟里掏出一方手绢，边擦汗边吩咐“伙计”进茶馆歇脚，“老板”掏手绢时不小心顺手带出一节皮串串，眼精的税收员们一看便知道那分明是手枪皮套的带子，立即警觉起来，悄然进了茶馆。为了稳住对方，吕、王等装着从苏南过来收购草纸的纸贩子，便与“老板”谈起了“生意”，意欲就地收购这4辆手推车的草纸。“老板”态度不明，而几个家住誓节渡的车夫则一再坚持在此交货，早点回家。正当几个车夫准备动手下货时，“慢着”！“老板”向“伙计”使了个眼色，“伙计”会意地走到排在第二辆的手推车旁，解开其中一小捆草纸拿在手中，向税收员们说道：“就依了你们，但这小捆纸我们留着路上用。”这一反常举动，更引起了吕、王的警惕，王春发和另一名税收员当即一左一右将“老板”夹在中间，控制起来，吕中和顺势将“伙计”手中的那小捆纸使劲向外一扯，“啪”的一声，纸捆扯散了，一个黑色公文包滑落在地，顿时，“老板”与“伙计”面色大变，“老板”意欲掏枪反抗，但两只短枪早已顶住了他的脑门。“伙计”则被另一个税收员飞脚一踢被踢翻在地。吕中和急忙打开公文包一看，里面装着的原来是一份国民党第三战区长官司令部的委任状和一封信函，信函上写着“今有司令部特务营长李柏生偕少将参议林荫，前去金坛城防司令部就职，望沿途军警概予放行……”并盖有三战区司令长官顾祝同的印鉴。吕中和等当即将两人押送到县抗日民主政府，经审讯，“老板”即顽军少将林荫，“伙计”即特务营长李柏生。他俩为了掩护，在誓节渡化装成做草纸生意的商人，买了4车草纸，雇了4辆手推车，妄想以此蒙混过关。因此事事关重大，县抗日民主政府及时将“林少将”和特务营长李柏生押往苏皖区党委，由上级组织处理[①]。

几十年过去了，但在石槽一带的群众中至今还在广为传颂着“税收员智擒顽少将”的革命斗争佳话。

随着郎溪地方党、政机构的建立，地方武装不断发展壮大，又陆续拔除了境内的一些日伪军据点，并及时地进行了剿匪反特斗争，社会秩序逐步稳定，新生的抗日民主政权进一步巩固。至1944年8月，郎溪县境宣（城）长（兴）公路以北，胥河以南，东至白云山麓，西至南漪湖畔的广大农村已由敌后抗日游击区逐步建设成为一块初具规模的敌后抗日根据地。

——开展“双减”“增资”斗争

为了进一步巩固抗日根据地，中共郎溪县委和县抗日民主政府接着又在全县范围内深入开展了“双减”和“增资”运动、大生产运动、扫除文盲运动和党内整风运动。

敌后抗战，主要是发动和组织农民抗战。抗日战争的主体，实质上是中国共产党领导下的农民群众。为了发动农民群众并适当改善他们的生活，中共中央决定实行减租减息政策，同时也适当地保证田权。执行这个政策，虽不能根本解决土地问题，但仍在政治上动摇了封建统治，在经济上削弱了封建剥削。这是在民族战争条件下兼顾农民和地方两方面的利益，把坚持统一战线和解决农民问题

① 吕中和、王春发同志回忆资料，1986。

结合起来的政策。

从1944年秋开始，郎广两县抗日民主政府在根据地范围内实行"双减"（即减租减息）政策。减租的方法是实行"二五减租"（即把原租额减少25%）；减息的办法是规定年利率一般为1分（即1/10），最高不得超过1分半。此外，杂租、劳役和各种形式的高利贷一律取缔。仅据广德杨杆、独山两个保的统计，得到减租的农户有132户，减租田达2940亩，减租稻109528斤（天平秤），还取消了18两大秤的剥削。1945年春，已拥有6万余农抗会会员的郎溪，"双减"运动声势空前，农抗会组织农民敲锣打鼓兴师动众地到地主家减租减息。在"双减"运动中，大部分地主不得不执行民主政府的"双减"政策。长乐乡绅士洪远基弟兄3人，主动将佃户的租条、押金、高利贷欠条送交农抗会，以示对民主政府政策的拥护。对极少数顽固不化，抗拒"双减"政策的地主，农抗会则发动农民与他们进行针锋相对的斗争，迫使他们服从这一政策。

根据苏皖党委颁布的《苏南行政区工人救国会暂行组织条例》之规定，在新四军帮助下，广泛发动纸业工人开展"增资"斗争。"增资"斗争就是提高纸工劳动工资，减轻纸槽老板对工人的剥削。当时纸价一日三涨，开始由每担纸价100元（旧币，下同）涨到1300元，不久又上升到4000元。而工人的工资只减无增，引起纸工的强烈不满。"纸工会"因势利导，发动纸工要求增加工资的斗争。"增资"斗争首先在一区（新杭、流洞）开始，区委书记陈斐领导纸工全面罢工，停槽一个月，一度波及广德大小北乡和长兴、宜兴边境2000多架纸槽，1万余纸工，增资斗争取得初步胜利。随后，广德县抗日民主政府县长许道珍在砖桥召开有六七十家纸槽老板参加的会议，当面向他们提出增资的要求。纸工工资先后两次得到增加：第一次每担纸的工资由55元增加到85—95元；第二次每担纸的工资又由90元增加到230元。“增资”斗争使广大纸工得到实惠，同时又提高了工人生产的积极性，纸槽老板的生产利润也有增加，对劳资双方都有利。

——加强文化教育建设

根据地的教育方针，是实行新民主主义教育，以推进抗日文化运动，提高群众的政治文化水平，提高民族自尊心和自信心，加强团结抗战，造就大批抗战建国人才为宗旨。同时开展反对日寇汉奸的奴化教育，彻底改变落后的教育制度。为了实现上述方针，郎溪县抗日民主政府设置了文教科，各区政府配备了文教专职干部，负责县、区的文化教育行政领导工作。

1944年春，凌笪乡党支部和乡政府，在抓根据地农业生产等经济建设的同时，注重抓文化教育建设。发展教育的形式有两种：一种是创办青年夜校识字班（也称“冬学”），教育内容以抗日爱国教育和识字为主。另一种是创办“抗日小学”。年春，乡政府在安桥、北沟、孔塘、钱桥、岗南创办5所抗日村小。不久，又将安桥和北沟两所村小合并办了一所中心小学——凌笪乡抗日小学，校址设在北沟村的一个祠堂内。1945年春，又将校址迁移到凌笪镇（即现在凌笪中心小学所在地）。校长由乡长乐凤鸣兼任，教导主任章向荣，分6个年级3个班，学生100余人。学校除了开设文化知识课外，还创办了“少年抗日剧团”，配合乡政府开展抗日宣传活动[①]。不久，涛城、定埠、梅渚、东夏等乡镇相继办起了抗日中心小学。

为了扫除文盲，1944年冬，全县各乡普遍兴办了“冬学”，以宣传抗日爱国为主，结合学习文化知识。县委副书记丁浩还多次深

① 中共郎溪县委党史办公室编：《郎溪党史资料》第三、四辑，内部发行，1985，第44页。

入“冬学”讲课。

在党的正确方针指导下，知识分子受到重视，成立了“文化抗敌协会”，采用广大群众喜闻乐见的文艺形式，编排丰富多彩的文艺节目，配合县政府政宣队下乡演出，丰富了敌后群众的文化生活。

——开展大生产运动

为了克服根据地物资的困难，坚持抗战而又不过于加重人民的负担，县抗日民主政府号召全县军民开展大生产运动，以“发展经济，保障供给”。

县抗日民主政府鼓励群众垦殖荒地，扩大生产，多收粮油，发展家庭养殖业。区、乡政府为了引导群众发展生产，分别成立了“生产委员会”“水利委员会”和各种合作社组织，有计划地组织农民春耕、夏收夏种、冬耕，帮助贫苦农民解决种子、耕牛、农具、劳力不足等问题。

1944年10月，首先在二区长乐乡试点组建了全县第一个农业互助组——长乐互助组。有40余户加入，尔后在全县推广，不久，“互助组”“换工队”“变工队”等群众性劳力合作组织，在全县普遍建立。

在相对稳定的环境中，组织部队发展生产，改善生活，这也是新四军十六旅比较注重的一件事情。部队在郎广地区集训期间，王必成旅长利用休整时机，动员干部战士开荒种地、种菜、养猪、养鸡、磨豆腐、生豆芽改善生活，相对减轻地方政府的负担。郎溪县抗日民主政府县长王治平亲自带头，组织机关干部和警卫连战士在二区（涛城一带）梅村开荒种地，做到蔬菜自给自足。

为了满足人民群众的生活需要，县政府还在比较稳定的地区如十字、飞鲤、涛城、梅渚等地办起10余个消费合作社，在凌笪乡还办起一个粮油加工厂。

以上这一切，在当时敌人对根据地进行经济封锁的困境下，对根据地的建设起了积极的推动作用。

——开展党内整风运动

1942年6月8日，中共中央宣传部发出《关于在全党进行整顿三风学习运动的指示》。1943年12月，中共苏皖区党委发出《关于开展整风运动的指示》，要求在新开辟的解放区内，继续开展整风运动。是月，郎溪县委作了进行党内整风的具体部署。最初阶段主要对象是县级干部，在深入动员的基础上，主要学习中共中央发出的22个整风文件，要求县级干部着重领会文件实质，掌握思想武器，反对党内普遍存在的主观主义、宗派主义和党八股。整风中，坚持“惩前毖后，治病救人”的方针，在党员之间、干部之间、上下级之间相互开展批评与自我批评。强调在学好文件的基础上，做到理论联系实际，着重个人的自我反省，检查自己的思想作风和工作作风。党员干部按对象不同，分期分批参加华中局党校、苏皖区党委党校和地委整风队的轮训学习。

对县以下普通党员干部主要是进行正面教育。当时，有一部分人抱着一股抗日热情参加了党，但对党的基本知识了解不多，对党的认识不足，党性锻炼不够。甚至于有少数党员对“缴纳党费、遵守党纪、严守机密、为党积极工作”等最基本的知识还缺乏足够的认识。有些愿意为党工作，而不知从何做起，还有些党的机关，反而放松了党对整个工作的领导，等等。

针对上述情况，中共郎溪县委结合整风运动，通过上党课、办党训班的方式，组织党员学习党的基本知识，加强党员的马列主义思想教育，正确理解党的方针、政策。1944年10月，县委副书记兼组织部部长丁浩，在凌笪董树头村创办党训班，培训区、乡级党员干部，县委负责人亲自到党训班讲课。此后，全县5个区委先后分别举办此类的党训班。县委十分重视基层党组织的建设，特别是对党员的思想教育。县委将陈云《怎样做一个共产党员》，刘少奇《论共产党员的修养》等列为党训班的主要教材。同时，还通过学习毛泽东的《抗日救国十大纲领》《论持久战》等著作，就坚持党的统一战线、武装斗争、党的建设以及如何开展敌后斗争等基本问题进行较为系统的培训。

1944年底，根据苏皖区党委的指示，敌后根据地的整风运动全面进入审干阶段。中共郎溪县委紧密联系本地区实际，组织全县乡以上党员干部在学好文件，提高认识的基础上，本着对党忠诚、襟怀坦白的要求，着重写好个人自传历史，向党组织全面如实汇报个人入党前后的思想变化，总结在历史上的经验教训，最后由党组织作出实事求是的结论。由于县委认真执行了党的审干政策，保证了审干工作的正常开展，及时纠正了个别地方出现的极左倾向，使广大党员干部放下的思想包袱，分清了历史是非，普遍受到一次马克思列宁主义思想教育，促进了全县各项工作的开展。

郎广敌后抗日根据地，通过各方面的大力建设，大大增强了党同根据地人民的血肉联系，使广大人民群众更加信任党，信任抗日民主政府，信任人民军队，这对在极端艰苦的困境下，坚持敌后抗日斗争直到胜利有着至关重要的作用。通过根据地建设，党在政权建设、经济建设、文化教育建设等方面积累了许多经验，以致对以后建设新中国下的郎广地区也有着深远的影响。

七、十六旅在郎广地区的攻势作战

新四军十六旅进入郎广地区后，面临着日伪顽夹击的严重局面，肩负着抗日反顽的双重任务。根据中共中央华中局、新四军军部关于“应以游击战争驱逐顽固武装及其政权势力，并预有准备打击敌人”的指示，为巩固和扩大郎广敌后抗日根据地，在地方武装密切配合下，运用游击战术，广泛开展抗日反顽的攻势作战，取得了一系列的胜利。

（一）杭村大捷

新四军十六旅收复宣长公路以北的郎广地区之后，附近据点日军经常下乡“扫荡”，抢粮、抓民夫，奸掠烧杀，闹得人心不定，只有狠狠打击，才能稳住刚刚开辟的解放区。因而，十六旅在紧张发动群众进行根据地建设的同时，伺机出击骚扰之敌。

1944年3月29日上午，驻扎在广德北乡门口塘日军据点内的日军一个中队100余人，在一营伪军300余人的配合下，携带一门92式步兵炮，窜至杭村一带，沿公路进行“扫荡”。为了反击日伪的扫荡，王必成旅长与四十八团团长刘别生商定了作战方案，命令四十八团立即出击，狠狠打击这股敌人。四十八团三营奉命插入杭村西南的慈姑山，准备与杭村东南牛头山的一营夹击敌人。一营抢占了杭村东南牛头山高地，发现在牛头山与慈姑山两山之间的南北向的广宜大道上，有大批日伪军正从杭村向南运动。这些作恶的鬼子和伪军，带着大量掳掠的鸡鸭财物，有挑的，有背的，有的缠在腰上，有的挂在枪上，还有的驮在马上，正在稀稀拉拉地沿着大道向南走。其中还有几匹大洋马，有的拉大炮，有的驮炮弹。敌人越来越近，刘别生团长当机下了攻击令，一阵激昂的口号声响彻天空。这时王必成司令正好率领三营赶到慈姑山，把敌人夹在中间。于是一营向北，三营向南，几乎同时步枪机枪齐开火，相对夹攻，打得敌人晕头转向，哇哇乱叫，日军慌忙丢下抢掠来的鸡鸭等物，有的脱下皮靴负隅顽抗，伺机突围。王必成旅长指挥部队急速向南运动，追堵敌人，战斗打得非常激烈。他站在山顶上用望远镜观察到日军正在调试92式步兵炮，便将四十八团小炮排调到牛头山山顶，即命令："我们必须用小炮打鬼子的大炮，决不能让大炮轰我们！"小炮排排长戴文辉娴熟地操纵着手中的迫击炮，第一发炮弹落在日军92式步兵炮附近，紧接着第二发炮弹径直落在日军拉炮的几匹东洋马中间。顷刻，有的洋马被炸死，受伤的洋马狂蹦乱跳，鬼子和伪军也和受惊的洋马一样惊慌乱作一团。一营、三营战士乘势从两面山林以迅雷不及掩耳之势冲向敌人，把敌人全部压到一块麦田里，经过一个多小时激烈的白刃格斗，除少数伪军逃走外，歼灭敌伪军100余人，其中鬼子70多人，俘虏3人，缴获了一门刚投入战斗不久的92式步兵炮。杭村之战，我以大捷告胜。在激战中我三营教导员郑大芳英勇牺牲。

战斗结束后方查明，被歼灭的日军系南浦师团小林中队。该师团号称"荣誉师团"，其前身是驻扎苏中地区的日军独立第二混成旅团。日军驻苏南总部得知吃了败仗，丢了大炮，有损"皇军荣誉"，十分震怒。对于日军来说，这是他们在苏南战场上丢掉的最重要的武器，而对于新四军来说，缴获了这门平射炮，确实如虎添翼，特别是对日军推行的"碉堡政策"是一个严重的威胁。于是，从翌日起，日军出动1000余人，在特务、汉奸和伪军的配合下，进行报复"扫荡"，四处寻找这门大炮。

但如何保护这门缴获的大炮，却成为新四军指战员们共同关注的难题。开始，四十八团将大炮拆开，分成几部分随部队行动，在长兴煤山一带与日军捉迷藏。可是，部队不能老在这里兜圈子。政委江渭清和旅长王必成商量决定让四十八团就地掩埋大炮，部队撤离这一地区。四十八团的干部有些舍不得，但这是旅部的命令，必须执行。于是，他们将炮架、炮轮、炮栓和炮后座分散埋藏，仅带着炮身、炮弹，撤出了这一地区。事后，日军发觉新四军没有带走大炮，便满山遍野到处乱挖、乱扒，并张贴布告，悬赏法币20万元，寻找92式步兵炮的下落。日军还强行集合老百姓，将钞票堆在桌子上，进行威胁、利诱，可是知情者不爱财，贪财者不知情。敌人前后折腾20来天，仍一无所获，竟迁怒于杭村当地老百姓，烧掉了杭村的一些村庄的房屋，杀害了十几名乡干部，最终，将丢炮的日军中队长枪毙。驻广德的日军头目还写信给十六旅四十八团团长刘别生，乞求归还大炮，刘别生给这个头目回信，说："你们把大炮送上门，我们当然不必打收条，如果你们有本事，就自己来拿吧，我们还可以再次较量较量。"从此以后，鬼子只好龟缩在碉堡里，再也不敢轻举妄动了。

1944年夏季，我新四军在苏南发起攻势作战，这门92式步兵炮大显威力。中华人民共和国成立后，这门92式步兵炮陈列在北京中国军事博物馆，它是新四军浴血开辟郎广地区的历史见证，也是郎广人民引以为豪的历史象征。

（二）长兴战役

1944年是国际反法西斯战争节节胜利的一年，为配合国际反法西斯战争，积极打击日本侵略者，新四军、八路军在敌后战场主动发起进攻。

长兴地处太湖西南岸，是宣城至长兴这条战略公路的东端，也是新四军向太湖南岸杭嘉湖平原发展的前沿地带。

1944年8月21日，毛泽东指示新四军要认真布置沪杭间工作，广泛开展游击战争。同时为了扩大郎广解放区，打通与浙东根据地的联系，新四军十六旅于8月23日发起长兴战役。四十八团、四十六团及独立二团各一部在长兴、宜兴间30公里战线上对日伪军发起战役攻势。这次战役由四十八团主攻长兴外围据点，四十六团阻击长兴城内增援之敌，旅特务营警戒泗安之敌，独立二团配合第四十八团作战。

长兴战役从8月23日晚至26日下午，不到3天，合溪、水口、夹浦、白阜等13个据点一举荡平，摧毁碉堡60座，歼灭伪军4个营，毙伤日伪军110名，生俘伪军副团长以下420名，缴获各种武器一批。新四军牺牲4人，负伤20余人。29日，新四军首长发出通令嘉奖参战部队。同长兴战役相配合，十六旅第四十七团在金坛以西20里的薛镇全歼伪七师八团一营，毙伤伪军10余人，俘伪营长以下108人。苏浙皖边的宜兴、溧水、金坛、溧阳、广德、郎溪6县地方武装于8月下旬广泛发动袭扰破击战，向20多个敌伪据点出击，溧水、溧阳的地方武装一度冲入县城，攻占伪警所，毙俘伪军警几十名。在长兴，又迫使日伪军撤出鸿桥、上莘桥、李家巷、虹星桥、里塘桥、百水滩、胥臼桥、钮店等12个据点。至此，长兴四分之三的地区得到解放，整个太湖西南岸已为新四军所控制[①]。

（三）打通南北走廊

1944年9月27日，党中央致电华中局，重申发展东南的方针，并指示江北新四军南下，会合十六旅共同承担南进任务。10月9日，华中局指示苏南部队除巩固原地外，中心工作放在太湖西南岸，沿京杭国道伸入天目山周围，做好大军南进的准备。在发动群众巩固长兴、郎溪、广德前沿阵地的同时，又在溧阳西南25公里

① 中共郎溪县委党史办公室:《中国共产党郎溪地方史(1919—1949)》第一卷,内部发行,2010,第113—115页。

战线上再次发起战役攻势。这次攻势的中心是周城。

周城位于溧阳西南，北有南渡镇，南有社渚镇，3个据点分别驻扎着伪第一方面军二师四团的3个营。该部伪军武器精良，配置两门日制曲射炮，深沟高垒，盘踞京杭国道中段，割断溧（阳）高（淳）与郎广地区的联系。必须歼灭该敌，打通这条南北通道，才能保证新四军向南大发展。这次战役的部署是：十六旅四十八团攻击周城，四十六团在周城、南渡之间伏击南渡增援之敌，四十七团在周城、社渚间伏击社渚出援之敌。10月23日深夜，新四军对周城发起猛攻后，很快突入镇里，分割包围各碉堡，将敌一一歼灭。周城方面的激烈枪声，使躲在南渡的伪团长牟新我大吃一惊。他原以为自己的防区工事坚固，加之东边溧阳城驻有伪军第二师的师部，北面有伪军第二师第六团，固若金汤，新四军不敢攻击。当他得知新四军攻势猛烈，绝非小股游击队，生怕出援中了伏兵，不敢轻举妄动。可是，周城部下的呼救、溧阳上司的督责，他想按兵不动也不行。一直挨到天亮，他才仗着一小队日军壮胆，拖出两门曲射炮，率部出援。24日上午9时许，周城攻击战已近尾声。突然，在四十六团设伏部队的后侧响起了密集的枪声，牟新我所率部队顺着一条大堤偷偷摸摸绕到了新四军的侧背。此时，新四军早已把渡口封死，使牟新我陷入进退两难的境地。四十六团各部伏击部队在号声中发起冲锋，将敌人逼近一片圩塘里。指战员奋勇向前，展开了缴枪和捉俘虏比赛，将牟新我俘虏，缴获两门曲射炮，只有一小队日军抓住一群学生作掩护逃回南渡。与此同时，四十七团在周城、社渚之间截俘了伪军第四团副团长兼一营营长陈劲飞及随行的1个连。留在社渚的残敌还未等四十七团赶去围歼，已作鸟兽散。周城战役打响后，与溧阳接壤的郎溪县凌笪乡乡长乐凤鸣率领50余名基干民兵积极投入战斗，协同主力部队搜捉战俘和缴获枪支。

计缴获步枪30余支，数箱子弹和手榴弹。除较好的武器弹药送交主力外，基干民兵队缴获14支步枪、3支短枪和1箱手榴弹。在此基础上，正式成立凌笪乡抗日民主政府武装中队。

周城战役打了10多个小时，全歼伪军1个团，生俘正副团长以下700多人，缴获曲射炮两门、轻重机枪22挺、步枪400多支，还有短枪、子弹及大量其他军用物资。经此一战，溧阳地区日伪军当即从太湖沿边据点撤走收缩兵力，防止新四军攻打溧阳城。至此，溧（阳）高（淳）地区和郎（溪）广（德）地区南北贯通，连成一片，为尔后向浙江天目山发展创造了条件。

（四）青岘岭、牛头山反顽战

国民党顽固派对新四军开辟郎广抗日根据地极其憎恨，妄图伺机将其歼灭之。1944年11月下旬，退于浙西天目山区的国民党顽军第二十八军，奉三战区司令长官顾祝同电令，由六十二师师长刘勋浩统一指挥忠义救国军1个团、1个支队，五十师一五六团，六十二师一八六团，苏保八团，浙西自卫队两个纵队，共7个团的兵力，于11月20日开始向宣长公路以北进犯，妄图20天内击灭新四军十六旅于胥河（郎溪定埠河）以南，广泗公路以北的郎（溪）广（德）长（兴）宜（兴）地区。12月2日，顽军经安吉县的樟吴、景和里，越过广泗公路到达苏皖交界的佐家庄、青岘岭、牛头山附近一线，企图分3路进击，会师长兴煤山镇。

对于国民党顽军的进攻，十六旅攻委江渭清于11月28日发表谈话，申明共产党团结抗战和严正自卫的立场，警告他们不要妄开战端。然而国民党顽军自以为稳操胜券，一意孤行向十六旅中心区推进。12月2日，新四军被迫反击，十六旅调集四十八团、四十六团各一部及独立二团于2日、3日在牛头山阵地击退了其左翼五十二师一五六团及“忠救军”数次猛烈的进攻，旋即集中优势兵力向顽右翼的六师一八六团和浙保纵队出击，将其击溃于青岘岭。4日下午实施总攻，全歼一八六团1个营。是役，毙伤顽军团长以下600余名，俘200余名。新四军伤连长以下60余人，牺牲10余人。四十六团副营长严成志在牛头山战斗中率2个连顶住了国民党1个团的反复进攻，在反冲锋中身负重伤，壮烈牺牲[1]。

青岘岭、牛头山反顽战斗的胜利，迫使国民党军队退至宣长公路以南，保卫了郎广解放区。

（五）奔袭泗安

新四军十六旅打退了国民党的进犯以后，稍作休整，又发起泗安战役。泗安是长兴北部拥有万余人口的大镇，扼宣长公路的咽喉，为浙皖边区的要地。敌陷泗安以后，以年余的时间构筑坚固工事，四周有3—5道障碍物，视为“铜墙铁壁”。1944年11月27日，敌人从苏北调汪伪军三十四师一三四团驻守此镇。

12月14日，十六旅冒着鹅毛大雪，奔袭泗安。由四十八团一、二营主攻，三营为预备队。四十六团全部及旅特务营打阻援、警戒长兴、梅溪之敌。当夜，四十八团采用一、二营南北对攻，特务连中间突破的战术，分3路攻击前进。一营一路猛攻，劈断竹篱笆，冲破铁丝网，越过河壕，首先由西北冲入泗安镇街心，摧毁高桥上的敌哨所后，突入泗广公司伪保安纵队驻地。接着以战斗英雄丁焕祥为首的突击组为先导，夺枪攻堡，围歼泗广公司后面的伪连部，并以神速动作攻占桥东、西堡垒4座。二营以四连为前锋，23人的突击队跨过障碍，直扑伪一三四团集训营，经两小时激战，伪军突围不成，全部被俘。特务连已于当晚打下泗安，克碉堡两座。泗安

① 张鉴安:《新四军进军长兴开辟郎广区的战斗》。

战役，计攻克大小碉堡22座，全歼伪军两个营，毙伤伪中校团副徐炎及以下30余人，俘伪营长以下400人，缴获小型高射炮2门、重机枪4挺、长短枪200余支、其他战利品一批[①]。

新四军十六旅进军郎广以后，先后发起杭村战斗、长兴战役、周城战斗、泗安战役等一系列攻势作战，共歼灭日军1个中队，伪军10个营，毙、伤、俘日伪军2000余名，缴获炮7门、重机枪9挺、轻机枪45挺、长短枪1400余支，收复据点30余处，一度攻占长兴、溧阳、溧水3座县城，给日伪军以严重打击，遏制了他们的嚣张气焰，给苏州、杭州之敌以更大的威胁，粉碎了敌人控制苏浙皖边三角地区的计划。这些胜利不仅扩大了郎广解放区，而且还和全国解放区的对敌战役攻势相会合，使1944年成为敌后战场普遍的连续的主动向敌进攻的一年而载入史册。

十六旅1944年攻势作战，把敌人向后压退几十里，巩固扩大了以茅山为中心的苏南抗日根据地。杭村之战稳定了郎广新区，长兴、泗安大捷，光复国土2000多平方公里，把解放区扩大到整个宣长公路以北。周城战斗把郎广地区和茅山地区联结在一起，并击退了国民党对解放区的进犯。这些胜利把苏南区由过去分散坚持的小游击区转化为拥有300万人口的大块根据地。

八、郎广军民转入反攻

1944年秋，国内外战局发生了重大变化。德国法西斯败局已定，苏联红军胜利在望。日本侵略者在太平洋战场节节失利，美军已打到菲律宾。我国神圣的抗日战争已由战略相持阶段转入战略反攻的前夜。

① 张鉴安:《新四军进军长兴开辟郎广区的战斗》。

此时，发展东南，首先控制浙西，再打通与浙东联系，控制浙江，相机向南发展，是中共中央军委整个战略部署的一个主要方向，也是新四军准备战略反攻的一项重大战略行动。

（一）天目山三次反顽战役

1944年9月9日，日军占领温州，并相继占领福州，控制闽浙沿海地区，国民党军队纷纷西撤。9月27日，中共中央重申了“以我为主，准备反攻”发展东南的战略方针，指示华中局和新四军军部派主力一部南渡长江，汇合新四军六师十六旅共同南进，中心工作首先应放在太湖西南岸，沿京杭国道深入天目山，造成跨越钱塘江和打通浙东的战略态势，配合盟军在东南沿海登陆。接着，中共中央确定以新四军第一师（包括江南的第十六旅）担任南进任务。12月，新四军一师粟裕师长率领师部、陶勇第三旅的3个团和300余名地方干部分别由淮南、苏中渡江南下。1945年1月6日先后到达浙江省长兴县槐花坎、仰峰岕地区，与第十六旅会合。遵照中央军委1月13日成立苏浙军区的电令，2月5日在温塘召开了苏浙军区成立大会，宣布粟裕任苏浙军区司令员，谭震林任政治委员（未到职），刘先胜任参谋长，钟期光任政治部副主任（后任主任），统一指挥苏南和全浙部队。部队进行统一整编：以原第十六旅改编为苏浙军区第一纵队，司令员王必成、政治委员汪渭清，下辖第一、第二、第三支队，原十六旅第四十八、四十六、四十四团分别为第一、第二、第三支队；以原浙东游击队改编为苏浙军区第二纵队，司令员何克希，政治委员谭启龙，辖第四、第五、第六支队；以原第一师第三旅改编为苏浙军区第三纵队，司令员陶勇，政治委员阮英平，下辖第七、第八、第九支队。1945年4月，新四军第一师副师长叶飞率领第二批部队南下，与苏浙军区主力会师，改编为苏浙军区第四纵队，司令员廖政国，政委韦一平，下辖第十、第十一、第十二纵队，叶飞任苏浙军区副司令。粟裕在成立大会上号召：军区全体指战员团结一致，竭尽一切力量，完成党中央赋予的准备反攻、驱逐日军、夺取抗战胜利的伟大任务。

1945年2月10日，苏浙军区第一纵队向敌后莫干山地区挺进。14日，一支队进占德清县城，二支队进占武康县城，控制了莫干山地区。第三纵队第七支队为配合一纵行动向广德南部挺进。以尽快恢复国民党所丧失的国土。可是国民党顽固派不仅不予以援助，反而沿途阻击，1945年2月至6月，围绕天目山地区，三次向我发动进攻。新四军被迫反击。

国民党军队在正面战场畏敌如虎，但对新四军却如狼似虎，国民党第三战区大部军队虽在日军进攻苏浙皖边区时逃往闽北、江西，但仍有一部分主力纠集地方反动武装盘踞天目山地区，伺机反扑。顽军发现我新四军第一师渡江南下，已到浙西长兴地区与第十六旅会合，认定新四军将要进入天目山脉的莫干山、杭嘉湖建立根据地，继续向浙江沿海地区发展，准备协同盟军登陆作战。为阻止新四军东进，将军事重心转移到浙西，并以顽军第五十二师、第六十二师、第一九二师、忠救军、挺进队、浙江省保安团，部署在宣（城）广（德）公路以南，东、西天目山，监视阻止新四军东进。

2月14日，苏浙军区第三纵队第七支队进入广德以南、天目山以西地区。当国民党苏浙皖挺进军总部得知新四军已经南进，即令顽第二十八军第六十二师3个团、忠救军第四团、浙保第二团等5个团，归顽第六十二师师长刘勋浩统一指挥，欲将我第七支队歼灭于广德、泗安以南地区。14日，刘勋浩接到上级通报，新四军第一纵队已到莫干山，有东向杭嘉湖地区运动模样。刘认为歼灭新四军第七支队，只需要两天时间，而东进的第一纵队返回增援，至少需要3天时间。因此，刘勋浩即命忠救军第4团从西北，浙保第二团从西南进攻上堡里，命本师第一八六团从外白杨进至上堡里东侧，向西城进攻我第七支队侧背，以本师第一八四团、第一八五团迂回到西庙市以西，切断第七支队归路，妄图一举歼灭第七支队。

军区首长14日获悉上述情况，为歼灭来犯顽军，决定自卫反击，命第三纵队西调后，全线出击，命第一纵队除留两个营在莫干山地区外，主力火速西返，参加自卫反击，协同第三纵队歼灭顽军第六十二师，务于15日下午6时前到达孝丰东北地区，在鹤鹿溪、塘埔一带，夹击顽第六十二师之侧背，以策应第三纵队之战斗。第一纵队西返后即与第三纵队组织反击，在广德与安吉、孝丰边界一带一举歼灭顽六十二师一八四、一八五团大部，并乘胜追击，在孝丰城北塔山岭和城西太阳山一线重创残顽后，一举解放了孝丰县城。到2月18日止，共歼灭顽军1700余人，缴获迫击炮4门、轻重机枪30余挺、美造汤姆枪和其他长短枪400余支，取得了第一次反顽战役的胜利。

孝丰是进入天日山的北大门，它北连长兴、苏南，南与临安、余杭毗邻，东与莫干山、杭嘉湖相连，西接广德、宁国，战略地位十分重要。第一次反顽战役的胜利，对于遏止敌伪，巩固苏浙皖边区根据地，进一步巩固天目山地区，实施向东南发展的战略，具有重要意义。

2月24日，中共中央指示华中局，要求积极部署南进，“苏南粟部、浙东何部、皖南部队应就地扩大及深入农村，整训及扩大部队，准备大举跃进，为盟军登陆作准备，粟部占领莫干山后，暂不宜深入突进以巩固现地诱敌来攻为宜。”中央提出：“我军江南大营应常设在苏浙皖交界地带”，“目前要争取半年左右时间，深入扩大苏南工作，把孝丰、长兴、吴兴、郎溪、广德、宣城、溧阳、溧水、高淳、金坛、宜兴等县工作深入，发动伟大的群众运动，深入减租减息，训练人民武装，培养本地干部，这是我党我军在江南生根落脚的基础。”据此，苏浙军区在苏浙皖边深入发动群众，巩固现有阵地①。

顽军初战受挫，更加恐慌，第三战区司令长官顾祝同密令苏浙皖挺进军总司令陶广，指挥其所属部队在孝丰附近将新四军围歼，严防新四军在天目山建立根据地。陶广即调第一九二师、第五十二师各1个团，第六十二师残部，忠救军第一纵队，挺进军第一纵队，浙保第四纵队等部共12个团，由第二十八军军长陶柳统一指挥，定于28日，分4路向孝丰新四军阵地合击。由于顽军内部矛盾重重，各部为保存实力纷纷讨价还价，行动也不协调，进攻时间延至3月3日。左路忠救军第三纵队进至小白店、刘村、坑垓一线，从西北向孝丰城攻进；左中路第一九二师第一一八团、第五十二师一五六团进至章村、汤口一线，从西南向孝丰以攻击前进；右中路第六十二师残部、挺进军第一纵队一部、浙保第四纵队第二团，进占报福坛、绕里庄一线，从正面向孝丰攻击前进；右路挺进军第一纵队、浙保第四纵队各1个团进至白水湾、山河一线，从东南、正东面向孝丰进攻。

军区粟裕司令接获上述顽军进攻情况的报告后，认为顽军已形成对孝丰三面包围的进攻态势，决定坚守孝丰，自卫反击，各个击破，粉碎顽军的进攻。决定第一纵队第三支队、独立第二团坚守孝丰外围，阻击、迟滞、消耗进攻顽军；以第三纵队第八支队坚守孝丰西北、牛山、八卦山、石鼓山、乌石山等阵地，阻击、迟滞、消耗由西向东进攻的忠救军；第一纵队主力在孝丰待命出击；第三纵

① 中共郎溪县委党史办公室:《中国共产党郎溪地方史(1919—1949)》第一卷,内部发行,2010,第135—136页。

队主力在广德芦村地区待命出击。

3日，顽忠救军首先向孝丰西北第三纵队第八支队的石鼓山、牛山、桃花山、八封山、乌石山等阵地进攻。战斗最激烈的是石鼓山反击战，三纵队八支队三连固守在这个阵地上，7个小时连续打退忠救军6次进攻，开展了肉搏战，毙伤顽军200余人，三连只剩13名战士，仍顽强战斗，坚守阵地，保障了全军完成对顽还击的部署。3月10日，新四军一纵队乘胜扩大成果，王必成司令命令分3路跟踪追击。右路第一支队进占章村、孔夫关后，过西天目山，突破西天目山南麓顽军第一九二师一线阵地，歼灭其两个连。敌残部退到一都，正拟稍作休息，听到新四军追来，即惊慌逃窜，新四军一支队顺利进占一都。中路第二支队经九里湾向西天目山之羊角岭挺进，顽六十二师残部在新四军跟踪追击下，竟不敢在此据险抵抗，新四军二支队尾随紧追，巧夺了羊角岭这个险要隘口，并乘胜南进直下天目山南麓。右路第三支队经横坑、东天目山东侧、溪口进占了横路村。至12日，新四军一纵队完全控制了东、西天目山及南麓。13日至16日，顽第一九二师、第六十二师残部、挺进军第一纵队、浙保第四纵队先后分别在上黄湖、横畈、青云桥、后院等地，向新四军进扰，均被各支队击退。新四军乘胜前进至上述各地，向前进行游击活动。16日，顽军放弃临安县城，并向西南于潜、昌化一线撤退。至此，新四军再次粉碎了顽军的进攻，第二次反顽自卫战役胜利结束。新四军占领了东、西天目山，解放了临安县城，控制了临安、灌溪、于潜、昌化一线以北广大地区。据军区战绩统计，是役新四军歼灭顽第五十二师第一五六团团长朱丰以下两个营，第一九二师一一八团两个多营，第六十二师残部、浙保四纵各1个营、忠救军一部共1700余人，缴获迫击炮4门、轻重机枪60余挺、长短枪400余支。

第二次反顽战役的胜利，天目山地区基本为苏浙军区部队所解放，并控制了长兴、安吉、孝丰、吴兴、武康、德青、余杭、临安、于潜和广（德）南10个县的大部或一部，其中孝丰、武康、德青、临安等4县城已入新四军之手，使浙西抗日根据地有了很大发展。

为了打通并确保与浙西、浙东新四军的联系，苏浙军区首长决定，以少部兵力钳制天目山两侧和杭嘉地区的顽军，由军区副司令员叶飞、一纵司令王必成、三纵司令陶勇3人组成前线指挥部，统率一纵一支队、特务营、三纵七支队、四纵十支队，于5月29日离开临安，分3路向新登攻击前进。6月1日下午，第一纵队司令王必成向一支队长刘别生下达了攻打新登的命令，在友邻部队密切协同下于2日拂晓占领新登城。2日下午，顽七十九师集结兵力，向新四军反扑。一支队长刘别生亲临虎山前沿阵地指挥战斗时不幸中弹牺牲。3日，顽以国际突击纵队第一总队5个营（每营1000余人）的兵力，再次向新四军反扑，一支队、十支队在虎山、章家山、应家坪、百丈岭一线与顽军展开激战，打退顽军多次进攻。3日夜，一支队、七支队出击，在西山村，歼顽国际突击纵队第一总队司令部和两个营，予顽军精锐主力以打击。

历时6天的新登战役，虽然取得毙伤顽军1500余人，俘虏719人的胜利，但也付出了较大的代价。苏浙军区首长鉴于顽军后续部队源源向前开进，且新四军已完成打乱顽军进攻部署的目的，为了集中兵力，迎战顽军大兵团进攻，决定实行大踏步后退，一让新登，二让临安，三让天目山，后退100多公里，主力集结孝丰地区。顽军将新四军实施的战略退却当成“溃退”，顽五十二师竟狂妄地扬言“再打一个茂林，完成皖南剿共未竟之功”。面对顽敌，粟裕司令员决定采取诱敌深入各个击破的战术，将顽军围歼灭于孝丰地区。

6月19日夜，王必成的第一纵队迂回穿插顽追剿军左兵团侧后，断顽退路，会同三、四纵队突击顽左兵团，歼顽主力五十二师及三十三旅一部于孝丰以西之西圩市、新桥头、百步山地区，余顽向西溃逃。歼灭五十二师后，王必成的第一纵队又奉令向东迂回穿插顽军追剿军右兵团侧后，断顽退路，22日会同三、四纵队围歼顽右兵团，23日将顽突击纵队第一总队、第二总队歼灭，并歼顽七十九师大部。历时近一个月的第三次反顽战役胜利结束，共歼灭顽军突击总队第一队少将司令胡旭盱、第七十九师上校参谋长罗先觉以下官兵近9000人，缴获各种火炮25门、轻重机枪130余挺、长短枪4000余支。

天目山三次反顽战役的胜利，使新四军在浙西地区站稳了脚跟，浙西抗日根据地也日趋巩固。

天目山反顽战役的胜利，不但粉碎了国民党顽军在江南地区发动的大规模进攻，扩大了苏浙皖边抗日根据地，而且动摇瓦解了国民党顽固派。7月，国民党忠救军三纵队四团三营营长姚健，率4个排和营部人员170人起义，苏浙军区第三纵队在广德柏垫召开千人大会，欢迎他们弃暗投明，携手抗敌。

第二次反顽战役胜利后，开辟了包括广（德）南在内的浙西地区。为了加强新开辟地区的工作，1945年4月，中共浙西区党委和浙西行政公署成立，下设天（目山）北地委和行署，天（目山）东地委和专署、杭嘉湖工委和专署，苏皖区党委改为苏南区党委。同月，中共广南县委和广南县抗日民主政府在陈坞村成立，李华楷任县委书记兼县长，属天北地委和专署领导。原广德县改为广北县。广南县相继建立了芦村、柏垫、苏村（从郎溪划出）3个区级抗日民主政府和15个乡级政权。

第三次天目山反顽战役胜利后，苏浙军区部队调整了部署，根据华中局关于“深入巩固苏南工作，开展敌后工作，休整主力，掌握敌顽矛盾，避免单纯敌我决战”的指示，7月上旬，第三纵队进入郎溪、广德休整，并派一个支队深入宣（城）芜（湖）铁路以西地区活动，打通与皖南的联系。

（二）军民团结，共同战斗

新四军是中国共产党领导的人民军队，他们在郎广地区抗日反顽，建设根据地，保护群众利益，受到广大人民群众的衷心爱戴和拥护。新四军纪律严明，秋毫无犯，爱护老百姓，经常给驻地群众挑水、砍柴、栽秧、耘草、割稻，尤其是对贫苦农民予以经济上物资上的资助。人民群众也像对待自己亲人一样拥护自己的子弟兵，部队每到一处，当地群众就主动给他们送柴、送米、送菜、洗衣、洗被、护理伤病员。有的妇女群众还积极为战士们赶做军鞋，一针一线体现着军民的鱼水深情。

在三次天目山反顽战役中，郎广地区党、政组织，发动广大群众积极参加支前工作。早在苏浙军区成立大会一结束，粟裕司令员就在水东岕召开了苏南行署的支前工作会议，行署、公署都成立了支前委员会，行署副主任宋日昌任行署支前委员会主任，苏南第二行政专员公署专员惠浴宇担任总指挥。各县成立支前大队，各县县长兼任支前大队长。

在天目山反顽战役中，国民党顽军在军事失败后，除继续调动增加部队，准备举行更大的进攻，同时在经济上对新四军采取封锁政策，特别是封锁粮道，迫使新四军退出浙西。因为这一年灾荒严重，加上顽军封锁皖南粮食，军粮、民粮都十分紧张。5月间，天目山地区发生严重粮荒，当地群众开始吃青苗。由于浙西地区粮食历来靠皖南输入，时值顽军严密封锁，部队粮食日渐告急，有的吃“三合一饭”（即玉米、土豆、糙米做的饭），有的将糙米磨碎加上野菜、竹笋做成粥充饥，有的没有糙米就吃山上挖来的野菜、竹笋充饥，或将不成熟的青苗麦子采来在锅里烘干磨碎掺上野菜做粥吃。为此，苏南行署强调各县一手抓“上忙征收”工作，征收足够粮食，保证部队战士吃饱肚子；一手抓发动群众，组织支前民工，成立运输大队，保证将粮食送到前线。尤其是广德、郎溪，不仅是物资运输的中转站，而且是同日伪顽斗争的最前沿地区，完成任务的艰巨性和危险性都很大。

天目山第一次反顽战役发起前，郎广抗日根据地的支前工作已全面展开。广德、郎溪两县除分别抽调1881人和1266人固定随军服务外，还动员大批民工组成运输队、担架队，不分昼夜抢运粮食、弹药，护送伤病员，高潮时，郎广两县参加支前的干部群众达两万人以上，是苏南地区参加支前最多的县份。郎溪县仅涧西乡群众就筹集粮食3万多斤，布鞋1200双，棉被800余床，生猪37头，支援参战的新四军[①]。广德一区杭村、松墩两个乡的民工，主动筹集10400元，还附上一封慰问信，慰劳新四军苏浙区第三纵队。郎溪县抗日民主政府县长王治平，是一位屡立战功的老新四军，他深知重大战役中军需粮秣和后勤工作的紧迫性，夜以继日，废寝忘食地一心扑在粮食的征收和调运工作上。广北县长许道珍，几乎天天接到前线催粮的电报。当时的情况是从宣城、当涂、芜湖、溧水、溧阳、金坛、句容、武进一带的民工把粮食运到广北时已经自食近一半，而且大多数民工已经筋疲力尽，无法前往宣长公路以南的山区。大批人员和粮食滞留在广北、广南一带。地处苏南通往浙西走

① 中共宣城市委党史研究室：《中共宣城地方史（1919—1949）》，内部发行，2001，第210页。

廊位置的广德地区，自然担负起南北交通枢纽的作用，许道珍这个支前大队长的担子格外沉重，他强忍着胃疼的折磨，夜以继日地奔波于孝丰与广德之间。

征集公粮中，得到大多数群众的拥护，但也有极少数汉奸和反动势力从中作梗，与抗日民主政府对抗，甚至从事暗杀活动。

原国民党郎溪县钟桥区分部书记熊某，暗中与钟桥和平军中队长孔玉书勾结，阴谋策划，公然威胁郎（溪）梅（渚）公路以西的保长极力破坏支前工作。为粉碎敌人的阴谋，钟支游击连一小分队趁夜雨突入熊宅，将其活捉，并在钟桥街上贴上布告，限令路西各保在3日内，务必如数征齐应交的公粮，否则，先拿熊某开刀，再一一惩治。孔玉书见熊某被捕，如负隅顽抗，必自寻死路一条，再也不敢去威胁他人。那些“人在曹营心在汉”两面政权的保长，见此，也不敢再公开违抗抗日民主政府的命令，于是，3天内如数交齐了公粮。

从天目山反顽战役打响后，郎溪县涨山乡抗日民主政府乡长葛华棻，为了动员群众支前，筹集公粮，组织担架队，不分昼夜地操劳，多次出色圆满地完成支前任务，被苏浙军区授予“支前模范乡长”的称号。

1945年6月下旬，天目山自卫反顽战役进入最后一战，涨山乡政府又接到县政府紧急筹集最后一批公粮的任务。一天傍晚，天色阴霾，一连几天高烧不止的葛华棻，仍抱病深入各村征粮。在路过涨山施家桥时，突然遭到袭击。身处险境的葛华棻临危不惧，一面沉着应战，一面向河堤下突围，突围中不幸身中数弹，壮烈牺牲，年仅27岁。

葛华棻乡长牺牲后，涨山乡人民群众十分悲痛，痛惜失去了一位人民的好乡长。在他牺牲的当夜，地下党组织冒着风险，含泪将其遗体掩埋在离施家桥不远的山坡上。随后，郎溪县抗日民主政府将烈士的业绩呈报苏南行署批准，将“洑山乡”改为“华棻乡”，以示永远纪念这位人民的好乡长。后在党组织的安排和亲属的协助下，又将烈士遗体迁至于原任职的涛城长乐乡，安葬在亭子山南麓，让烈士长眠于青山环抱中。

在苏浙军区天目山三次自卫反顽战役中，郎溪籍的新四军战士邱传和、陈江湖、王英荣、王志生、丁怀成、王世刚、孙家和、李山清、张金高、杨锡洲、秦仕发、王兴发、张定国、张启发、陈才照、徐世宝等英勇作战，壮烈牺牲。这批烈士的平均年龄仅20岁左右，他们为了收复国土献出了年轻宝贵的生命，是郎溪人民的骄傲①。

在整个战役支前行动中，郎溪人民不怕流血流汗，克服重重困难险阻，踊跃支前，为争取抗日战争最后胜利，作出了应有的贡献。

（三）郎广军民转入反攻，解放郎广大片土地

1945年4月23日至6月11日，中国共产党第七次全国代表大会在延安隆重举行。大会系统总结了中国革命的基本经验，为彻底打败日本侵略者，建设新中国做作了政治和思想上的准备。

在党的七大前后，世界反法西斯战争继续向着胜利的方向发展，德国法西斯于5月8日签字投降，日本法西斯陷入完全孤立的境地。6月下旬，美军攻占冲绳，为进攻日本本土创造了条件。在中国战场，国民党军队主力分布在西南、西北地区，远离抗日前线，更未作充分的反攻准备。与此相反，从5月开始，共产党领导的八路军、新四军根据中共中央“削弱日伪，发展我军，缩小敌占

① 郎溪县民政局烈士档案资料。

区，扩大解放区”的指导方针，对日伪军发动了大规模的夏季攻势。

八路军、新四军经过夏季攻势，对日军占领点线的包围越来越紧，打通了许多解放区之间的联系，苏南和皖南解放区连成一片，八路军和新四军逐步取得了作战的主动权，为全面反攻创造了条件。

1945年7月26日，美、英、中三国发表波茨坦公告，促令日本无条件投降。8月6日和9日，美国先后在日本广岛和长崎各投下1枚原子弹，死伤数十万人，震惊了日本朝野。8月8日，苏联对日宣战；9日，苏军以排山倒海之势，从东、西、北三面进入中国东北，向日本后备队关东军发起歼灭性的打击。

这时，国民党军队主要集中在中国的西南、西北地区，而日军占领的大部分城镇、交通要道和沿海地区都处在共产党领导的抗日根据地的包围中，因此全面反攻的任务，自然地主要由敌后抗日根据地的人民军队来进行。

1945年7月中旬，苏浙军区在槐花坎举行天目山三次反顽战斗胜利总结庆功大会，会议还布置了当前的中心工作——扩军。由于天目山三次反顽战役各参战部队都有不同程度的减员，特别是连长以下干部牺牲很多，基层干部相当缺乏。于是，苏浙军区决定从各县地方武装队伍中抽调骨干充实到部队。郎广两县警卫连抽调近百名老游击战士充实到主力部队，大多数被分配到第一纵队。同时要求各县普遍开展扩军运动，以适应新四军进行总反攻阶段的需要。

很快，郎广两县出现了声势浩大的群众性的扩军热潮。郎溪县抗日民主政府在涛城祖家村召开征兵动员大会，当县长王治平动员讲话一结束，台下会场上的口号声响彻云霄。

“参军支前，保卫家园！”

“一人参军，全家光荣！”

“是铁就要打铁钉，当兵就当新四军！”

县政府政宣队乘势演唱了《参军歌》“吃菜要吃白菜心，当兵要当新四军……”和“金银花心里想，大宝是我的郎。好铁要打钉，好男要当兵……”歌声和口号声，使在场的青年农民热血沸腾了。

“抢花”是当时报名参军的一种方式，谁能抢到大红花，谁就能光荣入伍。会场上立即出现了许多父为子、妻为夫、兄弟之间抢花的高潮，结果150名青年报名参加新四军。在广德山北召开的征兵大会上，砖桥一个乡就扩充两个连，西湖、独山两乡有130名青年报名参军。

扩军运动结束后，郎溪县委、县政府立即着手全县地方武装的整编工作。将原县警卫连、各区大队及新扩军的人员组建成“郎溪县独立团”，团长王治平，政委张思齐（兼），政治处主任丁浩（兼），供给处主任张思敏，副主任毛宗政。独立团下辖第一连（连长王孝培），第二连（连长孙朝庭），第三连（连长许道普），第四连（连长乐凤鸣），第五连（连长史纪昌），第六连（连长居子芳），干部教导队（队长潘茂，副队长汤泽洪），计800余人。

1945年8月，中共华中局决定将苏南区党委和浙西区党委合并为苏浙区党委。9月，中共苏浙区党委正式成立，粟裕任书记、金明任副书记、吴仲超任组织部部长，下辖苏南一地委、苏南二地委和浙西地委。郎广地区隶属苏南二地委领导。

1945年8月9日，毛泽东发表《对日寇的最后一战》的声明，向全中国人民下达了最后打败日本侵略者的动员令。毛泽东指出：“由于苏联这一行动，对日战争的时间将大大缩短。对日战争已处在最后阶段，最后地战胜日本侵略者及其一切走狗的时间已经到来了。在这种情况下，中国人民的一切抗日力量应举行全国规模的反攻，密切而有效力地配合苏联及其他同盟国作战。八路军、新四军及其他人民军队，应在一切可能条件下，对于一切不愿投降的侵略者及其走狗实行广泛的进攻，歼灭这些敌人的力量，夺取其武器和资财，猛烈地扩大解放区，缩小沦陷区。”[①]8月10日，延安总部发布大反攻的命令，要求八路军、新四军及其他人民军队向敌人展开全面进攻，并向敌伪军发出最后通牒，限期投降，如遇反抗，即歼灭之。新四军军长陈毅也从延安来电，指示江南方面应立即有计划地分路发动进攻，占领吴兴、长兴、宜兴、溧阳、溧水、郎溪、广德、金坛、句容、高淳诸城镇。

在延安总部和各地军区向日伪军发出最后通牒后，蒋介石政府，竟然于8月11日“命令”八路军、新四军应就原地驻防待命，听从国民党政府各“战区司令长官之管辖”，不准“擅自行动”。在这种情况下，中国共产党一面严词拒绝和批驳蒋介石荒谬的“命令”，一面命令八路军、新四军和其他人民军队向敌伪军发起全面总反攻，歼灭一切敌人，收复每一个城市和每一寸国土。

8月14日，日本照会美、英、苏、中4国政府，表示接受波茨坦公告。15日，日本天皇裕仁向公众宣布无条件投降。16日，日军大本营在下达“停止战斗行为”命令的同时，又命令日军“在不得已的情况下，为了自卫可采取战斗行动”。由于日军宣布投降又不放下武器，中国共产党领导的军队的反攻战仍继续进行。为此，苏浙军区对盘踞在该军区范围内的日本驻军发出最后通牒，郑重指出：第一，立即命令所属部队及机关停止一切抵抗，并在原驻地点不得调动，听候处理。第二，限于通牒送到24小时内派代表前来接洽，如逾期拒绝投降者，即视为敌对行为，本军即决以武力解

①《毛泽东选集》第三卷，人民出版社，1991，第1119页。

决。第三，自接到本军通告之日起，对于一切军器、交通工具、军用器材及所有物资不得有任何损坏，并不得交于本军以外任何方面，否则，本军概不负责。第四，对于盟国俘虏及中国人民不得有损害行为。第五，接受无条件投降后，本军按照优待俘虏条例予以生命安全保障，并负责帮助遣送回国。如违反上述五条任何一项即视为敌对行为，本军坚决消灭之[①]。

新四军苏浙军区对日最后通牒发出后，日军毫无投降表现，杀我受降使者，弃毁武器弹药，在郎广地区犯有下列罪行。

一是杀害使者，欺骗人民。日本天皇向全世界宣布接受波茨坦宣言与无条件投降后，郎广军民即不断向驻地日军发出通牒，令其根据波茨坦宣言，交出武器，并保障他们的生命。日军不仅不洽商投降事宜，反而无耻地在墙上发出布告“辟谣言”，说“外传日军投降全属无稽之说”，以图继续欺骗人民。19日晚，新四军派以日本反战同盟的新行内同志往广德城接洽受降之事宜，该使者被枪杀。

二是集结兵力，伺机出动。门口塘集结约200个敌伪军，向新四军二区游击军驻地分三路奔袭，幸新四军早有战斗准备，各区游击军与民兵蜂拥而来，将其击溃。

三是竭力挑拨国共与同盟国的关系。到临走前两天，明明知道新四军已到城下，还告诫老百姓说：“我们相信蒋先生九月一号一定要来的。”

四是撤走前两日，即将武器与军用品尽行烧毁。

为此，新四军苏浙军区司令员粟裕即命军区各所属部队，向军区所辖的各城镇的日伪军发起全面进攻。郎广军民配合主力部队全

①《苏浙日报》1945年8月17日。

面大反攻，解放了郎广大片国土。1945年8月24日，郎溪县城敌伪军在地方武装及民兵围困下，仓皇撤退，郎溪地方武装及主力一部进占县城，缴获九二步兵炮两门和大批弹药，九二重机枪弹数箱，三八步枪弹数十箱，及九二步兵炮弹，八二迫击炮弹，掷弹筒甚多。军民以热烈欢腾的心情摧毁敌伪工事[1]。8月28日，广德县城光复。8月25日，中共郎溪县委、郎溪县抗日民主政府，由涛城进驻郎溪县城。郎广人民终于迎来了抗战的伟大胜利。

①《苏浙日报》1945年8月30日。

第四章　解放战争时期

（1945年8月—1949年9月）

一、抗战胜利后郎溪的形势

抗日战争胜利后，中国面临着两种命运、两种前途的抉择。为了表达中国共产党人对和平、民主、团结的真诚愿望，尽一切可能避免内战，争取通过和平途径来实现中国的进步和发展，在做好自卫战争准备的同时，1945年8月28日，毛泽东偕周恩来、王若飞率团亲赴重庆，同国民党当局进行谈判。9月19日，党中央确定了“向北发展，向南防御”的全国战略方针，在南方作出让步，巩固长江以北各解放区。20日，中共中央指示华中局“浙东、苏南、皖南部队北撤，越快越好，此事已在重庆谈判中，当作一个让步条件提出”。23日，苏浙军区司令员粟裕在宜兴传达了中央指示，要求苏南党政机关及部队迅速集结北移。9月底，宣城、郎溪、广德3县党政机关及武装集结整编完毕，随军向苏北转移。

郎广两县党政机关在北撤时，向根据地广大群众反复宣传：新四军的北撤，是忍让，是为了争取国内和平，医好战争创伤，建设新国家。并宣布有留守武装，其职责是收留落伍人员，照顾军干烈属，保护群众。同时将郎广两县留下来的物资分给农民群众，将部分家具和零散物资采取隐蔽方式送给群众。广德北乡仓库大米4万多斤，采取公开的方式分给当地百姓，并以剩余粮食收回在江南所发行4万元的抗币，当即焚毁。此时，郎广地区的豪绅及国民党的官僚政客都以胜利者自居。在国民党恐怖宣传下，一些中间阶层的富农、工商业者、知识分子，则对国民党抱有很高的幻想，而一般贫雇农和劳动者则充满悲观失望的情绪。一方面看到抗战的胜利果实完全为地主阶级所掠夺，自己仍处于被统治、被压迫的地位。在经济上倒租、加租与苛捐杂税、勒索俱来，受到严重打击。国民党的货币不稳，米珠薪桂，物价逐日高涨，劳苦大众挣扎在死亡线上。政治上受到歧视、虐待、压迫苦不堪言，因此对现实不满与愤怒。另一方面，对新四军主力北撤后，留下的游击武装力量太小，则表示失望。郎溪涛城区长乐乡的一些贫雇农反映：“共产党是我们穷人的党，对我们穷人真好……”有一位年过花甲的老农叹惜道：“我们穷人真没有福气，共产党、新四军，来我们这里好几年，我们好几年没有饿肚子，如果新四军再继续待下去，我们穷人真的要翻身了。”社会政治形势十分复杂，人心浮动。

当1946年春，国民党反动派在美帝国主义的支持下，准备进行大规模内战时，社会情况又开始了另一个变化，战争负担在人民方面一天天加重，社会上层日益暴露出反动面目。中层开始对国民党怀疑，对国民党的幻想渐渐消失了。社会下层不仅在经济上、政治上受到更进一步的剥削，而且强征壮丁，造成农村中的严重恐怖，以致广大农民进一步相信新四军，靠近游击队。

二、新四军对留守郎广党和武装的布置

新四军北撤是在十分秘密的情况下紧张进行的，郎广地区对留

守工作作了较为具体的安排。

10月3日，北撤途中的郎广武装在宜兴张渚西洋株休整待命。此时，华中局决定组建苏浙皖边区留守的领导机构，为了统一苏浙皖边区的领导，决定成立中共苏浙皖边区特委，对外称苏浙皖边区新四军留守处。主要任务是进行善后工作，保护党的组织和群众利益。如国共和谈成功，和平局面出现，则作为党在该地区的办事机构。如内战爆发则相机开展游击战争，适当牵制敌人。特委由陈立平任书记，熊兆仁、倪南山、孙章录为委员，徐行（储少白）任秘书。特委下设茅山、太滆、浙西、郎广4个工委。郎广工委书记张思齐、副书记许道珍，委员丁浩、胡慧民、彭海涛、向阳、刘丹。工委下辖郎溪、广德、宣城、长兴4个县。丁浩、胡慧民、彭海涛、刘丹分别担任郎（溪）、广（德）、宣（城）、长（兴）4个县的特派员，负责各县工作。

在军事组织上，组成边区司令部，司令员熊兆仁，参谋长倪南山，政委陈立平。司令部直辖1个主力营、3个连共350余人，加上各县武工队，共计1000人左右。另配有电台1部，重机枪1挺，轻机枪12挺。

郎广工委宣布组建后，便将原郎溪县独立团一连改编为工委警卫连，连长傅家齐，全连共3个排，七八十支枪。另有广德武工队26人，长兴武工队25人，宣城武工队30余人，郎溪武工队25人。郎广工委的武装力量共计200多人，机枪5挺。一个排随丁浩在郎溪活动。

10月5日，苏浙区党委副书记金明、组织部部长吴仲超、一师副师长叶飞在宜兴张渚召集边区特委及各工委负责人会议，布置留守工作任务。主要是进行善后工作，适当地牵制敌人，坚持苏浙皖边区的游击战争。郎广工委接受了留守任务后，于10月10日晚率领留守人员离开张渚返回郎广地区，经庙西到广德下寺仙姑殿休整。为了统一留守人员的思想认识，在休整期间，针对大军北撤，留守仓促，多数人员思想准备不够、认识不足等问题，张思齐、许道珍等工委负责人主持召开会议。会议重点分析了当前的形势，指出留守斗争的长期性和艰巨性，要求大家提高组织纪律性，树立斗争必胜的信念，学会坚持游击斗争的生存能力。会后，工委率领两个排在广北活动，另一个排随丁浩到郎溪活动。同时，乘国民党军队尚未进入广北地区之际，及时派员散发、张贴《江南新四军北移告民众书》以稳定民心。

当边区新四军主力北撤后，国民党的正规部队随即由长江上游进驻苏南各大城市，准备受降。这些国民党军队，一进入边区，即宣布新四军为“匪”，开始向留守武装及地方党组织实行“清剿”。抗战后期流亡到宁国的国民党郎溪县党部、县政府这时由县长杨竹墅率领行动队与政府各机关、自卫队返郎“收复”县城。国民党县政府各级政权及地方武装相继建立。然后对全县的500多名国民党员进行登记，从中挑选了40多名反共骨干，分别担任各区党部、区分部书记。全县共建立了6个中心辅导组，12个训练小组，50个行动队。对各区、乡、保的凡随新四军北撤的干部战士家属及留守人员进行残酷的迫害，强迫“自新”者达千余人[①]。大多数乡长和当地的恶霸地主、劣绅相互勾结，组成了“还乡团”性质的地方武装，开始向抗日根据地人民进行反攻倒算。他们不仅要参加“二五减租减息”的佃农全部退还少交的田租和利息，还强迫佃户加倍偿还，逼得不少农民倾家荡产，卖儿卖女。凡是随新四军北撤的抗日干部和战士的家属无一幸免，许多家属被捕关押，大多遭到严刑拷

① 中共郎溪县委党史办公室：《中国共产党郎溪地方史（1919—1949）》第一卷，内部发行，2010，第149页。

打，有的甚至被残酷杀害。被释放的，不仅要找保人，还要缴纳罚金，少的是购买1支步枪的钱，多的是50—100担稻谷。

各地“还乡团”武装，积极配合国民党军队走村串户，到处搜捕留守武装及没有来得及撤退的抗日民主政府掉队人员。地方反动势力疯狂地向革命群众进行反扑，郎广工委所辖地区一片血雨腥风。

在郎溪涛城：恶霸地主梁天祥残忍杀害了长乐乡乡长刘道明，民兵队长梁天禄，徐家大村党支部书记纪明友，农会主任周定山，还有干部家属何家洪的父亲等人。国民党凌笪乡乡长孔玉书竟公开叫嚣，要在凌笪开“杀人店”，将乐凤鸣家抢劫一空，将其父打成终身残废，将其叔父活活打死。

国民党反动派在对革命群众大开杀戒的同时，还从政治上瓦解根据地人民的意志。对没有北撤的抗日民主政府的机关工作人员、游击队员、共产党员、民兵、农会干部实行“自新”政策，强迫办理“自首”登记手续，具结悔过，并要缴纳一定数量的罚金，还要请具有实力的保人作保，如此方能免去牢狱之灾。

从9月20日到10月10日，在短短的20天时间里，苏南、皖南两地不仅成功地完成数万大军渡江北移，而且对北撤后的留守工作，在组织上作出了较为周密的安排。这对内战爆发后，皖南游击战争的开展和游击根据地的建立和发展，具有重大的战略意义。但由于苏南地区（含郎广）的准备时间过于仓促，在人员的选择和宣传教育等诸多方面的工作都不能到位，留守工作面临着巨大的困难。首先是很多仍沉浸在胜利喜悦之中的群众，对新四军北撤深表依恋和不解，一些人甚至流露出失望情绪。其次是抗日战争结束后，国内阶级矛盾上升为主要矛盾，这是一次战略上的大转变。但由于蒋介石玩弄和平阴谋，国内和平空气浓厚，不少人对当时的复杂形势认识模糊，有观望、等待和平的思想，少数投机分子思想出现动摇。再次是由于撤退匆忙，留守的各级组织大多对留守的方针、任务及斗争策略，没有来得及很好地分析研究，统一认识。苏南解放区的绝大多数同志，对坚持国民党统治区的斗争缺少经验，对斗争的长期性和艰苦性没有足够的认识。因此，在留守的最初阶段，面对很快来临的国民党军事、政治上的双重大“清剿”，显得匆忙无措，遭受了重大损失。

三、郎广地区的反“清剿”斗争

（一）第一次反“清剿”斗争

抗日战争胜利以后，蒋介石迅速调兵遣将，积极准备还都南京。1945年10月初，国民党一四六师、一四五师、新七师及杂牌武装“忠义救国军”“浙江保安团”“江苏保安团”等计2万余兵力，先后由江西经徽州扑向苏浙皖边区进行军事“清剿”。郎广两县国民党县政府，则配合国民党军队，进行政治“清剿”。

面对国民党军事、政治的双重大“清剿”，苏浙皖边区特委和郎广工委在失去老根据地，又没来得及建立新根据地的情况下，匆忙投入反“清剿”斗争。10月23日，边区特委在宜南研究坚持工作，认为首先应当站稳脚跟，保存力量，再图发展，决定向广德南乡转移，以广南大山和天目山为依托，和郎广、浙西工委相呼应。会后，直属营一连留宜南活动，陈立平、熊兆仁、倪南山率司令部及二、三连向广南山区推进。当司令部离开苏南宜兴张渚向南推进到郎溪长乐时，与敌一四六师发生遭遇战。这次战斗，部队受到部分损失。次日到达广德毕沟，敌人追至毕沟，幸亏老百姓掩护，未发生战斗。第三天到达宁国姚高塔，又遭敌包围，电台损失。第四天在郎溪盛村又遭敌包围。经过3次战斗，部队减员严重。31日夜进入广南桐沟南未冲，与郎广工委取得联系后，得知周围已布满敌军，情况万分紧急。边区特委立即召开紧急会议，为了保存力量，避免损失，决定迅速化整为零，暂避敌人进攻的锋芒。部队一分为四：倪南山率三连一个排和侦察班向孝丰方向活动，联系郎广工委；二连连长吴春富带一个排到棉花山活动，联系浙西工委；三连连长唐勉金率一个排向广南毕沟一带转移；陈立平、熊兆仁率领二连一个排和司令部机关干部100多人向广德海口冲一带活动。11月1日中午，边区特委机关在海口冲附近的一条山沟里，遭到敌一个团千余人的包围。敌人在机枪、小炮的掩护下，从四面制高点，突然发动攻击。陈立平、熊兆仁带领部队寻找敌人火力薄弱的地方，反复向外冲杀，待冲出重围时，只剩下30多人，电台丢失，与上级失去了联系。突围当日傍晚与郎广工委许道珍、张思齐会合，立即碰头研究下一步工作。11月3日，陈立平带着机关及机要人员10余人去江北汇报工作。熊兆仁临危受命，联络各地工委，收容失散人员。

仙姑殿会议后，丁浩根据郎广工委的指示，将武工队分为2个游击小组，由原一区区委书记钟正开带一个小组活动在凌笪一带。孙德胜、师尚荣、韩明奎、张宗智等率工委警卫连一个排及部分武工队员活动在涛城长乐和水鸣一带。当时，在长乐地区的反动大刀会气焰十分嚣张，武工队接连与他们打了几仗，消灭了其有生力量。接着，武工队开展了“斩蛇行动”。“蛇”者，“地头蛇”也，指那些欺压百姓、称霸一方的地主恶霸，特别是新四军北撤后，那些“还乡团”的骨干。铲除这些“地头蛇”，一是为人民报仇雪恨，二是除掉敌人的耳目。

长乐铺，是亭子山西南的一个小集镇。雨夜的长乐，一片沉寂，没有灯光，没有行人，唯有镇东端一所大院里，灯火辉煌，人声鼎沸。这所住宅的主人梁天祥，50多岁，家有良田400多亩和一座山场，他是一个反动成性、无恶不作的“地头蛇”。新四军北撤后，他伙同长乐街上的恶霸地主洪二呆子、刘老三等组织“还乡团”，先后杀害了长乐农会干部刘道明、祖家村农会干部李九新、徐家大村原地下党支部书记季明友、七里沟农会干部梁天喜，更令人发指的是连他的同胞兄弟梁天禄也遭到他的毒手。他还扬言要将新四军干部何家洪一家斩草除根。总之，这是一条十恶不赦、不杀不足以平民愤的“大毒蛇”。

这天，他二儿子满周岁，前来祝贺的地主劣绅络绎不绝。堂间摆了3桌酒席，这些人吆五喝六地喝酒划拳作乐。

因早已摸准了他今晚大请客，武工队一行6人来到梁家大院，分成3组，一组对付门卫，一组放哨，一组斩蛇。2个门卫见神兵天降，吓得魂不附体，还未等发出喊声，早已被2个武工队员捆绑成粽子，嘴里塞上破布拖到院前树林里。另一组2名武工队员飞身上了院墙，登上房顶，透过房顶的亮瓦看到中间的酒桌上首坐着梁天祥，另一桌上首坐着洪二呆子。因风雨声大，3桌喝酒的人对房顶上的动静毫无觉察。于是，2名枪手迅速掏出快慢机，一个瞄准梁，一个瞄准洪，随着“砰！砰！”两声枪响，梁天祥、洪二呆子躺倒在地。翌日，“梁、洪被游击队击毙”的消息很快传开，百姓拍手称快①。

新四军北撤后，连伪保长也有杀人权。涛城乡管村伪保长孙结华，勾结大刀会疯狂地向农会干部和革命群众进行反扑，并配合国民党涛城区公所将农会干部、共产党员郑心龙、李奥先等15人在

① 孙德胜同志回忆资料，1984。

管村活埋。这个死有余辜的反动骨干，也是武工队早已锁定的目标。10月底，一个风高夜黑的夜晚，6名武工队员直插其住宅，将他的房子团团围住。一听敲门声响，孙从梦中惊醒，手足无措。他的一个家丁迅速拖着他朝边屋里逃跑，出了边屋小门便是一块菜地，他想从菜地溜出去，到附近养鱼塘驻扎的国民党军队去报告，刚溜出菜园，就被放哨的武工队员一枪毙命①。

唐润海，皖南事变前后任国民党湔山乡（今南丰）乡长，是一个十分反动且狡猾恶毒的“地头蛇”。1941年5月，他亲手逮捕掩护中共广郎中心县委机关的中共党员李帮达和安庆滩区委书记陈思广。1945年夏，他又纠集大刀会杀害湔山乡抗日民主政府乡长葛华菜。新四军北撤后，因反共“有功”又继任了国民党湔山乡乡长，充当“还乡团”的急先锋，疯狂向革命群众进行反攻倒算，滥杀无辜。孙德胜领导武工队在长乐地区拉网之后，便将下一个目标锁定在他身上。

一天下午，武工队接到情报，唐要到万全保处理该保新保长上任事宜，小分队决定在他回乡公所的半路上打他个埋伏。新任的保长也姓唐，是他同宗的一个兄弟，深得他的赏识。公务办完后，新保长使出了浑身解数，张罗了一桌丰富的晚餐，盛情款待唐及所带的4个乡丁。唐一时高兴，嘱随从放开酒量自行其便，乡丁们见一桌好菜，加上乡长开恩，便一个个狼吞虎咽，大吃大喝起来。一顿晚餐吃罢，已是月出东山的初更时分，连唐在内，个个都喝得醉眼蒙眬，踉踉跄跄地向乡公所走去。孙德胜一行七八个武工队员早已埋伏在他回乡公所的必经之路——凤凰桥的桥头河埂下，当他们5个人趔趔趄趄来到桥头时，在朦胧的月色中，突然“砰！砰！”两声枪响，2名乡丁倒地毙命。另2名乡丁架起唐就往桥上跑，一阵

① 孙德胜同志回忆资料，1984。

枪战，唐等3人被击中落水，命赴黄泉[1]。

经过前后20多天的行动，武工队接二连三地处决了七八个有血债的“地头蛇”，初步扩大了留守武装在群众中的影响。

11月中旬，敌一四六师2个团及1个营的兵力分别驻扎在郎广交界的杨杆、管村、誓节、养鱼塘一带，对郎溪武工队进行分割“围剿”，武工队则跳出包围圈，进入宣长公路以南山区坚持游击斗争。为了配合正规军的“围剿”，国民党郎溪县党部又大肆搜捕地方农会干部，对被捕者强索500万元的“自新”费，并以此资金在梅渚开设“大生公司”，由中统特务许少炎任经理，进行敌特活动。此时，原一区区委书记钟正开，率领林超、汪国昌、裴传忠、李德文4人，组成一支5人的游击小组，在原一区的凌笪、岗南一带活动，昼伏夜出，风餐露宿。10月中旬，他们活动到凌笪的西吴卡。此时，抗战时期曾任“和平军”中队长的汉奸孔玉书，因反共有功，被国民党郎溪县党部委任为凌笪乡乡长，他走马上任后，大发淫威，大开杀戒，积极配合县行动队，四处搜捕新四军落伍战士。他在钱桥，逮捕了落伍新四军战士魏道友，残忍地将其头颅割下，悬挂在凌笪街上“公屋茶馆”大门口示众，并附上一张反动标语，嚣张之极。为了搜捕留守武装，孔强令推行“保甲连坐”，无论哪一保一甲，若发现“匪情”不报，保甲长一律严惩不贷。钟正开率领的游击小组到了西吴卡之后，一连几天待在山上隐蔽。一天夜晚，一游击队员高烧不止，若不及时下山寻医找药，眼望生命无救。钟等只得下山到西吴卡村，找原农会干部张有清的父亲（土郎中）求医。不幸，他们的行踪，被暗中盯梢的伪保长发现。很快闻讯的孔玉书率领乡中队20余人，将张家团团包围。如若与敌人火拼，将会殃及张家全家。于是，钟正开一行，连同张有清6人被逮

① 孙德胜同志回忆资料，1984。

捕。张有清在凌笪乡公所，遭打手毒打，终生残疾。次日，通知西吴保长将张抬回去，并要张家交出大米五担。

1945年11月12日，国民党郎溪县党部召开“特种会议”，将钟正开、林超、汪国昌、裴传忠、李德文5人枪杀在北门城外[①]。

苏浙皖边区留守武装，在短短的两个月之中，反复受到近万名国民党军队的“围剿”“追剿”，损失十分严重。苏浙皖边区司令部武装由原300余人，锐减到30人。郎广工委所辖的宣城、长兴、浙西3县的武工队全部被瓦解，大部分负责人被捕。郎广地区的形势也相当严峻。原郎溪抗日民主政府二区区长师尚荣，这个出身于地主家庭的公子哥在白色恐怖下，为了苟且偷生，在其三叔师国祯（国民党广德县参议员）的唆使下，心起异意。师国桢和国民党誓节乡乡长吴庭宾私交笃厚，吴庭宾根据国民党广德县长姜达绪策反“共匪”的指令，与师国祯两人密谋了策反郎广工委警卫连连长傅家齐的行动。师尚荣和傅家齐的游击小组都活动在分界山一带，在大王村附近。师尚荣经常回家为游击队搞些吃的东西，师国祯很容易就找到了他。叔侄两人一拍即合，很快制定了一套诱降傅家齐的方案。一天夜晚，师尚荣将傅领到叔父师国祯家，乘着丰盛的酒席，师叔侄你一言我一语开始了对傅的诱降。

傅家齐带着10余名武工队员活动在誓节渡四周的山区，整天被国民党军队追得东躲西藏，疲于奔命。队员们整天唉声叹气，有几个已悄悄离队回家。他和弟弟傅家和家境本来宽裕，参加革命是想赌一把，认为将来一定能出人头地。眼见现在新四军被国民党军队赶到江北，不知何时能打回江南。傅本来就抱着投机心理，缺乏革命信念，再加上国民党军队无休无止的“清剿”，随时都有被砍

① 中共郎溪县委党史办公室:《中国共产党郎溪地方史(1919—1949)》第一卷,内部发行,2010,第152页。

头的危险。面对吴庭宾、师国祯等人的威胁利诱，傅家齐和师尚荣走上了叛变投敌的不归之路。他诱劝武工队员道："现在国民党和共产党在重庆谈判，只承认江北有新四军，我们江南的新四军被视为土匪，一定要全部搞垮我们。"接着假传工委指示，"工委副书记许道珍已带着工委的队伍逃到宁国那边去了，他们临走时派人送信来说，让我们到国民党誓节乡公所假投降，隐蔽下来做地下工作。"傅家齐边说边打开了手里盒子枪的扳机，凶相毕露。这些不明真相的武工队员在他的逼迫下只得被动地听其摆布。很快，傅家齐和其弟傅家和裹胁魏清明、杨自华、李超、彭斯杰等一行10余人，携带机枪2挺、短枪8支、步枪10支投奔吴庭宾①。

师尚荣和傅家齐的叛变投敌，对郎广工委是一个十分沉重的打击，在队伍内部里一时引起了非常大的思想波动。但事已发生，唯有采取补救措施。张思齐、许道珍认为这14名战士是被师尚荣、傅家齐胁迫到国民党誓节乡公所当兵的，他们还是愿意回到革命队伍中来的。对于师、傅两人则应及时予以处决，打击一下敌人的嚣张气焰。与此同时，工委决定将一些不便隐蔽携带的长枪掩埋，并动员一些战士暂时离队回家打埋伏，避免遭受更大损失。特别叮嘱何增太、黄志诚等当地战士想办法也打进誓节乡公所埋伏起来，一旦时机成熟，发动兵变。

1945年12月，郎广工委因反复遭受挫折，损失十分惨重。工委机关只剩张思齐、许道珍等8人，郎溪武工队只剩丁浩等5人，这是郎广地区游击战争最为困难的时期。

1945年农历大年三十。许道珍、张思齐、丁浩一行来到广德苏村苑林村南一个叫阴岩子山南边的黄家大冲。在这里，郎广工委一班人，度过了留守的第一个除夕之夜。富有革命乐观主义精神的工

① 中共广德县委党史工作委员会编:《桐汭风云》,内部发行,1996,第78页。

委副书记许道珍，就着七拼八凑的“年夜饭”，举着一搪瓷缸子的白开水，风趣地说道：“今天，我们工委最后剩下的8人和郎溪丁浩武工队的5人合计在一起，正好是13人。我们战斗到最后的13人，是13条好汉！宋朝有‘十三太保’，我们也是‘十三太保’！”①

“十三太保好！”大家把缸子举起来，为我们“十三太保干杯！”工委书记张思齐也高举起了缸子：

“干杯！”

“干！”

这“十三太保”就是张思齐、许道珍、丁浩、史纪昌、孙德胜、李轩、王自强、孙朝廷、叶得胜、张宗智、韩明奎、孙老二、张明②。

“十三太保”在阴岩子休整了5天，这是他们自留守以来第一次在一个地方住这样长的时间。这几天实际上是一次短期整风学习班。张、许、丁3人对前一时期的工作，作了主观上的检讨，其余每个人都谈了自己的思想认识。最后，大家就今后开展游击斗争的一些原则和策略问题达成了共识，树立了在逆境下坚定革命事业胜利的信心。从此，“十三太保”的故事，在郎广地区流传开来，越传越广，越传越奇。

1945年12月底，国民党正规部队争先恐后赶赴大城市进行掠夺性的接收，发国难财。加上，旧政协会仪召开，国民党被迫伪装和平，暂时停止对苏浙皖边区的“清剿”。郎广工委抓住这一有利时机积极活动，从在山里隐蔽转入群众基础比较好的苏村一带开展游击斗争。首先在小腰山建立联络点，继而建立了富村塔等十几个

① 中共郎溪县委党史办编：《红色记忆》，内部发行，2011，第323页。

② 中共郎溪县委党史办编：《红色记忆》，内部发行，2011，第323页。

立足点，开始站稳了脚跟。接着在秀里村发展了十几名党员，建立了中共秀里村支部，后又陆续建立了小腰山、富村塔支部。1946年8月，正式建立了中共苏村区委（书记王自强、副书记朱平）。农会、民兵等群众组织也相继建立。

（二）第二次反“清剿”斗争

1946年5月初，国民党政府宣布还都南京。为确保还都后南京的安全，以新七师为主力再次进攻苏浙皖边区，对郎广地区进行第二次“清剿”。

是年四五月间，国民党新七师主力寻追苏浙皖边区主力武装扑空后，又以两个营的兵力配合郎广地方武装，重点对郎广地区实行驻扎性的“清剿”。以游击队经常活动的杨杆、石槽、姚村、苏村等地为重点目标，将其部队分散驻扎在方圆五六十里的大小村庄上，强迫单家独户的人家并入大村。白天分散搜“剿”，夜间则强迫群众在大小路口放隐蔽哨。与此同时，还派出大批特务到山顶、山洼侦察，采用把山间小道上的草打成结扣，在偏僻的小路或桥上糊上稀泥等方式搜寻游击队的活动踪迹，一旦发现游击队的活动踪迹，立即全面搜山。

郎广工委吸取第一次“清剿”的教训，采取了“避敌锋芒，分散隐蔽，牵制敌人，伺机斗争”的灵活战术，跳出敌人的包围圈进入新区，隐蔽坚持游击斗争，避免了一些损失。6月，随着全面内战的爆发，敌新七师北调，第二次“清剿”计划破产。

全面内战爆发后，郎广地区的情况开始发生变化。一方面由于国民党主力北调，军事压力锐减。另一方面因为内战爆发，国内政治、军事斗争的形势更加明朗，正义与非正义，革命派与反革命派两大阵营确立。人们彻底认清了蒋介石政权的反动本质，和平幻想破灭，模糊认识得以澄清。更为重要的是经过两次反“清剿”斗争，保留了一批立场坚定的骨干，取得了宝贵的游击斗争经验。此间，郎广工委主动与原先动员回家打埋伏的人员取得了联系，召回一些战士。工委及郎溪武工队的武装由13人发展到20多人，原被傅家齐、师尚荣胁迫到誓节乡公所当兵的一些人，也开始相互串联伺机反戈。原在1945年12月因病被工委动员回家埋伏的游击队战士何增太，与同村先期回家埋伏的王春发，被伪保长拉作壮丁，送往誓节乡公所当兵。誓节乡公所的武装，在广德乡镇中属力量最强的一个，共有两个分队，一个分队驻杨杆有20余人，另一个分队驻乡公所30余人，配有机枪2挺、步枪26支、手枪5支，弹药充足。这两个分队的人员，除小部分是国民党的兵痞外，大多数是抓壮丁抓进来的贫苦农民，还有傅家齐叛变时胁迫进来的游击队队员。他们对伪乡长吴廷宾和中队长蔡有清早就恨之入骨，“身在曹营心在汉”的何、王两人，审时度势，决定在伪乡公所内来个中心开花，组织兵变。于是，由何写了一封请战信，由忠诚可靠的魏清明送到界岭头地下交通员孙大姐手中。不日，孙大姐扮着卖菜的农妇混进了乡公所，将工委“绝对保密，注意策略，胆大心细，等待时机”的指示信，交给了正在值勤站岗的何增太。很快，何、王两人秘密串联了彭世杰、张大宽、李超、魏清明、熊建庭等骨干，又通过交朋友等方法，联络感情，争取了一些家庭出身贫寒被迫当兵并富有正义感的士兵，于是一支兵变的中坚力量已形成。1946年农历六月二十七日凌晨两点，天空下着大雨，乡公所大院内，随着事先约定好的暗号“好大的雨哇！”的一声叫喊，瞬间枪声四起，只见大雨中两个高大的身影，抱着机枪朝着营房内猛烈扫射。正在睡梦中的伪兵们如同惊弓之鸟，不知所措，乱成一团，纷纷抱头鼠窜，伪乡中队长蔡有清当场被击毙，伪乡长吴廷宾落荒而逃，其余束手就擒。连夜，何、王挟持叛徒傅家齐、傅家和，并携带机枪2挺、短枪5支、步枪25支、子弹200余发、手榴弹30枚及17人回归中共郎广工委，壮大了工委的武装力量。

誓节兵变是新四军北撤后，留守的郎广地区武装开始走向发展的一个重要标志。兵变后不久，广德武工队和郎广工委武装配合边区司令部武装，先后打下了溧阳与广德交界的敌金鸡岭据点，缴枪13支及部分粮款、布匹，郎广地区的斗争由被动隐蔽转入主动出击。9月下旬，郎广工委正式成立直属游击队，史继昌任队长，高明山（李轩）任党支部书记，下辖3个班40余人，有机枪2挺、长短枪近40支。至此，郎广工委武装有了一定的作战能力。

郎广工委早于1945年底，就先后抽调了丁浩、王自强、朱平在宣长公路以南，孙德胜、张宗智在路北，韩明奎、徐安美、扶太山在鸦山和姚村地区，分别开始进行恢复和发展基层党组织工作。1946年8月，中共苏村区委成立（书记王自强），苏村区下辖向科乡、坪塘乡、石鼓乡、溪口乡、独树乡等7个乡，4个党支部，有党员近30人。区农会主任汪玉宝，工会主席王大鸦。这时，仅桑园一带民兵组织就有100余人，全区人口40000余人，属郎溪县管辖[①]。

四、创建郎广游击根据地

1946年1月10日，国共双方下达停战命令，同一天政治协商会议开幕。2月1日，中共中央发出《关于目前形势与任务的指示》，介绍和阐述了政治协商会议的成果，提出“从此中国即走上了和平民主建设的新阶段”的论断。但指示又强调指出：“国际国内反民

① 王自强、孙德胜同志回忆资料，1985。

主势力依然强大，蒋介石国民党此次开始实行民主改革，如同他们过去实行抗日一样，带着极大被迫性，因而中国民主化的道路，依然是曲折的、长期的。”[①]2月8日，中共中央又发出指示：要求全党全军保持清醒的头脑，一方面争取和平民主新阶段的到来，哪怕时间短对人民也有利；另一方面积极做好迎接全面内战到来的准备。所有上述文件指示，中共苏浙皖边区特委都先后作了层层传达贯彻。通过对文件的学习，边区留守武装人员统一了思想，树立了中国必须和平、共产党人要高举和平这面大旗，对国民党必须有两手准备的基本观点。

这时，驻扎在郎广地区的国民党军主力虽暂时撤离，但郎、广两县地方反动政权并未放松对郎广工委的搜捕，他们采用造谣威胁，利诱分化，还制造抢劫，污蔑我游击队为匪军等卑劣手段，以瓦解游击武装，离间军民关系。郎广工委一一击破了敌人的伎俩，依然坚持困境下的游击斗争，保存了党和游击武装的有生力量，完成了由公开斗争到隐蔽斗争这一具有战略意义的转变。1946年6月，国民党当局在完成内战准备后，背信弃义，撕毁停战协定和政协协议，悍然向解放区发动全面进攻，内战全面爆发。国民党政府显然过高估计了自己的力量，对他们发动的这场战争十分乐观，认为可以速战速决，也许3个月，至多5个月，即能“整个解决”中国共产党领导的人民军队。中共中央华中分局接到苏浙皖边区特委关于留守初期的情况的报告后，于1946年7月1日，向熊兆仁、倪南山发出指示信（即七一指示），信中赞扬了苏南部队艰苦奋斗的精神，分析了国内外形势，明确了苏南、皖南党及其领导的武装斗争，应积极开展群众性的游击战争，打击反动势力，配合解放区粉

① 中共中央文献研究室、中央档案馆编：《建党以来重要文献选编（1921—1949）》第二十三册，中央文献出版社，2011，第104—105页。

碎国民党内战[①]。在七一指示精神的指导下，郎广工委在苏浙皖边区特委的直接领导下，依靠群众，广泛地开展群众性的游击斗争。

（一）贯彻七一指示，群众运动兴起

早在1945年10月间，皖南新四军第七师奉命北撤时，中共沿江中心县委书记杨明率沿江部队转移到黄山地区。1946年2月，遵照中共中央华中分局指示，皖南山地和沿江两个中心县委合并成立中共皖南地委（由胡明任书记），统一领导皖南地区敌后游击斗争。皖南地委决定采取“隐蔽坚持，积蓄力量”的方针，并根据这一方针广泛开展民主运动，积极发展力量，依靠和组织人民群众，认真搞好统战工作。从此，开始了具有战略意义的皖南三年游击战争。

3月14日，华中分局发出对皖南游击斗争的指示。提出皖南武装一方面要提高战斗力，另一方面要开展游击战争，壮大自己的武装力量，并以山地来开辟平原地区，以平原地区巩固山地。这时，国民党第四十四军“清剿”部队进入山区，在安徽省保安团及旌德、休宁、黟县等10个县土顽武装配合下，对皖南进行全面“清剿”。皖南游击队在皖南地委领导下，执行华中分局的指示，以山地和平原游击战相结合，有效地保存了自己，粉碎了国民党军的“清剿”，并将活动区域扩大到黄山以西地区。

1946年7月中旬，熊兆仁在宜兴涯岭接到交通员送来的七一指示，随即召集倪南山、孙章录、李少白、陈杰等在宜兴张渚以东的山区开会，学习贯彻七一指示精神，并即向司令部和太滆工委作了传达，同时决定前往皖南与胡明会师。为了尽快打通与皖南的联

① 中共郎溪县委党史办公室：《中国共产党郎溪地方史（1919—1949）》第一卷，内部发行，2010，第157页。

系，会议决定熊兆仁、倪南山带领40多人的武装，向皖南前进与皖南游击队会师。

为帮助打通苏皖之间的联系，是年4月间，郎广工委曾两次派彭海涛带一支游击小组，到宣（城）郎（溪）广（德）交界处寻找皖南游击队的行踪。抗日战争胜利后，泾旌宁宣县委公开活动的地区是宁国的板桥和泾县的涌溪。彭海涛历经曲折，终与皖南吕辉率领的游击队取得了联系。

1946年8月中旬，熊兆仁、倪南山率领边区司令部武装40余人，南进皖南途中路过郎溪，即向郎广工委传达了七一指示精神，因等待吕辉部来人接应，便在郎溪作了短暂的停留。

自新四军北撤以后，郎溪地区的反动势力，自认为共产党大势已去，只有紧跟国民党，才能获得荣华富贵。为了向国民党请功领赏，极力地配合正规军的“清剿”，残酷地迫害随军北撤的干部家属。时任国民党毕桥乡公所乡长江世云，就是郎溪南乡一带最为反动的典型人物，当地人民群众对这个双手沾满人民鲜血的刽子手痛恨之极，游击队一直意欲处决他，但都因为他行踪诡秘狡猾，而几次失手。当熊、倪两位首长了解这一情况后，及时地与郎广工委的负责同志一起商量，研究决定借此在郎逗留的机会，主动地向敌人出击，既符合七一指示精神，又能振奋民心。于是，立马派王春发等人前去毕桥侦察，待摸清敌乡公所的布防情况后，制定出一套周密的行动方案。熊兆仁司令亲自带领边区武装和郎溪武工队，以迅雷不及掩耳之势的突袭，一举端掉了毕桥乡公所，当场处决了罪恶多端的江世云，并缴获了10支步枪，数百发子弹，以及囤积在乡公所的布匹等物资。毕桥战斗的胜利，狠狠地打击了敌人的嚣张气焰，扩大了留守武装在广大人民群众中的影响[1]。

9月中旬，边区武装由吕辉部派来接应的喻家顺、周明火、张超等4人为向导，胜利地到达了宁国板桥，与皖南游击队接上了联系。当即留下倪南山配合吕辉部行动。熊兆仁带着七一指示信，率领1个班的武装继续南进。10月初，熊兆仁到达泾县与太平交界的樵山与中共皖南地委会合。

从1945年10月到1946年10月，经过整整一年的艰苦奋斗，留守宣郎广地区的各级党组织及其武装经受住了严峻的考验。宣郎广地区虽然遭到严重的损失，却保存了骨干力量，开辟了新的斗争基点，站稳了脚跟，取得了游击斗争的经验，为1947年的大发展奠定了基础。

为了贯彻七一指示精神，1946年11月，皖南地委在泾县濂坑召开会议，为执行华中分局的七一指示，统一领导皖南与苏浙皖边区的游击战争，决定成立苏皖军政委员会，胡明任主席，熊兆仁任军事部长。同时根据七一指示精神，提出“放手发动群众，壮大人民力量，积极开展胜利的群众性的游击战争，向着创建根据地的目标前进，在巩固原有阵地的基础上力争发展”为皖南党和游击队的总任务。在斗争方针上也作出重大转变，变小手小脚为放手发动群众，变隐蔽坚持为公开活动，变保存和积蓄力量为积极发展力量，变等待时机、相机开展游击战争为积极、胜利地开展群众性的游击战争[2]。会后，熊兆仁返回郎广地区，向郎广、太滆工委传达了十一月会议精神，对苏南的下一步工作作了布置。指示郎广工委向浙西和宣城、宁国方向发展，为与皖南连成一片创造条件。并把广北

① 中共郎溪县委党史办公室:《中国共产党郎溪地方史(1919—1949)》第一卷,内部发行,2010,第159页。

②《皖南地委十一月会议决议》。

划给太滆工委领导，胡惠民任太滆工委委员，负责广北工作。太滆工委领导位置由宜北移到宜南、广北地区。

1947 年 1 月，熊兆仁率骨干回到皖南，在樵山再次与胡明会合。至此，沿江、皖南山地、苏南 3 支力量汇合，武装力量达 800 人，增强了对敌作战的能力。

为深入贯彻七一指示精神，在边区武装打下毕桥乡公所后，郎广工委于 1946 年 9 月初，召开了乡级以上干部参加的工委扩大会议。熊兆仁、倪南山参加了会议，传达了七一指示。七一指示在郎广地区的传达贯彻是个重要的转折点，郎广工委改变了过去以保存力量、等待时机的方针，树立了积极开展敌后游击战争的思想，积极向外活动，打开局面。工委多次发动我打入敌人营垒的内线拖枪、抢枪来壮大游击武装。李定海、何国华、蔡庆元 3 人先后从国民党杨杆乡公所拖来步枪 12 支。江天顺、金龙发等从誓节乡公所抢来轻机枪 1 挺。这些行动既打击了敌人，又壮大了自己的武装力量。是年底，工委派彭海涛率 1 支 20 余人的武工队，以郎溪姚村山区为依托，去恢复开辟宣东游击区，派史继昌率 1 支 20 余人的武装去开辟广南游击区，逐步壮大了郎广游击区，为 1947 年的大发展创造了极为有利的条件。

（二）放手发动群众，开展“三抗”斗争

1947 年 3 月，中共皖南地委在泾县樵山荷花坑召开地委扩大会议，研究进一步贯彻七一指示精神。会议决定军事上成立苏皖边区司令部，司令员熊兆仁、政委胡明，统一指挥全地区的军事斗争。会议提出的斗争任务是：彻底贯彻华中分局七一指示精神，迅速转入大发展阶段，提出在武装斗争方面强调主力观念，克服地方分散、本位主义，迅速创造主力，把斗争提高一步；在群众运动方面

强调走群众路线，创造典型，放手发动群众，壮大人民力量；对建设根据地问题提出建设革命两面政权，向着根据地的目标前进；对苏南工作，决定以巩固发展的方针，开辟溧南，打开郎广北部局面，争取恢复苏浙皖边区抗战时期根据地的旧观。要求郎广工委应积极向南、东南、西南3个方向发展，与皖南山区连成一片。

在苏浙皖边区，熊兆仁、倪南山率领部队转入皖南山区后，华中分局为加强边区工作，于1946年底，决定撤销苏浙皖边区特委，建立苏浙皖边区工委，以加强对苏浙皖边区游击战争的领导。任命原苏中六地委书记钱敏（即林岳）为边工委书记、孙章录为副书记、朱春宛为委员。1947年2月，钱敏、朱春宛南下前，华中分局组织部部长曾山和吴仲超向钱敏传达了华中分局的决定，分析了当前的形势，指出敌人正向山东进行重点进攻，并准备从江南抽调10个师的部队去加强对山东解放区的进攻。因此，要求苏浙皖边区要迅速发动群众开展游击战争，把敌人的10个师牵制住，不让他们北上到山东去，在敌人“心脏”插上一把“尖刀”。同时，还要求钱敏积极尽快地与皖南地委取得联系。

钱敏是一位久经战火磨炼的老新四军指挥员，曾担任过华中二地委书记，他身材魁梧，遇事从容镇定，有着丰富的敌后工作经验。这次奉命南下，他深感责任重大，接受任务的第二天就带上40支短枪，去找苏中区党委。通过区党委书记陈丕显了解到去江南的交通不通，于是决定与朱春宛化装南下，经过一番精心化装，乘苏中区海防大队的一条七帆大船，向黄海中驰去。经过一天一夜，到嵊泗岛和舟山之间，后到上海浦东南汇区沿海登陆，化装成客商的钱敏和朱春宛登陆之后，设法弄到一张居住证，又化装成老百姓，先登川沙，后进入上海。一到上海，马上就知道了华中局派随他一道南下的凌康叛变了，随即离开上海乘火车到常州，又从常州辗转抵达宜兴南部山区。

1947年2月下旬，钱敏、朱春宛历经周折后到达宜南，在这里与孙章录、张之宜、王子达、张辉等会合，正式成立中共苏浙边区工委，以钱敏、孙章录为正副书记，朱春宛、王子达、张之宜为委员。边区工委下辖郎广、太滆两个分工委。郎广分工委书记张思齐、副书记许道珍、委员丁浩、彭海涛。辖宣宁、郎溪、广南3个地区。边区工委认真研究总结了当时存在的主要问题是：奉命留守的人员，对从过去抗日战争转到国民党撕毁停战协定，向解放区大举进攻的国内战争，思想准备不足、认识不足等。这就直接影响了思想方法、工作方法，以及斗争方法的转变。为此，钱敏向边区工委认真地传达了华中分局的指示并重新学习七一指示，从而达到了思想认识的统一。为了发动群众，边区工委决定从当时群众对国民党顽固派最痛恨的3件事（一是抽壮丁，二是交军粮，三是收苛捐杂税）入手，决定以“抗丁、抗粮、抗捐”的三抗斗争，作为发动群众的工作方针。经过一段时间的准备，边区工委于四五月间集中边区武装，里应外合，一举拔掉了宜南长岗岭敌人重要据点，全歼敌1个加强连，缴获步枪80多支、机枪6挺、六〇炮3门，威震江南，对扭转苏皖边区游击战争的被动局面起了决定性的作用。很快，苏浙皖边区主力发展到1个营。

为了和皖南地委取得联系，1947年5月，钱敏带着华中分局七一指示信，从苏南到皖南与胡明接上了关系，并参加了皖南地委。5月底至6月初，皖南地委在泾县涌溪召开临时扩大会议，进一步贯彻华中分局的指示精神。钱敏作了《今后江南形势的估计及工作方法与工作任务》的报告，认为“广泛地开展群众性的游击战争和创造主力游击队，是在游击战争中两位一体的任务”，提出“为建立苏浙皖赣4省边区游击根据地而斗争”。会后钱敏返回苏浙皖边区开展工作。苏浙皖边区工委属华中分局和皖南地委双重领导。

早在1946年冬和1947年1月，郎广工委便先后派彭海涛、史继昌率武工队恢复宣东和广南地区。彭海涛率武工队以郎溪姚村鸦山为依托，积极向宣东发展，一边联络宣城武工队的一些失散人员，一边收缴地主枪支，力量逐步增强。1947年2月，又改编了方全胜组织的一支外围武装，以此为基础重建了宣城武工队。6月，策动以叶向池为首的国民党宣城保安警察第五中队1个班11人起义，编入分工委武装连。武工队广泛开展统一战线工作，通过各种途径向国民党乡保长宣传我党的政策，保护群众利益。

3月，史继昌率广南武工队以花鼓、柏垫之间的五龙山为依托，首先在地形有利、便于隐蔽的扬冲、花庙边建立立足点，发展党员，建立群众组织。接着派出4个武工队发展新区，建立新的立足点。站稳脚跟后，开展“三抗”斗争，壮大自己的力量。先后取得袭击杨杆据点、全歼敌花鼓乡中队1个班等战斗胜利。经过半年多的努力，到1947年6月，武工队的活动扩大到柏垫、独树、梨山、双溪和桐汭等乡，以及浙江孝丰境内。建立了一、二、三、四区4个区级民主政权，逐步形成一块纵横数十里的新的游击根据地。到广南县成立时，武工队发展到1个连60多人，有轻机枪2挺，长、短枪四五十支[①]。

此时，郎溪武工队积极加强敌军工作，先后策反国民党暂节乡中队10余名士兵携机枪一挺、步枪13支加入武工队。至1947年7月，郎溪游击武装发展到一个正规武装排和一支45人的武工队。根据地范围逐步扩大，在原已建立的苏村区的基础上，10月，又建立了路北和姚村2个区。其中，路北区下设水鸣、长乐2个分区，下辖杨杆、涛城、水鸣、长乐、凌笪5个乡。姚村区下辖姚

① 中共广德县委党史工作委员会编:《桐汭风云》,内部发行,1996,第91页。

村、毕桥、十字、鸦山、柯村5个乡及宣城的双沟、洪林部分地区[①]。武工队还广泛发动群众进行抗丁、抗捐、抗税斗争和分粮斗争，使群众得到实惠。

在根据地逐步扩大，武装力量不断发展的同时，郎广地区还吸取绩溪地区的经验，发动农民群众开展大规模的分粮斗争。苏村区委书记王自强在各个党支部进行发动，组织了100多名民兵和近300名群众，分掉国民党郎溪县政府设在涯山乡盆形山粮库大米18000余斤。八九月间，丁浩、王自强、朱平在桑园主持召开有1000余人参加的群众大会，清算国民党苏村乡公所经济股长金继华贪污罪行，并就地处决，为民除害。会上，还动员开明绅士张思荣，把田契、房契、借条等当众烧毁。这次群众大会影响深远，有力地打击了国民党反动派的嚣张气焰，使人民扬眉吐气。“一石激起千层浪”，随着郎溪地区群众分粮斗争的开展，广德地区也开始积极行动。花鼓、誓节、西坞等地发动群众数千人，分掉国民党范村仓库大米30000余斤，稻谷70000余斤[②]。9月29日，广北胡惠民率武工队和群众200余人，分掉泉口村恶霸地主李文清囤积的大米10000余斤，并将其公开镇压。

12月，花鼓乡农民300余人，在广南游击队的掩护下，分掉国民党西山村粮库大米20000余斤。通过开展分粮斗争，密切了党组织与人民群众之间的鱼水关系，农会、民兵等组织也随之逐步建立和巩固。

① 中共郎溪县委党史办公室编:《郎溪党史资料》第五辑,内部发行,1988,第123页。

② 中共广德县委党史工作委员会编:《桐汭风云》,内部发行,1996,第92页。

（三）贯彻三八指示，创建游击根据地

1947年3月8日，中共中央华东局致信皖南地委（简称三八指示，对皖南敌后游击战争作了很高的估价。指出：皖南“地位非常重要”，“有配合正面战场的重大作用”，“是开辟第二战场重要地带”，要进行“大胆放手的游击战争”，“建立起人民政权”，“创建根据地”。总的方向以赣东北为主，浙西天目山为次。三八指示是继七一指示后，又一个重要指示，对进一步打开皖南局面，具有重要的指导意义。三八指示信由孙宗溶于6月初送到皖南，孙参加地委委员。此后，华东局又先后派罗白桦、余华（余纪一）、陈洪来皖南担任皖南地委委员，同时，还选派了一批县级领导到皖南，加强皖南的工作。

1947年6月上旬，皖南地委在泾县水岭召开干部会议，贯彻三八指示精神，会议强调分粮斗争和军事斗争紧密配合，以军事斗争的胜利来推动群众斗争，尤其要放手大胆地开展群众性的游击战争，创建主力，建立根据地，并积极向外发展。会议决定组建地委主力营，并要求苏浙皖边区以郎溪、广德、宁国、孝丰地区为基础，向浙西天目山发展。

为了贯彻三八指示精神，1947年6月下旬，中共郎广分工委，在郎溪姚村境内的柯村，召开了区以上干部参加的扩大会议。柯村，是一个位于姚村西南的盛村与宣城县交界的山冲村，全冲长约500米，村内居有二三十户山民，以柯姓居多，故称柯村。整个山冲，群山环抱，背靠郎宣的界山，只有一条山路进出，甚为隐蔽，也是游击队经常活动的基地。会议在该村地下党员万开喜家召开，这是一次左右郎广地区革命形势的重要会议。会上，中共苏浙皖边工委书记钱敏传达了中共中央华东局3月8日发出对皖南地委的指

示（即三八指示）。指示要求大胆放手开展游击战争，开辟第二战场，配合正面战场作战，集中主力创建游击根据地，建立人民政权。会议决定发动群众开展“三抗”斗争，发展党员，扩大武装，开展群众性的游击战争。会议决定成立郎溪、宣宁、广南3个县级民主政权，丁浩、彭海涛、许道珍分别担任县长[①]。柯村会议，是郎广分工委由过去的隐蔽斗争转向公开斗争的一个重要转折点。柯村会议以后，郎广地区以新的姿态向前发展。军事上成立分工委直属连，李轩（高明山）、叶德胜分别任连长、指导员。在开展“三抗”斗争的基础上发展党员，建立党的基层组织。斗争不再是单纯的打游击，而以更加积极主动的斗争形式，向着建设游击根据地的方向发展。游击队连续主动出击，取得胜利，游击区进一步扩大，并普遍建立了区乡两级民主政权。对国民党保甲政权，则采用利用、改造的方针，促使其“对我为主，对敌应付，为我服务”。

1947年8月底，孙章录率边工委武装到达苏村，与郎广分工委武装会合后，成立苏浙皖边区大队，彭海涛任大队长，张晖任副大队长。分工委武装编为一连，边工委武装编为二连。

1947年9月，边工委决定开辟广宁孝地区，以南进天目山为基础。彭海涛率主力一连进入杨滩，以白马庙为中心向南发展，抽调宣宁县李刚强、李家保两个武工队，深入宁国狮桥、汪村、孝丰扬家冲、五都湾等地活动。又派王均率一支武工队进入宁国姚高塔、长虹铺、大龚村、塘辛等地开展工作。月底，边工委率主力二连也进入杨滩地区，到10月间，新开辟地区以广德白马庙为中心，南至宁国梅林、狮桥以北，孝丰横禄山、广德小百店、八卦山一带，东到孝丰的陈吴村，纵横八九十里。为巩固新区，游击队主动出

① 中共郎溪县委党史办公室：《中国共产党郎溪地方史（1919—1949）》第一卷，内部发行，2010，第165页。

击，攻独树、打梅林、袭狮桥，震慑敌人。同时广泛宣传发动和组织群众进行斗争，很快形成了相对稳定的游击区。

此前3月间，虽然国民党军以保安二纵队一个大队驻宣城水东镇，并在郎溪十字铺设立宣郎广三县“清剿”指挥部（驻郎溪自卫队一个中队），除对游击武装进行两次小规模的骚扰外，并无其他活动，对游击队开展工作极为有利，基本群众的斗争情绪也逐步恢复，有些群众起来自发地拖拉壮丁粮款，中间阶层也开始逐渐转向游击武装，大部分保甲人员不再和游击武装对抗。在此形势下，郎广分工委积极扩大宣传，团结争取大多数基本群众，争取了部分地方绅士。

柯村会议后，分工委直属武装连续主动出击，先后袭击青年军来广德招收人员，缴获加拿大手提机枪1挺，物资1批。埋伏袭击国民党广德县长余琪，缴获步枪1支，毙敌1人。袭击杨杆据点，缴获步枪16支，俘敌17人。接着，又获董吴村、戈村反击战的胜利，缴获步枪、短枪等，俘敌10人的胜利。在此形势影响下，宣城保安队14人，携带步枪12支，向郎广分工委投诚。郎溪武工队加强了敌军工作，国民党誓节乡中队先后有10余名士兵携带机枪1挺、步枪13支加入武工队，武工队由一个班发展到一个排。

这时，苏浙皖边区在3个月内的分粮、抢粮、抗丁、抗捐的运动中，已共计发展和恢复党员600余人，发展武装共17个班，改编外围武装5个班计22个班，成立了2个连。其中工委6个班、广南史纪昌部3个班、郎溪丁浩部3个班、宜南3个班。并有全部脱产可以机动的武装约200余人。此外，武工队人数亦不断增长：宜南、宜北60人，太湖30人，宜南、长兴40人，广北20人，郎溪45人，广南25人，宜宁20人，连同其他工作人员（包括交通人员）等广郎宣宁及宜溧山地有脱产人员550人，武宜、太湖平原地区有脱产人员100人，两者合计650人，在分粮斗争中共分粮20000石，盖户约1000户。

根据华东局及皖南地委的指示，边工委已逐步南移到郎广地区，主要任务是在秋收斗争中打下广郎宣宁根据地的基础。10月，随着苏浙皖边工委的领导位置南移和郎广游击区的扩大，为便于工作，减少领导层次，边工委决定撤销郎广分工委，成立3个直属县工委：原郎溪与宣宁两县合并成立郎溪县工委（丁浩任书记），另有广南县工委（许道珍任书记），广宁孝县工委（彭海涛任书记）。增补张思齐、许道珍、丁浩、彭海涛为边工委委员。由钱敏、孙章录、朱春宛、张思齐4人组成边工委常委。

随着县级党的领导机构的建立，郎广地区普遍成立了区、乡级游击政权。广南县下设一、二、三、四4个区，广北县下设流洞、山北两个区；郎溪下设苏村区（又称路南区，书记兼区长王自强，副书记兼副区长朱平）、路北区（书记兼区长孙德胜）、姚村区（书记兼区长扶太山）。此间，宣郎独立游击中队，主要活动于宣郎广交界的姚村、水东、董村等地区，以利巩固边缘地区的游击政权。区、乡政权建立后，而对保甲则采取利用、改造的方针，以其“对我为主，对敌应付，为我服务”的原则。由于游击政权的建立，郎广地区由过去隐蔽斗争而逐步正式建立起游击根据地。同时，随着根据地的建设不断加强，逐步向南、东南、西南3个方向发展，已与皖南山区连成一片。

郎广工委自1945年10月成立，至1947年10月（其中1947年2月至10月改称为郎广分工委），因边工委进行机构调整而撤销前后两年的时间内，领导郎广地区的人民取得了敌后游击斗争的伟大胜利，创建了郎广游击根据地。根据地范围东至广德城东；西至宣城水东、孙家埠；南至广德卢村、独树、柏垫，杨滩，郎溪姚家塔；

北至郎溪定埠胥河、广德山北。

为进一步贯彻华东局三八指示精神，皖南地委继六月水岭会议之后，又于7月上旬在太平龙门召开沿江地区排以上干部会议。胡明代表地委作了讲话。孙宗溶传达了华东局指示，作了报告。会议强调分粮斗争与军事斗争的紧密配合，以军事斗争的胜利来推动群众运动，同时，强调要从思想上接受华东局指示，尤其要放手大胆开展群众性的游击战争，创建主力，建立根据地，并积极向外发展。会议根据三八指示提出的“为发展皖、苏、浙、赣广大地区的游击战争，应以赣东北为主，以浙西天目为第二”的总的发展方向，对地区的划分作了新的部署。为适应即将到来的皖南游击战争大发展的新形势，由苏皖边区司令部统一指挥苏、浙、皖、赣4省边区的游击战争。

1947年8月底，皖南地委连续发出“抗租、抗债”的指示。9月1日，苏浙皖边区工委又正式发出了《关于秋季工作指示》，总结了郎广宣及太滆各地发动群众分粮、抢粮、抗丁、抗捐运动及武装斗争胜利成果。指出秋收斗争的总任务是坚决彻底地大胆放手发动群众，把中心地区内百分之六十以上群众组织起来，在群众斗争中，大力发展主力和民兵，建立游击政权，以建立和巩固郎、广、宣、宁和太滆地区的游击根据地。并强调指出：“根据华东局7月28日指示，今年发动秋收斗争的中心工作和中心口号是‘抗粮、抗租、抗债’而不再提‘减租减息’的口号，这是我们在蒋管区发动群众运动斗争的基本策略的转变，正确认识这个基本策略的转变，才能领导斗争走上胜利……”中共郎溪县工委为了贯彻这一指示精神，决定在原有基础上，采取巩固发展方针，并决定以分粮斗争作为开展各项工作的重点。

在秋季斗争中，郎溪县工委在领导开展“三抗”斗争的同时，还结合开展了清算贪污和“二五减租”及“增资”斗争，在斗争中，进一步发展了民兵和农会组织。县工委还在杨杆、长乐、誓节、姚村、苏村、十字一带，先后在一个星期之内镇压了民愤极大的特务、恶霸地主就达50余人，拔掉敌人的耳目，消除了群众顾虑。

1947年秋，郎广地区的“三抗”斗争中，虽然发动了群众，打击了敌人，但由于没有从游击区的实际情况出发，扩大了打击面，损害了中间阶层的利益，影响了党的统战政策，给后来反“清剿”斗争带来了不利。

（四）粉碎国民党军队的“清剿”

郎广地区游击战争的发展，引起了国民党军队的极大恐慌。1947年6月，以敌六十三师副师长李双为首，召集宣郎广3县国民党县长会议，准备集中地方武装进行“清剿”。但不久，刘邓大军渡黄河南下，千里跃进大别山，敌人的“清剿”计划被打乱。10月间，国民党当局畏惧解放军渡江，逐调整编六十三师、四十六师1个旅、1个宪兵团及首都卫戍团进驻皖南，并配合两个保安总队及各县土顽，向皖南游击区进行了长达6个月的反复全面大“清剿”。在此之前，敌于9月份以宣、郎、广3县地方武装为基础，以袁岱为司令、訾向宇为参谋长成立“剿匪”指挥部（设在郎溪十字镇），经常集中三四个连队向游击队活动的地区进行骚扰。尔后，又派首都卫戍团第三营驻广德县城，并伺机出击。各县的封建势力和逃亡地主组成了戡乱委员会，在政治上与我顽抗。郎溪、广德2县还成立了“联防区”，以县与县交界的涛城、十字、姚村等结合部为重点联防。在“联防区”内组织自卫队，选派反动骨干分子担任保甲长和自卫队长。接着实行移民并村，5人联保，制发身份证，修筑碉堡，建立情报机构及递步哨，刺探游击武装情况。游击队与敌展开了针锋相对的斗争，除镇压一批敌特情报人员外，对伪乡、保长予以警告教育，并多次以小股武装力量不断袭击敌据点。

11月，敌以六十三师1个营及首都卫戍团1个营，加上保安团3个中队及宣、郎、广3县的地方武装计2000余人，由芜湖经宣城向郎广地区推进。首先进驻郎溪的姚村，宣城的水东、孙家埠及广德誓节渡一带，后又逐步向广南推进。郎溪以訾向宇、承谷香、高占元、吴国光为首，率5个中队，机枪16挺、步枪390支，配合国民党正规军疯狂地对郎广地区进行为期3个月全面的“清剿”。这次“清剿”的特点是：敌以安徽省军管区少将龙炎武为总指挥，对皖南及郎广地区采用“驻剿”“搜剿”“追剿”“堵剿”“兜剿”等种种阴狠手段，同时大筑碉堡，封锁要道，成立联防区，郎广地方党政特务机关，在“三分军事，七分政治”的口号下，向游击队发动政治攻势，砍山拆棚，移民并村，妄图割断游击队和人民群众的联系[①]。

为了积极配合“三分军事、七分政治”的“清剿”计划，郎溪、广德两县国民党政府还颁布了《“清剿”山地“共匪”的实施办法》：

1. 移民并村

凡单家独户以及深山易于藏“匪”之住户，在“清剿”时必须迁往乡公所指定附近之较大村庄居住。险要窝“匪”之纸厂窖棚，在“剿匪”期间酌情暂停。

凡迁居之居民其粮食（凡能充饥米谷、山芋、豆类）须全部迁

① 中共郎溪县委党史办公室:《中国共产党郎溪地方史(1919—1949)》第一卷,内部发行,2010,第172—174页。

出，如有将粮食暗藏家中或附近山林者，以接济“匪”粮论。

应行迁往之家中锅灶碗盏（凡能煮饭之物），亦须全部迁出，如有遗留者亦以前条并论。

2. 制发良民证

在“清剿”时期之居民，年在14岁以上者，不论家住或旅行须佩戴良民证。领良民证者须具五人联结切结（良民证由乡公所印制），无论何人在一星期内不领取良民证者，军队得随时捕办。

3. 集中民间武器

凡民间步枪、土鸟枪、刀、矛须在三日内一律集中，由乡公所组织自卫队，如有隐藏不遵者，即以“匪”论。

4. 加强地方行政组织

各保由乡公所遴选公正有胆识士绅及能力强干者，担任保甲长及自卫队长。如有不愿接受者以命令行之。

卅六年十一月七日

上述“清剿”，大致可以分为3个回合：第一回合（1947年10月至11月），是试探性“清剿”，敌采取重点与分散双管齐下的方法，其目的在于摧残民兵、农会组织和基层政权组织，试探游击队力量与对策；第二回合（1947年11月至1947年底）是以老区为主的有计划的重点驻扎性“清剿”，开始移民并村，制造无人区，并实行自首政策，目的在于搞垮游击队地方工作；第三回合（1948年1月至3月）是全边区普遍性“清剿”，但在“清剿”中仍有重点，敌调六十三师以更多的兵力专门寻追边区主力，企图一举消灭。

游击队对待第一回合“清剿”时准备不足，对敌情侦察又差，因而陷入被动。10月间，敌人支持地主，对“三抗”运动作顽固抵抗。是月底，敌联防区参谋长訾向宇率领两个中队从誓节渡到苏村骚扰，在事前游击队武装虽了解一些敌情，也在暂节渡与苏村之间设了埋伏，但因情报不详，当游击队到达埋伏地还没有作具体部署时，敌人则先期到达并发现游击队，双方当即发生遭遇战，结果游击队阵亡排长李克1人，敌无伤亡。对待敌人第二回合“清剿”，游击队则采取“精干武装在内线坚持、主力跳到外线”的对策，以外线出击，粉碎敌人的重点“清剿”。这样，敌人第一、二回合的“清剿”搞了两三个月，整个边区除郎溪民兵武装被摧残一部分外，游击队在一、二次反“清剿”中损失不大。

1947年12月中旬，敌对宣郎广宁孝地区的“清剿”更加疯狂，以在大吴村、地村对游击队主力围攻达到高潮。12月14日，广宁孝县工委机关和苏浙皖边工委机关及二连，还有许道珍、张思齐、丁浩都集中在广南月湾的老费村、胡村。开了三四天会，当时天已开始下雪，十分寒冷。几天后，又往下移几里到横板桥住了两三天。边区工委领导同志仍在继续开会，研究行动方案。待许道珍、丁浩、张思齐他们离开后，23日，广宁孝工委和边区工委机关及一连和二连转移到靠月亮湾的大吴村住下。住下不到几个小时，刚吃完早饭，不料，国民党军六十师1个营，加上南京首都卫戍团1个营、广德县2个县中队、宁国县1个县中队，共1000余人，突然包围了大吴村。边工委武装奋起反击，战斗打得十分残酷，从中午一直打到黄昏，敌伤亡20余人，边工委牺牲班长2人、战士3人、伤7人。

突围后，边工委率二连撤往广南，一连随广宁孝工委向南转移。一连撤到龚村边的大山上，直到天黑才下山。这时，山上山下积满了冰雪，战士们的双脚因雪水浸泡而结冰，摸到山脚下一家纸槽里，胡乱吃了一顿饭后，又继续向南推进。半夜时抵达广德杨滩乡的余家头，就地稍事休整后，翻过一座山头，于12月24日，抵达宁国桥头乡的大理东北面的地村。

部队抵达地村时，东方已泛出鱼肚色。因为白天行军目标大，易暴露，同时还要等李刚强的敌方情报，加之部队也异常疲劳，故就地宿营。当日，部队刚吃完早中饭，敌人就尾随一连赶到地村。一连的哨兵，发现敌情，立即开枪示警。工委和一连战士，听到鸣枪报警后，立即向西上了地村后面的大山，刚到半山腰，敌人则抢先占领了山顶（事后查明，是该村一个反动分子向敌人告密而致）。此时，山头上敌人的机枪，疯狂向下扫射，村口的敌人往里冲，部队背腹受敌，只得沿着半山腰打转转，包围圈越来越小。在敌强我弱、地形不利的情况下，部队掩护工委领导人，边打边朝敌火力较弱的方向突围，冲出来的不过五六十人，排长彭世杰连同战士21人牺牲，被俘8人，损失机枪3挺、步枪40余支，一连建制被打垮。一连的梁国忠等向西北方向突围，翻过两座山才冲出包围圈。等到天黑后，上了大理到双拓的山顶，遇上了李刚强率领的武工队，当晚，宿营狮子口。翌日，武工队一名队员在值勤站岗时，带枪离队，情况更趋紧张。李、梁立即率队转移，天黑时分，转移到宣城水东的董村沟一带，与方全胜领导的武工队会合。

12月27日，主力二连在广南陈家凹与敌遭遇，敌亡连长1人，伤9人，边工委轻伤3人，书记钱敏亦在此战斗中负伤。

地村战斗的失利，对当时部队和地方上的士气影响很大，一些思想不坚定的人开了小差，二连新战士走了20多人，广南二区原有30多人的武工队，只剩下区长刘学良1人。坚守在郎溪姚村鸦山的区武工队，在敌人严密地搜索时，只得靠生吃野菜、野果度日，在残酷的现实面前，一些人动摇离队，至年底，一支30多人的武工队，最后只剩韩明奎、徐安美两人。

敌人在进行军事“清剿”的同时，还采取了集中民间武器，移民并村，五家连坐，策反自首等反动手段，妄图彻底破坏郎广游击根据地。

面对敌人军事和政治上的双重“清剿”，边工委针锋相对，进行反“清剿”斗争。

在军事上，采取“敌进我进”的方针。当敌人进入中心区“清剿”时，武工队坚持就地斗争，主力跳出敌人包围圈，袭击敌人据点。从1947年11月到次年2月，先后攻克广德独树、双溪、芦村等据点，袭击花鼓、西湖据点，分掉西山乡敌公粮2万多斤。1948年2月23日，边工委二连乘敌主力撤走之际，在杨滩燕子窝伏击国民党广德县自卫队第四中队及杨滩乡自卫队，阻击敌增援的广德警保二中队，毙敌4人，俘敌16人。这些胜利极大地震慑了敌人，鼓舞了士气，扭转了地村战斗失利以来的被动局面。边工委和各级党组织，及时采取各种措施，整顿内部，恢复遭受摧残的游击根据地。

在政治上，边工委先敌一步，将民间武器集中起来，使敌收缴计划落空。对叛徒采取镇压与宽大相结合的政策，加以控制，破坏敌人强行的自首计划。对移民并村则采用以牙还牙的办法，对积极推行移民并村的乡保长给以有力的回击。1947年2月，广北武工队烧毁了积极推行并村的山北乡反动乡长肖冠三的100余间楼房。又通过两面派绅士出面做工作，迫使敌人放回被抓去的数百名群众和干部家属。同月，夜袭西湖乡公所获胜，派出武工队员对该乡11个保的保长提出警告。第二天，保长们纷纷跑到乡公所喊冤叫苦，移民并村计划不了了之。在开展反并村的同时，还进行锄奸行动，镇压了一批反动分子，打击了敌人的气焰，消除了群众顾虑，被迫并村的群众陆续返回原来的住地。3月下旬，二连击退浙江保安团两个中队对泰山地区的进攻，毙、伤敌10余人，群众情绪完全恢复。至此，敌人对浙皖边区的第三次“清剿”基本结束。

在反“清剿”斗争中，郎广地区的人民群众作出了应有的贡献，特别是一些中共地下党组织作出了积极的贡献。1939年春，中共广德县工委将誓节渡的“复兴商店”作为工委的秘密联络站。店主许端甫，是许道珍的三叔，系中共地下党员。许的长兄许济之老先生在广德、郎溪教育界德高望重，很多乡绅和政界知名人士都是他的学生，许端甫凭借这个有利条件，结识了不少上层人士，这对掩护联络站的工作十分有利。1947年上半年，由于国民党反动派长期对郎广游击区进行封锁，郎广工委领导人张思齐等感到消息闭塞，连国民党的报纸也难看到，对国内形势的发展不甚了解。为能及时收听到党中央的声音和了解解放战争的形势，他们托许道恒在上海买了一台美国造的“真利知”收音机，捎到南京许杰先生家。派谁去南京运回这台收音机？几经研究决定派许端甫（许杰是许端甫的四弟）前往，并顺便为游击队购买一些药品。当时，收音机和药品都属于“违禁”品。许毫不犹豫地接受了这一艰巨的任务，同他的大女儿许道纯同去南京，为防止意外，将钱缝在许道纯的衣服里。父女俩几经周折到了许杰家，除了付买收音机的款，还就地购买了一些游击队急需的药品。返程时，许端甫将这些东西伪装好，扮成长途贩运的客商，雇请了脚夫，沿途机智地避过不少岗哨的盘查，冒着极大的风险，终于将收音机和药品运回誓节渡，再转运到山里交给郎广工委。从此，郎广工委不但解决了消息闭塞的困难，还解决了缺医少药的困境。后来，中共苏浙边工委书记钱敏，正是靠这台收音机收听到大军渡江的消息，才作出游击武装下山接管郎溪、广德等县城的果断决定。

在恶劣的环境中，游击队的战士随时都有与组织失去联络的可能。由于有许端甫这个秘密联络站，才始终保持了党组织和游击队的联系。在大吴村战斗、秦山岭突围、长乐庵阻击战中一些掉队的干战，就是通过这个联络站同游击队联系上的。1938年冬至1949年4月底，十年间，许端甫家的地下联络站始络与地方党组织和游击队保持着联系，对郎广地区的革命作出了特殊的贡献[①]。

1948年3月11日，边工委在广宁孝工委所属的泰山区召开会议，总结了反“清剿”斗争的经验教训，提出今后的方针任务是：坚持与巩固老区，继续发展新区，创立隐蔽的游击根据地。会议总结了1947年秋季工作经验教训，决定停止“抗租”“抗债”，恢复原来深受群众拥护的“三抗”和“双减”，实行合理负担公粮和保护工商业者的政策，并在造纸工人中提出“增资”的口号，从而稳定了人心，团结了多数。党的新区政策的贯彻执行，取得了很大成绩，据统计，1948年，秋征完成公粮5200石，其中宣郎广2400石。自3月份起，全部经费靠公粮和纸槽捐解决，其他捐款一律不收。宣郎广有11个保减了租，在郎溪鸦山纸槽集中地增资的工人达4000余人。广宁孝在泰山、姚家塔两区中心地减了租，减租田约7000亩。“三抗”斗争在各地继续地展开，广宁孝全部抗掉的有3个保，拖的有20个保，宣郎广拖的有10个保[②]。党的新区政策的实施，受到各阶层群众的拥护，促进了党的统一战线的发展，完全打破了一度出现的孤立局面。会议决定广南县警卫连与郎溪武工队合并成立一个连，恢复一连建制，仍随广宁孝工委活动。不久，在边区大队的基础上组建苏浙皖边区支队，常喜胜任支队长，副支队长张辉，下辖3个连：原一连改称五连，原二连加上从丹北地区过来的一个排，组成六连，原太滆分工委直属连上升边区支队为第八连。积极向东南方向发展。

① 中共广德县委党史工作委员会编：《桐汭风云》，内部发行，1996，第196页。
② 中共广德县委党史工作委员会编：《桐汭风云》，内部发行，1996，第375页。

（五）南进天目山

第三次反“清剿”斗争结束后，苏浙皖边工委及各县工委全力恢复地方工作。新开辟的广宁孝地区积极进行反并村斗争和锄奸斗争，镇压了一批反动分子，打击了敌人的气焰，消除了群众顾虑，被迫并村的群众陆续返回原来住地。3月，武工队在主力连的配合下，深入浙江孝丰西清、太平乡活动，建立百余个完全可以控制的立足点。广北武工队配合太滆分工委武装，频繁出击敌人。3月2日，在金鸡岭伏击敌溧阳县戴埠、三丫、横涧三乡联防队，毙、伤敌17人，俘8人，缴获机枪1挺、步枪12支。5月，在水东岭桃山口伏击全歼敌杭村乡中队，俘敌乡长、中队长以下20人，毙、伤敌10多人，缴机枪1挺，短枪4支、步枪20余支。6月，边工委常委、组织部部长张思齐率领10余名干部，从广德香居村出发，前往宁国东部，准备南进天目山。7月，为抽调干部加强新区工作，边工委决定撤销广南县，将其所辖一区和二、三、四区，分别划归郎溪县和广宁孝县①。史继昌调任广宁孝县工委委员。原广南三区武工队经调整充实，组建为广宁孝县工委直属武装，有3个班30多人，张显良任队长。8月，钱敏、孙章录率五、六两个连，及天西武工队到达宁国、昌化边境地区。同月，天西分工委成立，张思齐任书记，张之宜为副书记。至年底，天西地区建立了宁墩、虹龙、昌北、狮桥4个区。10月，王子达调路南工作，徐行接任太滆分工委书记，胡慧民任副书记。在太滆地区活动的边区支队八连，同时南调归建，徐行率领的武装与溧宜广武工队会合，组成太滆游击部队二连。

① 中共郎溪县委党史办公室：《中国共产党郎溪地方史（1919—1949）》第一卷，内部发行，2010，第177—178页。

1948年12月19日晚，边区支队3个连及天西武工队300余人，围攻天西地区敌最大的据点宁国万家桥。该据点周围筑有3尺厚的围墙，东南西北有4座碉堡，组成较强的交叉火力网，号称“铁打的万家桥”，边工委武装采用军事进攻和政治瓦解相结合的办法，几个小时将其攻克，除乡长唐述玉1人逃跑外，乡警保队副队长以下60余人全部被俘，取得了边区支队进入天西地区以来首次攻坚战的胜利。接着，边工委武装乘胜向天目山的于潜、孝丰、临安一带发展。月底，由天目山返回宁东南地区时，痛击埋伏在孔夫关、仙家桥一带的浙保一团。从此，皖浙两省之敌不敢来天西地区骚扰，形成纵横80余里的中心游击根据地。

五、巩固老区，发展新区

（一）加强根据地建设

经过1947年10月至1948年3月，长达6个月的反“清剿”斗争的考验，皖南各地群众性的游击战争获得了重大发展。为了总结大，召开扩大会议。会议总结了1947年3月至9月的大发展，6个月的反“清剿”和南进开辟新区等工作，并根据华东局的指示精神，总结了不同地区的斗争经验。要求：一是沿江地区，敌人将以一切力量来控制，应以精干隐蔽的武装活动，积极开展党的秘密工作。二是中心地区，敌人屯兵最多，是“清剿”中心，但群众基础雄厚，应以“隐蔽发展，武装斗争应机动灵活”。三是南进地区条件最好，是主要发展方向，应“积极发展，争取时间开辟多块根据地，并迅速打通联系”。这次会议确定的今后总任务是：“巩固老区，发展新区，为大军渡江准备基地。”根据这个总任务，要求在军事上应当积极地争取不断的小胜利，积小胜为大胜，反对军事上的保守倾向，反对游而不击，对各种敌人不要采取一般的打击，要善于利用敌人的矛盾，孤立最顽固的敌人。要采取灵活的集中分散，不断壮大武装力量，向主力发展。在群众斗争问题上，主要的口号以反蒋斗争为宜，如“三抗”、反贪污，在反“清剿”斗争中的反奸淫、反掳掠、反捕杀、反移民等斗争。一方面要积极开展武装斗争来支持配合群众斗争，另一方面，应不断地帮助群众总结经验，指导他们斗争。

为适应需要，会议决定撤销1947年12月1日成立的皖浙赣前进委员会（书记熊兆仁、副书记余华），在前进地区成立皖浙赣、皖浙、皖赣3个工委，其他地区设立黄西、黄东和樵北3个工委。这样加上苏浙皖边区工委共7大战略单位（后由于情况变化，泾青南3个县委仍为地委直属，并在原来的基础上继续坚持斗争）。继皖南地委四月会议之后，苏浙皖边区工委及时地对6个月以来反“清剿”的斗争工作作了基本总结，提出的工作方针是：坚持和巩固以郎广为中心的老区，继续发展新区，以创立一个隐蔽的游击根据地为目的[①]。

为了配合苏浙皖边区工委的南进工作，加强两地的联系，1948年5月，泾旌宁宣县委派张克标，带一个班开辟宁东。6月初，王文石率县委机关20余人，来到洪家塔。经过3个月的工作，打开了局面，活动范围东至天目山，西连济坑，南抵坑头，北到桥头埠。8月4日，钱敏率部与泾旌宁宣县委王文石，在宁（国）昌（化）的虹龙、岛石坞地区会合，苏南、皖南两块游击根据地连成一片。上旬，组建了“天西临时军政委员会”，钱敏任主席，孙章录、张

① 中共郎溪县委党史办公室：《中国共产党郎溪地方史（1919—1949）》第一卷，内部发行，2010，第178—180页。

思齐、王文石为委员。不久，皖南地委决定将宁东地区划归苏浙皖边区工委领导，王文石部撤出宁东。天西武工队分赴宁墩、独桥、虹龙、昌化、天目山5个地区发动群众，先后建立了4个区委。10月，成立天西工委和天西办事处，张思齐任工委书记兼办事处主任。至此，苏浙皖边区工委建立了4块公开的游击区，即宣郎广、广宁孝、天目山以西、宜南和广北（包括长兴一部分）。同时还建立了宜北、武南、锡西、太湖4块隐蔽的游击区，并积极向东、西天目山方向发展。全边区约有人口30万，中心地区10万，能够征收公粮的田亩10余万亩，武装力量有3个主力连及各地武工队，共624人，党员800余人[①]。

1948年7月24日，华东局对皖南地委的工作指示再次强调，要求迅速发展武装，建立主力，凡能公开建立民主政权的基本地区，不应保留国民党政权。此间，为了抽调干部发展新区，苏浙皖边区工委决定撤销广南、郎溪县工委，将两县合并为较大的郎溪县工委（亦称宣郎广工委），书记许道珍，副书记丁浩。广宁孝工委不变。

1948年下半年，人民解放军节节胜利。江北部队已派陈洪、陈木寿、陈高泉率一部分人来皖南协助工作，这说明大军渡江的日子已越来越近。在此形势下，皖南地委于9月上旬召开了临时工作会议。会议对领导、地区、军事以至财粮统一诸问题进行研究并作了部署：决定以胡明、刘奎、陈洪3人组成皖南地委临时党委会，统一领导全地区工作。同时，决定以胡明等9人组成地委财经委员会，以克服过去财经紊乱的现象。

1948年11月5日，地委又研究决定，将皖浙赣、黄西、皖赣合并成皖浙赣大工委，以熊兆仁为书记、余华为副书记，罗白桦为组

① 中共郎溪县委党史办公室：《中国共产党郎溪地方史(1919—1949)》第一卷，内部发行，2010，第180页。

织部部长，杨明、倪南山为委员。同时决定成立中国人民解放军皖浙赣支队，杨明为政治委员、倪南山为参谋长、查德富为副参谋长，并成立浙赣线前委，以统一领导南进浙赣线的准备工作。

在苏浙皖边区进行地区调整，根据皖南地委的指示，边区工委为执行“为迎接大军渡江准备基地”的总方针，加强对新区领导，巩固天目山西地区，决定撤销郎溪工委、广宁孝工委，成立路南、天西、太滆3个分工委。路南分工委书记王子达、副书记许道珍，委员丁浩、彭海涛。天西分工委书记张思齐、副书记张之宜。太滆分工委书记诸少白（徐行）、副书记胡慧民，委员钱南屏、胡求真。路南分工委下辖郎溪、广南、宜东、广宁孝地区，分别设立誓节、柏垫、姚塔、太山4个中心区委。誓节中心区委辖整个郎溪县，中心区委下设路北（宣长公路以北）、苏村乡、姚村3个分区委。中心区委书记孙德胜、副书记王自强。路北分区书记刘道隆，下辖长乐乡、涛城乡、水鸣乡、涯山乡（南丰）、岗南乡、杨杆乡、毕桥乡、凌笪乡。苏村分区书记张宗智，下辖向科乡、石鼓乡、溪口乡、独术乡、平塘乡、苏村乡。姚村分区书记扶太山，下辖姚村乡、十字乡、鸦山乡、柯村乡、大山脚乡、洪林乡。郎溪全县已建立27个党支部，党员177名。

为了积极做好迎接大军南下的准备，誓节中心区委在巩固地区积极发展党组织及农会、民兵、妇女组织，还要发动群众开展抗粮、抗税、抗丁及增资、减租的群众运动，同时组织民兵切断敌人宣（城）长（兴）公路沿线的电话线，破坏敌人的交通运输，随时掌握敌人的情报，并积极发动群众筹集军粮，以策应大军渡江。

（二）第二条战线的开辟

毛泽东把统一战线看作中国革命的三大法宝之一。实践证明，在敌强我弱的情况下，特别是在敌我斗争十分尖锐复杂的情况下，坚持贯彻党的统一战线政策，争取进步分子和中间同情人士、团结一切可以团结的反蒋力量，孤立敌人，是十分重要的。

1945年10月，江南新四军主力北撤，国民党军队及地方反动势力大举进攻，到处围攻留守部队，残杀干部和群众，阶级斗争十分尖锐，社会动荡不安，中间分子观望，下层动摇。在这种情况下，郎广工委一度只注重强调武装斗争，忽视了统一战线工作。在具体工作中执行政策过左，结果有一些中间分子和中下层人士投靠了国民党阵营，给郎广地区坚持斗争带来了一定的困难。

为此，中共誓节中心区委吸取了留守初期的经验教训，注重坚持统一战线工作。国民党政权奉行卖国、独裁、内战的政策，引起了国统区广大人民的强烈反抗，特别是在敌人频繁骚扰的郎广地区，人民的反抗情绪日益剧增。中心区委因势利导，广泛争取反蒋力量，团结进步人士，争取了不少乡村教师、医生、中小商人、开明绅士等社会各界人士，结成了反蒋统一战线。当时活动在广德誓节、苏村一带的地下党员许端甫以经商的公开职业为掩护进行地下工作，医生丁志仁在许端甫的影响下，同情革命，经常冒着极大的风险，替游击队购买药品，还亲自背着药箱到预定的地点为游击队伤病员治伤看病。国民党郎溪县二区区长、县参议徐仲甫，曾在抗日战争时期就为郎广地下党组织做过许多有益的贡献，解放战争初期曾卖掉个人400亩田产，资助郎广留守武装，协助郎广工委渡过了留守初期的难关。

. 为了更好地团结一切可以团结的反蒋力量，誓节中心区委还在开展统战工作中，十分注意原则性和灵活性相结合，对做过坏事的伪乡保长，除罪大恶极的予以镇压以外，对其他人员尽量做工作争取，在一定的程度上掩护他们，使之成为“白皮红心”的两面派，为中心区委服务。

1947年底至1948年初，随着郎广游击根据地的建立和发展，中共暂节中心区委根据中共中央《关于国民党统治区工作的指示》所要求的党在国统区的工作要尽量利用合法形式，争取中间力量，建立反卖国、反内战、反独裁、反特务恐怖的广大阵线的指示精神，更加注重了团结各界人士的工作。经常有计划地召开民主人士座谈会，宣传我党的政治主张和政策，如“主张贸易自由，保护工商业者”等，得到中小商人的拥护。“对蒋党政官兵亦不一律排斥，乡保长及国民党军中下层军官人员，只要悔过自新，不反对、不破坏革命工作的则一律宽待，不咎既往”等政策，这对反动阵营的一般人员震动影响很大。1948年12月，国民党郎溪县中队1个班携机枪1挺、步枪8支，起义投诚。

1947年春，在华东局三八指示的指导下，郎溪地区由破仓分粮的斗争逐步发展为抗租、抗债、抗丁、抗派夫、抗一切苛捐杂税的斗争，成为郎溪人民反美、反蒋第二条战线的重要内容。在斗争中，一些手工业者还开展了增资斗争，农村中普遍开展了“减租、减息”的双减斗争。在姚村鸦山等纸槽集中地区实行了倒四六分成的增资，增加工资的工人达4000人。这一切，对于巩固和发展郎广游击根据地起了一定的作用。

1948年5月20日，国民党军警在南京镇压宁沪杭地区16所专科以上学校学生示威，逮捕打伤学生150余名，制造了“五二〇血案”，从而使反饥饿、反内战的学生运动迅速发展到全国。同年10月，国民党郎溪县党部副书记长、三青团郎溪县分团部主任吴国光兼任郎溪中学校长，吴利用学生中的三青团员秘密监视进步师生，开除学生戴又贤，对学校实行高压统治，引起师生强烈不满，国民党县政府还派军警半夜包围学校。由于学生坚持斗争和社会舆论的压力，迫使县政府撤销吴国光的校长职务。此后，全县反饥饿、反内战的学生运动不断发展。

六、策应大军渡江

从1947年6月，刘邓大军挺进大别山，到1949年1月底，全国解放战争形势发生了根本变化。其间解放军不仅成功地实现了由战略防御向战略进攻的战略转变，而且经过了辽沈、淮海、平津3大战役后，为取得战略大决战的最终胜利，为解放全中国奠定了坚实基础。

淮海战役后，人民解放军直抵长江北岸，摩拳擦掌，加强练兵，只等党中央一声令下。国民党政府则陈兵70余万于长江以南地区，以长江防线为外围，以京沪杭三角地带为重点，以沪杭为中心，采取持久的防御方针，企图和中共“划江而治”。两军对峙长江沿岸，战争一触即发。

（一）大军渡江前郎广地区的形势

1948年底的皖南地区，在中共皖南地委的统一领导下，经过3年多艰苦卓绝的游击战争，开辟了以皖南为中心的苏浙皖赣4省边界的广大游击区，其范围北起长江，南抵浙赣线，东临太湖，西近鄱阳湖，包括皖南全部和苏南、浙西及赣东北部分地区共40个县。形成沿江、皖浙、苏浙、皖边和皖南地委中心区5大战略区，并已连成一片，主力游击队和武工队发展到7000多人，在巩固的根据地内，拥有人口百万余，普遍建立了县区乡村民主政权，为解放大军渡江准备的基地基本建成。其中，苏浙皖边区的路南分工委（辖郎溪、广德全境，宁国、孝丰部分地区）的所辖地区，已建成为巩固的游击根据地，为南进地区不断提供兵员和财物。广德北部地区则作为太滆分工委的指挥中心，担负着领导苏南的重任，辖区内各级党组织在分工委领导下，积极抓紧布置和落实各项迎接大军渡江的准备工作。郎广人民群众、中间人士和进步士绅，满怀喜悦，准备迎接自己祈盼已久的彻底解放。国民党政府公职人员和反动武装则惶惶不安。

此间，中共苏浙皖边区工委于1948年12月9日发出《关于秋季工作的总结与今后工作方针及任务》的决定，提出今后的方针与任务是在“反美反蒋的统一战线的方针下多交朋友，孤立敌人，巩固和发展根据地”，“深入党群工作，继续发展力量，准备迎接大军渡江”。1949年1月28日，边工委又发出补充指示，要求所辖的太滆、路南、天西分工委要火速绘制重要军事地图以转苏中。在武装斗争方面提出：在积极行动积小胜为大胜的方针下，应积极发展武装和人员，对于能吃掉的敌薄弱据点和武装，尽可能集中优势力量吃掉它，但对没有胜利把握的攻坚战和不必要的消耗战仍应当避免，在行动中丝毫不能放松对敌的警惕性。各地区部队和武工队发展的计划原则上规定在3月底前发展一倍，其具体计划由各分工委决定。同时，分配军鞋、军粮任务，全边区赶制军鞋1000双，筹措军粮3万担，并要做好内部思想准备。特别强调“城市工作必须加紧进行”，以便城市解放后接收与管理。1月8日皖南地委发出《关于目前形势及任务的指示》，提出总的任务是“紧急动员一切力量，准备迎接大军渡江”。根据以上指示，中共誓节中心区委（辖郎溪全部），坚持“巩固与发展”的方针，积极做好了一系列策应大军渡江的准备工作：①加强现有地区，尤其是宣（城）长（兴）公路沿线的工作。突出了党群工作，发动群众积极开展“三抗”（抗丁、抗粮、抗税）斗争。并积极进行党组织的发展工作，对原有党员进行统计编入支部，并在水鸣、十字一带新发展了29名党员（其中3名女党员）。另外，广泛进行农会、工会等群众组织的整顿和发展。在宣长公路沿线农村，宣传动员群众在国民党军溃败经过时，势必开展反拉夫、反奸淫掠夺的斗争，以配合渡江大军歼灭残敌。②广泛开展宣传攻势，印发各种宣传材料，散发到各乡镇和敌据点，以瓦解敌人，安定民心。③通过各种渠道搜集战略情报，向分工委进行及时汇报。④组织地方游击武装，主动袭击公路沿线敌据点，向据点敌人喊话，分化瓦解敌人。⑤动员组织各区乡积极筹集公粮并广泛发动妇女做军鞋。

1949年1月，无锡江苏省立教育学院等大专院校的一批学生，因参加“反饥饿、反内战、反迫害”的爱国民主运动，遭到国民党当局的追捕、通缉，由当地地下党组织安排转移到广北参加革命。太滆分工委及时成立了由这些学生组成的宣教组，负责对外宣传和游击队的政治学习与文化活动。2月，创办了油印《太滆电讯》，刊登新华社播发的中央文件、社论和消息，报道游击队的战斗生活，表彰有功人员，在鼓舞士气、威慑敌人方面发挥了重要作用。1月28日，分工委武装在广北武工队的配合下，通过内线一举攻克敌砖桥据点，击毙分队长，俘敌20余人，缴获机枪1挺、步桥20余支。31日，攻打敌山北据点，在敌分队长的策应下，攻入乡公所，缴机枪1挺、步枪30余支，这个分队40余名敌人全部投诚。至此，广北游击根据地连成一片。

（二）策动国民党军政人员投诚起义

三大战役之后，国民党内部人心涣散，反动统治摇摇欲坠。中共路南分工委抓住时机，加强了对国民党的地方军政人员的策反工作。分工委副书记许道珍通过给国民党军政人员写信，直接接触或由统战对象出面做工作等方式，积极对国民党地方军政人员进行策反，取得显著成效。据不完全统计，在大军渡江前夕，仅郎广地区起义投诚的国民党军政人员就达800余人。

1949年4月26日，国民党广德县柏垫联防区主任朱学礼率领联防区及柏垫、桐汭、独树3个乡的武装170人，摆脱县长卢慕曾的控制和监视起义。广德国民自卫队第二连连长吴振球，抵制撤往杭州的命令，率全连90余人到大塘口起义投诚。苏村、凤井、花鼓、景贤（城关）、高湖和双溪（卢村）等乡镇武装及国民自卫队一部和五连一个排，计500余人，携带机枪8挺、长短枪480余支投诚。国民党门口塘乡中队也于4月下旬向广北武工队投诚。

1949年4月上旬，在解放大军即将横渡长江前夕，昔日在郎溪县城为非作歹的伪县自卫大队，龟缩到县城西郊的西杨村，妄图东山再起。这支100余人的自卫大队，是国民党郎溪县长承谷香的“御林军”（此时，承借病离职回到芜湖家中），大队长高占元是个“不撞南墙不回头”的江湖混混，他平日依仗承谷香的权势，狐假虎威，横行乡里，鱼肉人民，老百姓恨之入骨。在自卫队里，他喜怒无常，打骂士兵，扣克粮饷，吃喝嫖赌，五毒俱全，士兵们对他敢怒不敢言，背地里给他起了个外号“高占完”。他这支乌合之众霸占西杨村之后，真正将这个小村庄占了个“完”，100多号人突然涌进只有二三十户的村庄，征粮索款，吆五喝六，弄得鸡飞狗跳墙，一时人心惶惶。

为解救西杨村的穷苦百姓，将这支武装争取到人民一方，徐仲甫先生受丁浩等同志的重托，只身深入敌巢，劝降投诚。

徐仲甫身为县参议员，曾与高占元同在县府共过事，且又为承谷香所尊重，故徐参议一到西杨村，高也不敢慢怠。一阵寒暄之后，徐仲甫挥手示意左右退出，早已胸有成竹的他，干脆以假传圣旨，单刀直入地对高占元神秘而严肃地说道："前几天到芜湖跑了一趟，承县长病情尚未好转，看来一时半会还不能返郎理政。他鉴于大势所趋，声色十分凄然。当我问他县府人员如何转移时，他迟迟不开口，最后向我苦诉，现大势已就，何去何从，就各行其事吧。"继而徐仲甫又对高占元进言道："眼下，一个偌大的中国已是共产党的天下，你区区一百多号人马，还想以卵击石？在这小小的西杨村这块弹丸之地又能成什么气候？还不如听从承县长'各行其事'的意思主动归顺到那边去，还能落个既往不咎，宽大处理呢！"徐仲甫的一番"肺腑之言"，弄得高占元坐立不安，六神无主。

徐仲甫一眼看穿高占元的心态，心里有了底。打铁趁热，于是，他即利用高平日与部属积怨甚多的矛盾，召集分队长和排、班长会议。他反复宣传解放军对投诚人员的宽大政策，动之以情，晓之以理。这些中下层小头目，早已与高占元貌合神离，现见大势已去，巴不得借着徐参议这架梯子往上爬。那些士兵大都是"壮丁"，受尽了高占元的欺凌，见有县参议员亲自前来说降，乐不可支。

经过徐仲甫两天的劝降工作，尽管高占元还在思前虑后，举棋不定，但他也深知部下已是人心向背，投诚已成定局，即使个人一意孤行也只能是自取灭亡，不如顺水推舟听从徐参议的"高见"，主动投诚。

4月25日，徐仲甫领着这支100余人的自卫队，主动向誓节中心区投诚。

徐仲甫先生，只身入敌巢成功说降，一弹未发，就接收伪自卫队机枪14挺、步枪百余支，除部分人员遣送回家外，近百人收编入解放军行列，走上了新生。高占元投诚不久，仍贼心不死，妄图死灰复燃，被人民政府镇压。但自卫队的收编，不但维护了地方的安宁，也为大军顺利解放郎溪全境，扫清了障碍。

（三）郎溪、广德解放

1949年4月22日，中国人民解放军苏浙皖赣边区司令部发布命令，命令指出："我解放军第三野战军七、九两个兵团3个军，于20日晚，在荻港、铜陵线渡江成功。占领铜陵、荻港。现正向南陵、宣城进军扩大战果中，并继续源源渡江。我苏浙皖赣边区各地武装应集中力量立即有效配合解放军歼灭各地国民党军队，占领各大小城市（县城），并以一部主力或大部主力向浙赣线转战……苏浙皖边区支队应立即集中全力于郎广地区配合解放军解放宣城、郎溪，控制宣长公路及天目山、苏南宜（兴）、溧（阳）等城市。"21日，毛泽东主席、朱德总司令向全军发出了《向全国进军的命令》。而在进军令正式发布之前，中路集团军（第三野战军七、九两个兵团），已于4月20日夜，首先在裕溪口至纵阳的长江段发起了进攻。至此，解放军东、西集团军提前一天实施渡江作战，仅20分钟时间，中路集团军先头部队已率先在铜陵、繁昌沿江登陆。于是，敌千里江防被拦腰折断，头尾难顾，渡江部队乘胜扩大滩头阵地，迅速插入纵深。中路集团军率先突破江防，东、西路集团军在4月21日发动进攻，胜利完成渡江作战。

中路集团军突破敌江防之后，总前委指示第九兵团"在完成消灭繁昌、荻港、鲁港之敌后继续向东挺进"。4月23日，二十五军在凤凰桥、茅山一线越过青弋江，进入湾沚以南地区，切断国民党军队的退路，经过24日一天激战，消灭大部分敌人。湾沚大捷后，三野九兵团先头部队沿芜杭公路，以每天65公里的速度向东挺进[①]。正在天目地区的苏浙皖边工委，从收音机里获悉大军渡江的消息后，立即率边区支队下山配合解放军行动，在歼灭宁国墩之敌后进入河沥溪，与解放军第二十一军第六十一师会师。随后，钱敏、孙章录奉谭震林之命接管浙江湖州。根据边工委命令，丁浩、孙德胜、王自强等率部接管郎溪。4月26日，路南分工委书记王子达率边区支队第五连（连长王双庆）及丁浩、孙德胜、王自强率领的誓节中心区委武装，在郎溪水鸣筲箕湾村集结待命接管郎溪。4月27日上午，配合三野九兵团二十五军七十五师二二四团，一举解放县城[②]。根据边工委命令，史纪昌率部向县城进发，第二天进城与第九兵团供给部长取得联系。28日，许道珍进城组成临时政权机构。4月27日上午，当七十五师二二四团向郎溪县城进军途径城南五村渡河岸时，忽听对岸人声喧沸，国民党溃兵正在抢劫群众财物。为了保护群众利益，该团一营排长王坦白带领两名战士跳上渡船过河去解救群众。当渡船尚未靠岸的那一刹那，王急于跳下渡船泅渡，谁知春汛水流湍急，加之冲锋枪和背包等涉水后负担过重，随即被卷入急流，为了郎溪的解放献出了宝贵的生命。

（四）郎广围歼战

郎广围歼战，是在三野第九兵团司令员宋时轮、政委郭化若的统一指挥下，于4月28日至29日，在郎溪以东、广德以北和东北部地区进行的。参加围歼的有解放军中路集团军的第三十三军、第二十四军、第二十五军、第三十军和东路集团军的第二十三军等部。

---

① 中共郎溪县委党史办公室：《中国共产党郎溪地方史（1919—1949）》第一卷，内部发行，2010，第191—192页。

② 中共郎溪县委党史工作委员会办公室编：《郎溪党史资料》第五辑，内部发行，1988，第37页。

渡江大军突破敌江防后，敌军全线崩溃，驻芜湖、南京、镇江之敌，因解放军抢先占领溧阳，切断了京杭国道，不敢再沿此线后撤，大部分敌军被迫离开公路向南逃窜，企围从广德、泗安之间逃往杭州。25日下午，敌第四军和第四十五军于溧阳南渡附近从小路向郎溪、广德转移，26日在郎溪涛城长乐铺附近，与从铜井以西撤出的第六十六军相遇，当时正值大雨，道路泥泞难行，部队被插乱，通讯联络中断，行动十分缓慢。至28日，方到广德县城郊东北部地区。26日上午，敌第二十八军到达南渡，听说京杭国道被切断，军长刘秉哲无奈命令全军向广德地区逃窜，28日进入广德北部地区。各路逃敌，妄图越过广泗公路从泗安东侧逃往杭州，但已被迅速对进的中、东突击集团军合围，成了瓮中之鳖。

28日晨，第三十三军从广德出发，向长兴进军。行军不久，分别在广德县城以东的十里沟和步家祠堂之间，以及十里沟西北一带，与逃敌第六十六军斜交遭遇。军领导果断决定，改变前去长兴以南截击南逃之敌的任务，全军迅速展开，将南逃之敌截歼在广泗公路以北地区。至29日中午12时，全歼该敌①。

第七兵团第二十四军军长王必成率领队伍在向杭州进军途中，于28日到达广德，奉前总命令归第九兵团统一指挥，王必成接到命令后立即挥师向广北地区攻击前进。第二十四军是由原新四军十六旅发展改编的。广北地区，是王必成抗战时期创建的根据地，时隔4年，他又在这里遇见了老对手刘秉哲的二十八军，仇人相见，分外眼红。王必成命令该军第七十一师、七十二师追击门口塘、流洞桥之敌。次日分别与第二十五军会师于流洞桥，与三十一军会师于白岘镇（属长兴县）。第七十师二一〇团经广德以东的湖尾坝和

① 中共郎溪县委党史办公室:《中国共产党郎溪地方史(1919—1949)》第一卷,内部发行,2010,第193—194页。

施家境地区向泗安攻击前进，断敌后路，黄昏后占领泗安，布置堵击阵地，投入堵击战斗。该师二〇八、二〇九团在军长王必成的直接指挥下，向独山方向攻击前进。全军追击部队以连、排为单位，穿插分割，对已经乱了建制的逃敌猛冲猛打，打得敌人更加混乱，或四散奔逃，或缴械投降。

4月28日，南逃敌军一〇八、一〇六团第二十八营的残兵150余人，从独山窜进了郎溪凌笪乡小西卡村。是夜，民兵队长王德才率领基干民兵40余人及近百名群众将敌团团包围，经过武力攻势和政治喊话，敌逃军不战而溃，计缴获步枪83支、子弹7300余发、信号枪1支、机枪3挺。

第二十五军和第二十三军等部，则分别从郎溪和溧阳等地向广德东北部之敌出击。第二十五军第七十三师于28日拂晓，由郎溪高井庙、琥房村（今南丰）出发，向东出击。第七十四师在郎溪县城以东和广德的戈阳、凤凰桥、北巷溪地区围歼逃敌。第三十军先头部队八十九师，28日赶到广德以西，随即向东北出击。第二十三军六十八师由戴埠向泗安进军途中，29日晨在流洞桥与敌第四军九十师遭遇，激战数小时，全歼该敌[①]。

围歼南京、镇江南之敌是渡江战役第二阶段的作战任务。前委在《京沪杭战役实施纲要》中，预定战役分为三个阶段，第二阶段的任务是割裂并包围敌人，控制浙赣线一段，切断敌人后路。要求东、中两个集团军渡江成功后，实施东西对进，迅速汇合，截断京杭公路，完成对京杭地区之敌割裂，各个歼之。

由于人民解放军各部密切配合、协同作战及郎广军民的积极支援，经过两天的战斗，终于将南京、镇江南逃之敌第四、二十八、

① 中共郎溪县委党史办公室:《中国共产党郎溪地方史(1919—1949)》第一卷,内部发行,2010,第194—195页。

四十五、六十六军等部共8万余人，围歼于郎溪以东、广德北部及东北部地区，取得了渡江战役第二阶段的伟大胜利[1]。

七、郎溪人民政权的建立

（一）中共郎溪县委、县人民政府成立

4月27日，郎溪县城解放后，为了稳定社会秩序，保障人民的生命财产安全，根据上级指示，决定对全县实行临时军事管制。郎溪军事管制委员会由地方党组织与边工委第五连负责人组成（主任丁浩、秘书王自强）。

临时军管会的主要任务是肃清残匪，进行旧政权的接管和新政权的筹建工作。军管会下设清理敌伪物资委员会，丁浩兼任主任，徐仲甫任副主任。军管会对国民党郎溪县党政机关的资产一一查实，登记造册，进行接管。为了支援东进大军，军管会还筹集了大米83万斤，仅徐仲甫个人就捐献大米1000担。军管会还从江苏筹集了一批布匹，为随大军东进的王子达部赶制了军服300套及500双布鞋[2]。

随着百万雄师过大江，国民党在皖南的军队迅速被围歼和击溃，地方政权纷纷土崩瓦解。到1949年5月初，皖南全境解放。5月5日，中国人民解放军南下二野三兵团和胡明、熊兆仁率领的皖南游击队在歙县县城召开会师大会。5月上旬，在屯溪成立中共皖南区党委、皖南行署和皖南军区。皖南区党委书记由六兵团政治委

① 中共宣城市委党史办公室：《中共宣城地方史（1919—1949）》，内部发行，2001，第285页。

② 中共郎溪县委党史办公室：《中国共产党郎溪地方史（1919—1949）》第一卷，内部发行，2010，第196页。

员兼任，副书记牛树才、胡明、马天水。皖南行署主任魏明，副主任江靖宇、许杰。皖南军区司令员刘飞、政委牛树才，副司令员熊兆仁、副政委胡明。区党委成立后，首先发出第一号通告，宣布取消游击战争时期跨县的组织和名称，恢复原县制，并将皖南划为4个分区，即芜当、宣城、徽州、池州分区。宣城分区辖宣城、郎溪、广德、宁国、泾县5个县和宣城镇[①]。

1949年5月中旬，华北南下干部工作团抵达郎溪。是月下旬，经中共皖南区党委和宣城地委批准，撤销郎溪临时军管会，成立中共郎溪县委、县人民政府。县委书记丁浩，县委委员由丁浩、王自强、胡彭年、孙德胜、王彦才、康郁文、李轩等7人组成。县人民政府县长胡彭年，副县长左秋常。县委工作机构分别设了组织部（部长王彦才）、宣传部（部长王自强）、社会部（部长康郁文）、武装部（部长张振基）、县农会兼县妇联（主任孙德胜）。县人民政府下设公安局（局长康郁文）、财政科（科长刘维岳）、农林科（科长赵金祥）、粮食局（局长高成林）、民法科（科长闵占庄）、税务局（局长易元福）、秘书室（秘书甄焕德兼）、供销合作社（主任由县领导兼）、中国人民银行郎溪支行（行长刘维岳兼）。县政府还下设县武装大队，党委书记李轩。县下辖5个区16个乡镇：在城区人民政府（区长高成林，后刘道隆，副区长苏本年），驻地郎溪镇（吉原镇）；梅渚区人民政府（区长邸国珍，副区长吴顺成），驻地梅渚镇，下辖分流乡（乡长吴本法）、岗凌乡（乡长骆超）、钟桥乡（乡长吴顺成）、梅渚镇（未配专职领导，其工作由区政府直接管理）；定埠区人民政府（区长阎占庄，后蒋庆文，副区长唐企让），驻地定埠镇，下辖定埠乡（乡长崔金满）、东夏乡

① 中共宣城市委党史研究室编：《中共宣城地方史（1919—1949）》，内部发行，2001，第291—292页。

（乡长潘仕亮）、古松乡（乡长张天星）；涛城区人民政府（副区长高明文），驻地涛城铺，下辖涛城乡（乡长王东喜）、高井乡（乡长张世丰）、长乐乡（乡长潘荣耀）；毕桥区人民政府（区长赵金祥，副区长马超），驻地毕家桥，下辖碧溪乡（乡长易立法，后王春发）、姚村乡（乡长胡述胜）、十字乡（乡长黄厚健）、飞鲤乡（乡长王春发，后侯立本）、王村乡（乡长尹恺）。

（二）开展剿匪反霸斗争，巩固民主政权

郎溪县各级党政军机构建立后，全县的工作重心，以巩固新生人民政权为当务之急。新政权接收的是一个十分落后的千疮百孔的烂摊子，生产萎缩，交通梗阻，民众困苦。当时全县41650户138311人，农村粮食平均亩产仅为69市斤，农村人均占有粮食579.2斤，油料平均亩产为33市斤，人均全年占有油脂只有3斤左右。城镇居民失业众多，特别是由于国民党政府长期滥发纸币，物价飞涨，市场极为混乱。为此，县委、县政府依靠工人、农民，团结其他劳动群众，在胜利完成对旧政权各个部门财产清理的基础上，重点清理整顿社会秩序，稳定物价，严厉打击商贩囤积粮食、棉纱等人民群众日常生活必需品，保证了全县城乡工农业生产的连续性和人民群众正常生活水平的稳定。

郎溪全境虽然解放，但国民党军队溃逃时，流窜在郎溪境内的散兵游勇、匪特及地方恶霸等反动势力，乘着新政权尚未完全巩固之际，暗中进行勾结，有组织、有目的地进行破坏活动。他们制造谣言，抢劫区乡政府财物，杀人、放火、强奸妇女、截击交通，妄图颠覆刚建立的人民民主政权。为肃清匪患，6月6日，县人民政府、县公安局发布关于收缴敌伪武器的布告。继而组织驻郎部队、公安机关以及基层的治安委委员会、民兵组织、农会组织，采取化

装侦察、突袭、合击等战术，并配以强大的政治攻势，在全县范围内，开展起围剿匪特的统一行动。

此时，郎溪境内存在着4股匪特武装。第一股匪首赵君甫。赵解放前夕潜入南京，在国民党军统特务刘启瑞、李健白、胡鹏、刘觉等人支持下组织了“人民革命军江南兵团京芜办事处”，他自封京芜皖南地区副司令兼第一团团长。该组织经常在县境北乡梅渚、定埠一带活动，对外号称3个营12个连。郎溪解放后，他潜伏在宣城水阳镇，收罗国民党的溃兵及枪支弹药，以扩充其反革命力量，阴谋进行反革命暴乱。

第二股匪首何德彬。解放前何是凌笪地区臭名昭著的土匪头子，手下土匪甚多，当地人称何是“活菩萨”。他多年混迹于上海，解放前夕，他受国民党保密局毛森（上海市公安局局长）的指令，秘密潜回郎溪。利用帮会关系，采取威胁，欺骗利诱之手段，四处网罗匪特、青帮徒子徒孙及国民党的散兵游勇，暗地里组织了一个“国防部江南反共救国团”。大本营设在伍牙山，凭借地处偏僻、山势险要的地理条件，囤积粮草，招兵买马，妄图东山再起。

第三股匪首郭斌。原国民党郎溪镇公所班长，解放后混入城区小队。他伙同戴会彬，纠集地痞流氓16人，约定9月18日夜，里应外合，胁迫在城区小队与之为伍，进行武装暴动。然后，将武装带到溧阳河口镇，与匪首刘兆武合伙，到广德誓节山区打游击。

第四股匪特，匪首傅德山、黄明。他们组织的“江南挺进军”共有匪特21人。

面对如此猖獗的匪特活动，剿匪斗争已成为当时一切工作的重中之重。县委根据皖南区党委的统一部署，成立县剿匪指挥部。县委责成县公安局、县大队尽全力进行县境内的剿匪斗争。由于县委正确执行了华东军区提出的“军事清剿、政治瓦解和发动群众武装相结合”的剿匪方针，经过近4个月的时间，基本上消灭了境内的匪特，平息了匪患，共计歼匪173人，逮捕匪特30余人，缴获武器80件，子弹7366发[①]。

在对匪特实行严厉的军事清剿的同时，县委根据宣城地委“军事上予以沉重打击，政治上实行瓦解，才能促使他们瓦解与投降”的指示，8月由区干部、区小队带领各保干部、农协委员、小学教师、贫困知识分子，分头到各家各户，分别召开群众座谈会、匪特家属会，宣讲人民政府的剿匪政策，劝导匪特的亲属想法将他们找回来。经过一段时间的深入宣传动员，残匪为我宽大政策所感化，不到半个月的时间，零星散匪前来县公安局自首投诚的就达27人，携带步枪16支、手枪3支、子弹523发。至此，全县境内的匪特基本肃清[②]。

在进行剿匪斗争的同时，县公安局还开展了对国民党郎溪县党部，县政府的宪、警、特等要职人员的清查登记工作。解放前夕，国民党郎溪县党部、县政府的宪警特人员，有的潜逃到其他城市，有的躲到乡下。解放后，根据接收的敌伪档案和被捕人员的口供，经调查，自1949年6月下旬至8月初，全部摸清掌握了本县国民党组织情况。

9月初，县人民政府发布了《关于国民党员、三青团员、民社党党员登记的实施办法》及《国民党特工人员申请悔过的实施办法》，宣布解散国民党、三青团、青年党、民社党等反动组织，对这些组织的成员，责令限期向人民政府公安局申请悔过，办理登记手续，并发动群众进行检举揭发。共登记国民党军政人员596人，

① 郎溪县公安局:《1949年剿匪斗争总结》。

② 郎溪县公安局:《1949年剿匪斗争总结》。

其中骨干分子297人，三青团区队长以上人员180人，军、警、宪、特人员119人。

剿匪反霸斗争的胜利和对敌伪人员的清查登记，为安定人民群众的生活，为全县人民致力于医治战争创伤，恢复经济建设，创造了良好的政治局面。

1949年9月21日，表现全中国人民空前大团结的中国人民政治协商会议第一届全体会议在北京中南海怀仁堂胜利召开。毛泽东主席在开幕词中宣告："占人类总数四分之一的中国人从此站立起来了。"①

10月1日，中华人民共和国中央人民政府成立，标志着帝国主义、封建主义和官僚资本主义统治在中国的崩溃。

中华人民共和国中央人民政府成立的喜讯传到郎溪，全县13万人民齐欢腾。10月2日，县委、县政府在县城大操场召开数千人大会，集会游行，爆竹声、欢呼声震耳欲聋，庆祝中华人民共和国成立，庆祝独立、自由、和平、统一的新中国在东方诞生！郎溪由此揭开了新的篇章。

①《毛泽东文集》第五卷，人民出版社，1996，第343页。

后　记

《郎川星火》记叙了从1919年到1949年新民主主义革命时期，中共郎溪地方组织的发展史。编者根据党史分期，力求用准确的史料，全面、系统、翔实地勾勒出郎溪人民在中国共产党领导下，所进行的反帝反封建、抗击日本侵略者、反抗国民党反动统治的可歌可泣的斗争，并最终取得新民主主义革命胜利的历史。

在战争年代，郎溪与广德大部分时间在同一个县级单位的党组织领导下开展各种斗争。在抗日战争和解放战争期间，党领导创建的郎（溪）广（德）根据地，更是一块不可分割的整体。为了系统全面地反映当时的历史事实，本书不得不涉及广德的有关史料，特此说明。

《郎川星火》能顺利成书，夏家霖同志作出了重要贡献，他在从事地方党史研究工作20多年的时间里采访了许多健在的老同志。这些老同志所提供的大量、生动又鲜为人知的第一手史实资料，为编写本书创造了有利条件。本书在编写过程中，得到县委党史和地方志研究室大力支持。在此一并表示衷心感谢。

由于时间限制等原因，书中难免存在疏漏之处，还望学界同仁及读者批评指正，以匡不逮。

编者

2021年6月